ワードマップ

# 心理検査マッピング

## 全体像をつかみ、臨床に活かす

鈴木朋子・サトウタツヤ 編

新曜社

# はじめに

## ■心理検査とは

心理検査（psychological test）は、心理学の研究と実践の両側面が結実したものである。よく耳にする言葉なのに、主な心理学辞典には項目が見あたらない。そのためあえて定義すると、心理検査とは、個人の特性を知る目的で、心理学や近接領域の理論に基づいて考案され定められた、一連の質問や作業課題の総称ということができる。

総称としたように、世界中には多種多様な心理検査があるわけだが、どのぐらいの数の心理検査があるのだろうか。学校教育で児童生徒に知能検査を実施するのが常であった1960年代の『現行知能検査要覧』[1]に挙げられた検査は、知能検査（集団式検査を含む）だけで615本が紹介されている。近年では検査数の報告がないため直接の比較はできないが、2022年現在、心理検査出版社で販売される心理検査は約250本、発売されていないが使用されている検査を含むと、おそらく500本以上の心理検査が存在すると考えられる。もちろん、この60年間には検査の入れ替わりも

［1］倉石精一・続有恒・苧阪良二・塩田芳久 1967『現行知能検査要覧』黎明書房

あったわけなので、結局は心理学が成立してから現在までには数えきれないほどの心理検査が生まれてきた、というのが答えとなる。

心理検査の全体像が把握しにくいのは、数が多いというだけの問題ではない。多くの心理学の書籍では、心理検査を知能検査・性格（人格）検査・作業検査に分け、知能検査を個人式と集団式に、性格検査を投映法と質問紙法に分けている。この分類は明快だが、心理学方法論の立場からの分類であり、実際にはこの分類では収まりきらない心理検査も開発され使用されるようになっている。例えば、医師が開発した精神障害のスクリーニング検査や高次脳機能障害の検査、言語聴覚士が使用する言語発達や失語症の検査、学校の先生や職業相談所の相談員が使用する適性検査や職業検査などである。こういった検査は、医学・言語学・神経学といった近接領域の理論を基に考案され現場で普及したものであるが、現場では心理検査の一部として捉えられている。

## ■心理検査のマッピング

このように心理検査は、量的にも質的にも分かりにくいほどに大きな広がりを持ち、時代や文化とともに変化するものである。では、初学者は心理検査の全体像をどのように捉えて学ぶと分かりやすいのか。あるいは、経験のない領域の心理検査を用いる場合、どのような心理検査を選択するのが妥当なのだろうか。このような疑問にこたえるべく、心理検査の全体を見通すためのひとつの枠組みを提案するのが、心理検査マッピングである。

本書で主題としているマッピングは、多種多様な心理検査を2つの軸によって整理している。一つの軸は知ろうとする対象が「自然」と「文化」のどちらに傾いているかであり、もう一つの軸は結果の理解を「集団」の相対的位置で捉えるか「個人」のパフォーマンスとして捉えるか、である。

この2つの軸と各検査の配置は、主として編者間で配置したものであり、絶対的なものではない。検査の位置を移動させた方がしっくりくる読者もいるだろうし、むしろ軸を変更した方がよいと考える者もいるだろう。同様の提案は、本書の作成過程で執筆者の先生方からもご助言いただいた。ご助言の全てを反映させたマップが作成できなかったのは、編者の力不足によるところが大きい。ただし、心理検査マップは、一人ひとり違うものを心に持っているということの表れでもあると受け止めている。

読者のみなさんには、本書のマップを足がかりとして、自分なりの心理検査マップを柔軟に思い描いていただきたい。マップを描く過程で、心理検査の全体像が心のなかに立ち現れてくるのではないだろうか。本書が、心理検査の全体を捉える一助となれば幸いである。

## ■モノとしての心理検査

さて、心理検査の特徴は、実は心理検査がモノ、物体であることである。心理学の研究からは心に関する多くの理論や実践法が誕生してきたが、これらは目に見えず触ることができない。しかし、心理検査は、検査用具、マニュアル、記録用紙、質問票と回答用紙など、モノの形で理論が実現されている。

面白いのは、モノであるからこそ、製作と販売を通して経済的な効果を生み出していることである。検査によっては、子どもの教育や医療の政策、社会的な機運が後押ししてヒット商品となることもある。モノである検査を中心に、心理検査を作成する開発者と、使用する者、販売や流通を手がける企業との関係も生まれる。利害がからむために、権利関係が問題となることもある。心理学において社会経済的な活動を生み出す最大のモノは心理検査であろう。

モノであるからこそ、ユーザーのニーズや理論の発展によって心理検査は改良される余地がある。地域の実情や国の政策、時代によっても心理検査は改訂されることとなる。カーソン（Carson, J.）は、「地域的状況と文化的文脈、導入する人のニーズや関心は、モノと使用方法に大きな影響を与える」と述べたが[2]、心理検査は時代や文化の変化を内包しながら変化しつづけるものである。心理検査は、モノとして、学問と社会との接点となっている。

[2] Carson, J. 2014 Mental testing in the early twentieth century: Internationalizing the mental testing story. *History of Psychology*, 17, 249–255.

## ■本書で扱う心理検査

数多くの心理検査のなかから、本書では次の方針で扱う心理検査を決定した。まず、心理学関連の辞典（事典）、心理検査を概説する書籍のなかから扱われている心理検査を抜き出し、主に複数の書籍で扱われている検査を対象とした。次に、現在の診療報酬の対象となっている検査を抜き出し、心理検査出版社で販売されている検査をもとに入手可能性を検討した。さらに、主に研究で使用され重要性が高いと考えられた検査を対象に追加した。このように選定した心理検査のうち、41項目を本書で扱うこととした。加えて、心理検査を扱う上で必要な知識を第5章としてまとめることとした。

本書を読むにあたって、用いる用語について説明を加えたい。本書において、心理アセスメントという用語は、心理検査を包括する広義な言葉として用いている。医師は、検査結果と問診などの全体から患者を診断するが、その検査にあたるものが「心理検査」、診断にあたるものが「心理アセスメント」という位置づけである。

また、本書では原則として、検査を実施する者を「検査者」、検査を受ける者のうち質問紙の検査の場合は「回答者」、検査道具を用いた検査の場合は「受検者」とよぶ。執筆者より、検査を受ける者は英語でparticipantと表現されるため、日本語訳は回答者を用いることが望ましいとの助言があった。しかし、ロールシャッハ・テストや知能検査を受ける者を回答者と表現するのはなじまない。そのため、質問紙の検査か用具を用いる検査かで用語を使い分けることとした。なお、職業上の心理専門家や心理学を専門とする者以外も心理検査を用いる可能性を考慮し、検査者を心理士と呼び変えることはせず、検査者という用語を用いた。

項目の執筆は、心理検査開発者と検査に関する研究を発表している方に主に依頼した。検査を熟知するからこその簡にして要を得た説明に加え、実際に手を動かして検査を作り出した開発者ならではの心理検査への思いを、各執筆者の言葉から読み取ることができるだろう。依頼を受けてくださった執筆者の先生方に心から感謝を申し上げる。

最後に、本書の編集でお世話になった、新曜社の大谷裕子さんに感謝を捧げたい。きめ細やかな彼女のサポートなくしては、この本は完成しなかった。多くの方々に支えられて完成した本書が、みなさんの力になれば幸いである。

2022年盛夏

編者を代表して　鈴木朋子

心理検査マッピング —— 目次

装幀＝加藤光太郎

# 序章 心理検査を理解する枠組みの提案

# 本書の構想

## ■本書の対象

本書は、心理検査について独自の観点から整理を試み、1つ、もしくは複数の心理検査を対象にした項目を用意し、その項目にとって最良の著者を得て解説を付すものである。[1]「はじめに」に書かれていたように、これまでの心理検査の分類は主として心理学方法論の立場から行われることが多く、心理検査が全体として何をするものなのか、どのようなまとまりとして分類されうるのか、などの理解が難しかったと言える。本書はこうした現状認識のもと、試行錯誤的なマッピング作業[2]を繰り返し、それによって導き出された分類マップを提案するものである。図1のマップをアタマの片隅に入れながら個々の心理検査について読むことで、これまで心理検査を使ってきた方やこれから習得していきたいと思う読者が、検査を使う目的にあった検査法を選ぶことができるようになることを願っている。また、さまざまな心理検査同士の関係がわかることで、心理検査法の全体的な理解が促進されるのであればこれに勝る喜びはない。

[1] この手法はサトウタツヤ・春日秀朗・神崎真実（編）2019『ワードマップ 質的研究法マッピング：特徴をつかみ、活用するために』（新曜社）を踏襲したものである。

[2] マッピング（mapping）とマップ（map）の関係を説明しておくと、知的作業としてのマップ作成がマッピングであり、マッピング作業の結果として完成したものがマップである。これは、名づけ（naming）と名前（name）の関係や意味づけ（meaning）と意味（mean）の関係とも同じである。マッピングのingは一生懸命何かをやっているという動態的なものであり、それをやり遂げて完成したのがマップということになる。本書が「マッピング」という書名であるのは、マッピングの知的作業過程を強調したいことと、それにもかかわらず提示したマップはさらなる知的作業によって改訂される可能性があるということを示したいからである。

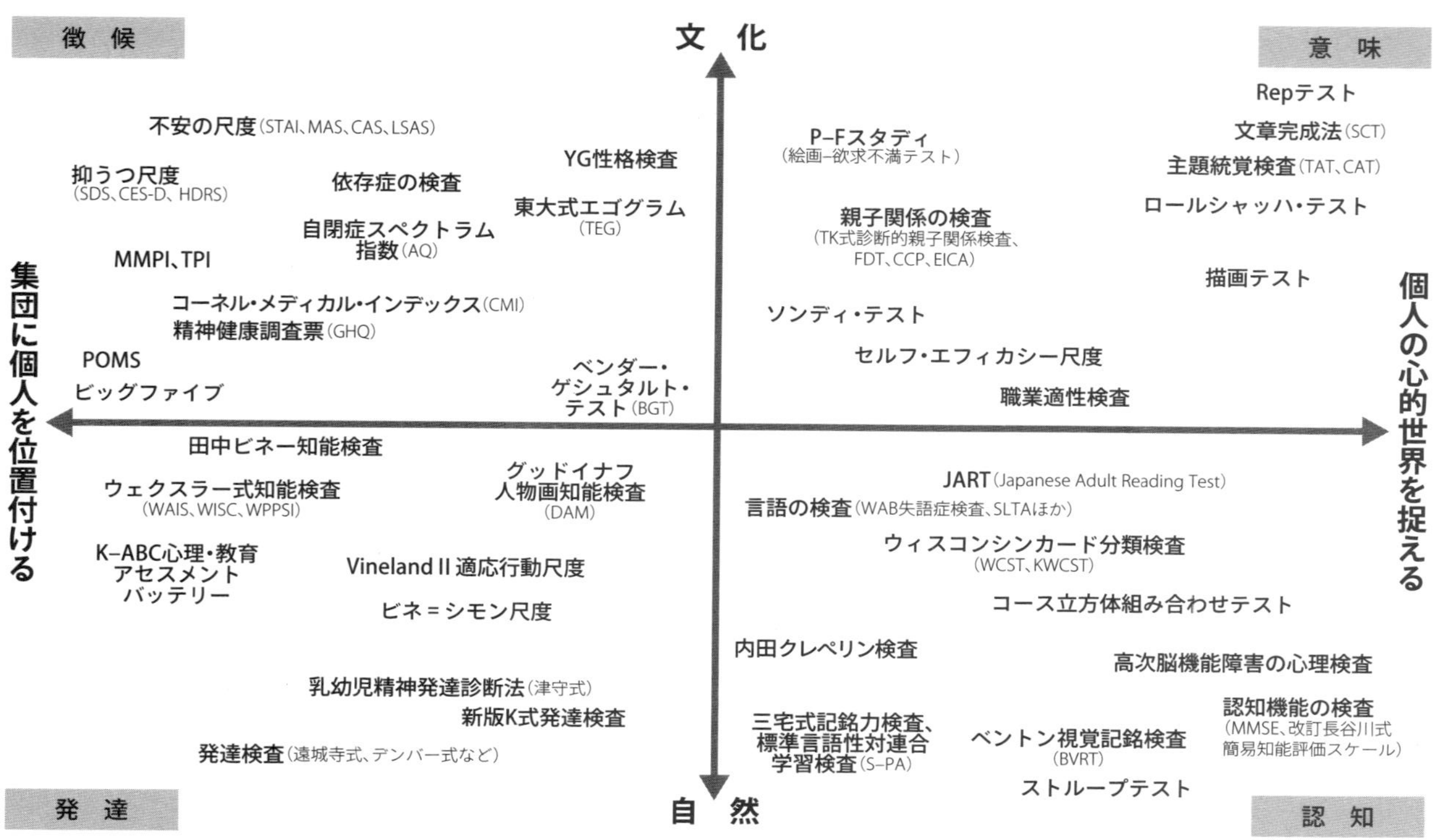
徴候
文化
意味
不安の尺度（STAI、MAS、CAS、LSAS）
抑うつ尺度
（SDS、CES-D、HDRS）
依存症の検査
YG性格検査
東大式エゴグラム
（TEG）
自閉症スペクトラム
指数（AQ）
MMPI、TPI
コーネル・メディカル・インデックス（CMI）
精神健康調査票（GHQ）
POMS
ビッグファイブ
ベンダー・
ゲシュタルト・
テスト（BGT）
P–Fスタディ
（絵画–欲求不満テスト）
親子関係の検査
（TK式診断的親子関係検査、
FDT、CCP、EICA）
ソンディ・テスト
セルフ・エフィカシー尺度
職業適性検査
Repテスト
文章完成法（SCT）
主題統覚検査（TAT、CAT）
ロールシャッハ・テスト
描画テスト
集団に個人を位置付ける
個人の心的世界を捉える
田中ビネー知能検査
ウェクスラー式知能検査
（WAIS、WISC、WPPSI）
グッドイナフ
人物画知能検査
（DAM）
K–ABC心理・教育
アセスメント
バッテリー
Vineland II 適応行動尺度
ビネ＝シモン尺度
乳幼児精神発達診断法（津守式）
新版K式発達検査
発達検査（遠城寺式、デンバー式など）
JART（Japanese Adult Reading Test）
言語の検査（WAB失語症検査、SLTAほか）
ウィスコンシンカード分類検査
（WCST、KWCST）
コース立方体組み合わせテスト
内田クレペリン検査
高次脳機能障害の心理検査
三宅式記銘力検査、
標準言語性対連合
学習検査（S–PA）
ベントン視覚記銘検査
（BVRT）
認知機能の検査
（MMSE、改訂長谷川式
簡易知能評価スケール）
ストループテスト
発達
自然
認知

図１　心理検査マッピング

## ■心理検査の歴史を支えた心理学の前史

現時点における心理検査の数は膨大で、おそらく500以上になるのではないかと推計される。[3] ではその源流はどこにあったのだろうか？　心理検査は心理を対象にした検査であると同時に心理学の手法による検査であるから、言葉としての心理学が誕生し、それが学問として形を成し始め、ついには手法を体系化したことによって、心理検査も可能になったと考えるべきであろう。

リード（Reed, E.）の『魂《ソウル》から心《マインド》へ：心理学の誕生』やダンツィガー（Danziger, K.）の『心を名づけること：心理学の社会的構成』を補助線に考えれば、心理学の対象が魂から心（心的機能）へとシフトしたこと、その心的機能に名前をつけて測定（もしくは把握）できるとしたことによって心理検査は成立しえたと考えられる。[4]

そこで、まず心理学の成立過程を追ってみよう。心理学＝Psychology を分解するなら、ギリシア語で魂を意味する psyche と理法を意味する logos とから成りたっていることがわかる。語としての psychology の始まりについては、16世紀の人文主義者マルリッチ（Marulić, M.）の著作の題名である“Psichiologia”（1520年頃）が最も古い用例だとされている。[5] ただしこの時期の Psichiologia は魂を扱う心霊学に近いものであった。とはいえ、言葉ができたということは魂と心的機能を分けて考えたいという志向の表れであろう。

次に、フランスにおける心理学の発展過程に目をむけてみよう。ヨーロッパでは中

[3] 本書、鈴木朋子「はじめに」による。

[4] その典型例の一つが、スイスのロールシャッハ（Rorschach, H.）によって開発された投映法である（いわゆるロールシャッハ・テスト）。ウィーンの医師フロイト（Freud, S.）は、その初期において、神経症症状の理解と治療のために心的機能を意識・前意識・無意識に分けることを提案した。フロイトは1923年の『自我とエス』においては、無意識の力動的なモデルを完成させた。そこでは、自我が中心でありながらもイド（エス）と超自我による構造モデルが提唱されることになった（図2）。そして、ロールシャッハテストは、無意識を捉えるために有効だと考えられたのである。

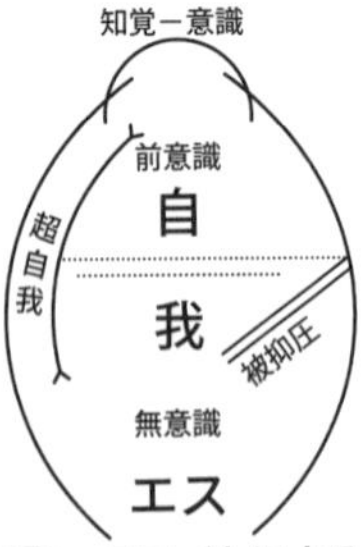

図2　フロイトによる心的機能モデル

世時代に魔女狩りという風習が横行し精神病の方々もその迫害対象となっていたようである。その魔女狩りが終わる頃、18世紀末のフランスにメスメル（Mesmer, F. A.）が動物磁気法と呼ばれる治癒法で人気を得ていた。メスメルのやり方は否定されるに至ったが後の催眠療法や自由連想法への萌芽ももっていた。シャルコー（Charcot, J.-M.）がサルペトリエール病院で催眠法を用いた神経症治療を行い多くの支持を集めていた。ここで学んだ人の中にはフロイト（Freud, S.）もいた。また、脳の機能についての研究で有名なブロカ（Broca, P. P.）は頭蓋計測学を行い、人の優秀性を頭蓋と結びつける努力を行っていた（しかし徒労に終わった）。

## ■心理学の成立から知能検査の成立へ

心理学が今あるような形、つまり近代心理学という形になったのは、心理学がそれまでの哲学的な方針から離れて実験という手法を取り入れたからである。その立役者はドイツ・ライプツィヒ大学のヴント（Wundt, W. M.）であった。ヴントは感覚や知覚などの低次精神機能を実験的に扱う研究スタイル（パラダイム）を提案し一つの学範（ディシプリン）をつくりあげ活性化した。そして、心理検査という名前に近いものを最初に提案したのはヴントのもとで学んだ米国のキャテル（Cattell, J. M.）であった。彼は触二点閾のような感覚の鋭敏さなど10の項目を用意して低次精神機能を測定することでアタマの良さを捉えようと考えたのであるが[6]、その試みは失敗した。

［5］Brožek, J. 1999 Human biology: From a love to profession and back again. *American Journal of Human Biology*, *11*, 143-155. / Bringmann, W. G., Voss, U., & Ungerer, G. A. 1997 Wundt's laboratories. In Bringmann, W. G., Lück, H. E., Miller, R., & Early, C. E. (Eds.), *A pictorial history of psychology*. Carol Stream, IL: Quintessence.

［6］Cattell, J. Mck. 1890 Mental tests and measurements. *Mind*, *15*, 373-381.

有用な心理検査の起源としての知能検査はフランスのビネ（Binet, A.）によってもたらされた。ビネは、理解、判断、推理、創造などが統合されたものこそが捉えるべき知能であると考えた。つまり、彼は高次精神機能を含む検査を作る必要があると考え、年齢による知的発達を一つの標準として考えることによって、実用的な知能検査を提案し、多くの国の人々の支持を得てさまざまな国で翻案されて使用されるようになった。ただし、米国陸軍によって集団式検査（1917年）が開発されたことは、子どもを丁寧に理解しようとしたビネの意図とは乖離したものだったと認識する必要がある。さらには知能指数という表記方法を取り入れることで、ビネの精神からさらに遠ざかることになった[7]。

知能検査がビネの意図を離れて集団式検査が開発されたことは、個人差のデータをどのように扱うかという考え方を鍛えるという側面もあり、広い目で見ればさまざまな心理検査開発の弾みとなった。たとえば一方ではインクのシミを用いたロールシャッハ・テスト（1921年）は投映法の発展に先鞭をつけ、TAT（Thematic Apperception Test：1943年）も開発される。他方では、ベンダー・ゲシュタルト・テストなど神経心理学的検査も開発された（1929年）。さらには、ビネの知能検査を使用していた世代が、知能検査の第二世代（WAIS系）を開発するようになっていった。性格については、米国陸軍が神経症症状をもつ兵士を除外する目的で作った「個人データ」シート（1918年）などを経て、性格の多因子的な理解を目

[7] ビネの意図については、A・ビネ、Th・シモン／中野善達・大沢正子（訳）1982『知能の発達と評価：知能検査の誕生』（福村出版）所収の論文や、Wolf, T. H. 1973 *Alfred Binet*. Chicago: University of Chicago Press.（ウルフ／宇津木保（訳）1979『ビネの生涯：知能検査のはじまり』誠信書房）を参照されたい。

的とするＭＭＰＩ（ミネソタ多面的人格目録：１９４３年）へとつながっていく[8]。

このように、20世紀初頭から第二次世界大戦の前後までに、内容、対象、方法の面で実にさまざまな形態をもつ多くの心理検査が開発されることになった（表1）。そしてこの傾向は21世紀に至るまで変わらない。こうした状況であるからこそ、多数の心理検査を整理する枠組みが必要となるのである。

## ■心理検査を整理する二つの次元

ここまで、心理検査の「発生」についてその時間経緯を見てきた。つまり、過程（プロセス）を見てきたと言える。次は構造の理解に進もう。心理検査を整理する（秩序づける）ためにどのようなマッピングをすればいいだろうか。私たち編者二人は、二つの次元を考えてマップを作る（マッピング）ことを目標にして試行錯誤を繰り返すことで、本書で提案するような次元と分類枠組みに到達した。

一つ目の次元は結果の理解を「集団」の相対的位置で捉えるか「個人」のパフォーマンスとして捉えるか、である。常識的に考えれば、個人のパフォーマンスを理解するのが素直である。一方で、心理検査の歴史で見てきたように、何らかの標準を設定することによって、つまり、集団の位置を同定することによって知能検査の開発が進み、それがイノベーションを生んだという側面を無視できない。

二つ目の次元は知ろうとする対象が「自然」と「文化」のどちらに傾いているかに

［8］１９２０年代以降の心理検査の開発過程については、サトウタツヤ ２０２１『臨床心理学史』（東京大学出版会）第３章３節を参照されたい。

**表1　本書でとりあげる主な心理検査の初版出版年表**

| 初版出版年 | 検査名 | 検査開発者 | 本書参照 |
|---|---|---|---|
| 1897 | 文章完成法（SCT） | エビングハウス | 1–2 |
| 1905 | ビネ＝シモン尺度 | ビネー、シモン | 3–6 |
| 1921 | ロールシャッハ・テスト | ロールシャッハ | 1–4 |
| 1922 | コース立方体組み合わせテスト | コース | 4–4 |
| 1923 | 三宅式記銘力検査 | 三宅鑛一、内田勇三郎 | 4–8 |
| 1923頃 | 内田クレペリン検査 | 内田勇三郎 | 4–7 |
| 1926 | グッドイナフ人物画知能検査（DAM） | グッドイナフ | 3–3 |
| 1929 | ベンダー・ゲシュタルト・テスト（BGT） | ベンダー | 2–3 |
| 1935 | ストループテスト | ストループ | 4–10 |
| 1939 | ウェクスラー・ベルヴュー知能検査 | ウェクスラー | 3–2 |
| 1943 | MMPI（ミネソタ多面的人格目録） | ハサウェイ、マッキンレー | 2–8 |
| 1943 | 主題統覚検査（TAT） | マレー | 1–3 |
| 1945 | P–F スタディ（絵画－欲求不満テスト） | ローゼンツァイク | 1–6 |
| 1945 | ウェクスラー記憶検査（WMS） | ウェクスラー | 4–5 |
| 1945 | ベントン視覚記銘検査（BVRT） | ベントン | 4–9 |
| 1947 | ソンディ・テスト | ソンディ | 1–8 |
| 1947 | 田中ビネー知能検査 | 田中寛一 | 3–1 |
| 1948 | ウィスコンシンカード分類検査（WCST） | グラント、バーグ | 4–3 |
| 1949 | コーネル・メディカル・インデックス－健康調査票（CMI） | ブロードマン、アードマン、ウォルフ | 2–9 |
| 1949 | バウムテスト | コッホ | 1–5 |
| 1953 | 顕在性不安尺度（MAS） | テイラー | 2–4 |
| 1955 | Rep テスト | ケリー | 1–1 |
| 1957 | YG 性格検査（矢田部ギルフォード性格検査） | 辻岡美延 | 2–1 |
| 1965 | 乳幼児精神発達診断法（津守式） | 津守真 | 3–7 |
| 1967 | うつ性自己評価尺度（SDS） | ツング | 2–5 |
| 1967 | デンバー式発達スクリーニング検査 | フランケンバーグ、ドッズ | 3–9 |
| 1971 | POMS® | マックネア | 2–11 |
| 1972 | TK 式診断的親子関係検査 | 品川不二郎 | 1–7 |
| 1975 | MMSE（Mini Mental State Examination） | ファルシュタイン、ファルシュタイン、マックヒュー | 4–6 |
| 1978 | GHQ（精神健康調査票） | ゴールドバーグ | 2–10 |
| 1980 | 新版 K 式発達検査 | 嶋津峯眞・生澤雅夫・中瀬惇 | 3–8 |
| 1982 | DAST（Drug Abuse Screening Test） | スキナー | 2–6 |
| 1982 | WAB 失語症検査 | カーティス、ポール | 4–2 |
| 1983 | K–ABC 心理・教育アセスメントバッテリー | カウフマン、カウフマン | 3–4 |
| 1984 | Vineland ABS（Vineland Adaptive Behavior Scale） | スパロー、バラ、シチェッティ | 3–5 |
| 1984 | 東大式エゴグラム（TEG） | 東京大学医学部心療内科 TEG 研究会 | 2–2 |
| 1985 | NEO 性格検査（NEO-PI） | コスタ、マックレー | 2–12 |
| 1986 | セルフ・エフィカシー尺度 | 坂野雄二、東條光彦 | 1–9 |
| 1991 | NART（National Adult Reading Test） | ネルソン | 4–1 |
| 1995 | 一般職業適性検査 | 厚生労働省職業安定局 | 1–10 |
| 2001 | 自閉症スペクトラム指数（AQ） | バロン＝コーエン | 2–7 |

※本書の各項目で用いられているものから代表的なもの、古いものを選び、作成した。

着目した。人間の心理がより先天的な影響を被っているのか、後天的な影響を被りうるのか、ということに着目したものである。ただし、ここで自然と文化は必ずしも対立するものではなく、相補的なものだと考えてほしい。

## ■本書の意義とは：心理検査を具体的に整理する

心理検査に限らず、何かを二つの次元で整理すると4つの象限で理解することになる。本書で扱うさまざまな研究法は図1のとおり、「文化×個人の心的世界を捉える」「文化×集団に個人を位置づける」「自然×集団に個人を位置づける」「自然×個人の心的世界を捉える」のどこかの象限に位置づけられることになる。

それぞれの象限についてラベルをつけてみよう。第一象限は意味である。個人の意味世界を探求する心理検査が位置づいていることがわかる。第二象限は徴候である。精神症状や人格・性格を把握する心理検査が位置づいていることがわかる。第三象限は発達である。年齢と共に変化するありようを把握する心理検査が位置づいていることがわかる。そして、第四象限は認知である。認知機能を把握する心理検査が位置づいていることがわかる。この4つのラベルによって、心理検査が何を捉えようとしているのかの理解が進むのではないだろうか。

もちろん、次元および象限の命名などに批判があることは想像できる。本書の執筆にあたっては、マップを提示しつつ著書の皆さんから執筆の許諾を得たわけであるが、次元のあり方や具体的な心理検査の位置づけについてご意見をいただく場合があり、必要な修正は施してきた。また、全ての原稿を読ませていただいた後に、次元や象限の命名を変更してもいる。つまり、図1は全てが仮説に過ぎないのだが、それなりのプロセスを経たものなのであり、読者が心理検査を理解するために役立つことを願っている。

なお、本書の目次について最後に付言すれば、心理検査の理解や使用にあたって補足的な知識について、第5章「心理検査の周辺」を配置した。個別の心理検査についての理解とは異なる側面について扱っている。この章もまた心理検査を深く理解する補助となることを願っている。

〔サトウタツヤ〕

# 1章　文化×個人の心的世界を捉える
## ―― 意味

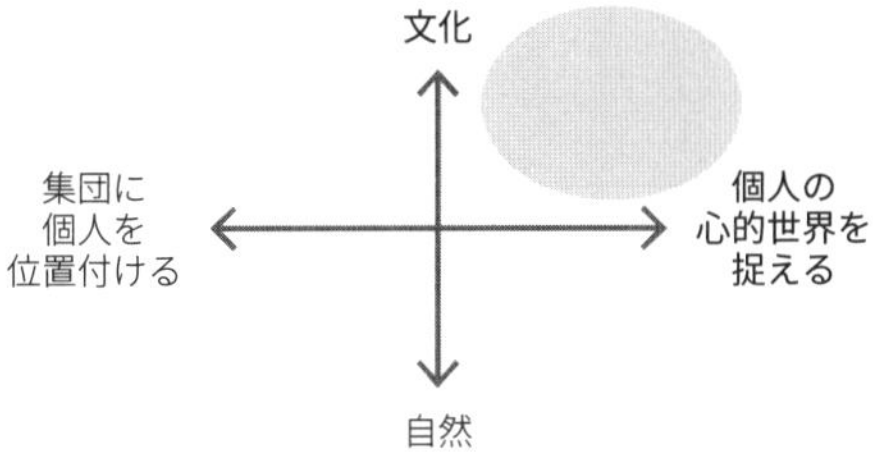

# 1-1 Repテスト

## ■Rep《レプ》テストとはなにか

Repテスト（Repertory Grid Test：Rep–Test）とは、ケリー（Kelly, G.）がみずからの**パーソナル・コンストラクト理論**に基づき、個人が世界を理解し解釈するために用いる個人的構成概念（**パーソナル・コンストラクト**）の構造を明らかにする目的で考案したテストと、それを基礎に発展した技法をさす言葉である。

各種のRepテストに共通するのは、個人が環境を認知するのに用いている複数の構成概念（**コンストラクト**）と、それらのコンストラクトによって認知される複数の対象（**レパートリー**またはエレメント）からなる格子（**グリッド**）を分析の基礎データとすることである。Repテストが**グリッド・テクニック**（grid technique）ともよばれるのはそのためである。

そうしたグリッドの実例を図1に示す。ここでは個人が自分の家族を認知するために用いている構成概念（コンストラクト）を行方向に、それらのコンストラクトによって評定される家族（レパートリー）が列方向にならぶグリッドが構成されてい

| | | レパートリー（エレメント） | | | | | | |
|---|---|---|---|---|---|---|---|---|
| | | 自分 | 父親 | 母親 | 兄 | 妹 | | |
| コンストラクト | やさしい | ○ | × | ○ | ○ | | きびしい | コントラスト |
| | 自信がある | × | ○ | | ○ | × | 自信がない | |
| | かしこい | | ○ | ○ | ○ | | 愚かな | |
| | 気が強い | × | ○ | | | ○ | 気が弱い | |
| | 頼りになる | × | ○ | ○ | ○ | | 頼りない | |

**図1　Rep テストのグリッドの例**
（図は筆者が独自に作成）

る。

## ■ケリーのパーソナル・コンストラクト理論とRepテスト

ケリー[1]は個人を、みずからさまざまな構成概念を生み出しながら周囲の世界を分析し、解釈し、予測する「科学者」と位置づけるとともに、その人が世界を理解するために用いる個人的構成概念（パーソナル・コンストラクト）の特徴と、それらの構成概念がなす構造をその人のパーソナリティととらえる、独自のパーソナリティ理論を提唱した[2]。

そうしたパーソナル・コンストラクトを、とくに対人関係の領域で把握するためにケリーが考案したのがRepテストである。ケリーは個人的構成概念を抽出するために20～30人の**役割人物**（レパートリー）を用意し、テストの対象となる個人がそれらの人たちをどのように認知しているかをグリッドで示そうとした。

## ■パーソナル・コンストラクトの抽出と分析の方法

ケリーのオリジナルの方法では、回答者には役割人物のリストの中から3人ずつが示され、そのうちの似ている2人に共通する特徴と、1人だけにあてはまる特徴を答えることが求められる。図1のグリッドで言えば、自分、父親、母親の3人を比較した時に、回答者が自分と母親は「やさしい」という点で似ているが、父親は「きびし

[1] Kelly, G. A. 1955 *The psychology of personal constructs. Vol. 1. A theory of personality. Vol. 2. Clinical diagnosis and psychotherapy*. W. W. Norton.［ケリー／辻平治郎（訳）2016/2018『パーソナル・コンストラクトの心理学：第1巻 理論とパーソナリティ、第2巻 臨床診断と心理療法』北大路書房］

[2] 若林明雄 1992「George A. Kelly の個人的構成概念の心理学：パーソナル・コンストラクトの理論と評価」『心理学評論』35, 311-338.

い」ので似ていないと答えたならば、「やさしい」というコンストラクトと、その対極にある「きびしい」という**コントラスト**が抽出される。

これをさまざまな役割人物の組み合わせについて繰り返すことで、たくさんのコンストラクトとコントラストの対を得ることができる。つぎにそれらのコンストラクト／コントラスト対の上で役割人物の全員を評定していく。図1では各レパートリーにコンストラクトがあてはまれば〇、コントラストがあてはまれば×が記入され、どちらでもなければ空欄になっている。こうした作業によってコンストラクト×レパートリーのグリッドを得ることができる。

得られたグリッドに基づいて、ケリーは独自の質的な「因子分析」を行って、個人のパーソナル・コンストラクトがおりなす因子や次元から、その人が世界を理解し、解釈し、予測するために用いている認知の構造、すなわちパーソナリティを理解しようとした。

## ■Repテスト分析法と認知的複雑性

現代の心理学者からみれば、こうしたグリッドが因子分析などの多変量解析で分析でき、ケリーが目指していた個人的構成概念の因子や次元の解明が量的な方法で実現できることはすぐにわかるだろう。コンストラクトによるレパートリーの評定を5件法などの評定尺度法に載せれば、量的な方法はより適用しやすくなる。

いっぽう、ケリーは個人のパーソナル・コンストラクト構造を分化性と統合性という側面からとらえ、分化性の高いコンストラクト構造を持っている、すなわち認知的複雑性の高い個人ほど、他者の行動や将来の出来事を正確に予測できるとした。ビエリ[3]（Bieri, J.）とそれに続く研究者たちはこうしたケリーの考え方に基づいて、グリッドのデータから認知的複雑性を測定する量的な方法を考案し、それと対人関係やさまざまなパーソナリティ特性との関係を分析している。[4]

## ■Repテストの評価と発展

ケリーのパーソナル・コンストラクト理論は、認知的なパーソナリティ理論の先駆的存在として現在も高い評価を受けており、Repテストの考え方も心理学に限らずさまざまな領域で応用されている。グリッドの構成方法や分析方法にもさまざまな発展があるし、用途や目的に応じて用いるコンストラクトを固定したりレパートリーを固定したりした簡略版も考案されている。[5]

Repテストのさまざまなバリエーションの中にはRepテストを名乗らないものもあり、日本で普及している**PAC分析**[6]（個人的態度構造分析）も、パーソナル・コンストラクトの抽出と多変量解析による構造分析という方法を共有している点で、Repテストのバリエーションと考えることができる。近年ではケリーの理論の再評価とともに、Repテストの再評価が進むことも期待されている。[7]

〔渡邊芳之〕

[3] Bieri, J. 1955 Cognitive complexity–simplicity and predictive behavior. *The Journal of Abnormal and Social Psychology*, 51, 263–268.

[4] 坂元章 1993『「認知的複雑性」と「社会的知覚システムの進展」』風間書房、山口陽弘・久野雅樹 1994「認知的複雑性の測度に関する多面的検討」『東京大学教育学部紀要』(34), 279–299.

[5] たとえば坂元章・沼崎誠 1989「評定時間の長短がRepテストによる認知的複雑性の測定値に及ぼす効果」『心理学研究』60, 316–319.

[6] 内藤哲雄 2002『PAC分析実施法入門：「個」を科学する新技法への招待（改訂版）』ナカニシヤ出版

[7] F・フランセラ／菅村玄二（監訳）2017『認知臨床心理学の父ジョージ・ケリーを読む：パーソナル・コンストラクト理論への招待』ナカニシヤ出版

1-2

# 文章完成法（SCT）

## ■文章完成法（SCT）とは

文章完成法（Sentence Completion Test：SCT）は、「子供の頃、私は」「私はよく人から」といった文章の比較的短い書き出し（刺激文）を提示し、その後に、思いつくことを自由に記述してもらう（反応文）形式の**投映法**の**人格検査**である。人格の全体像や心理的環境など、広範囲の内容を把握可能な技法である。

## ■SCT 開発の経緯

SCTは、19世紀末、エビングハウス（Ebbinghaus, H.）によって知的統合能力を測定する道具として開発された。その後、第二次世界大戦中、米国の戦略事務局で、ビージョウ（Bijou, S. W.）、ロッター（Rotter, J. B.）、スタイン（Stein, M. I.）らが人格検査として構成し、顕著な業績を上げた。戦後、サックス（Sacks, J. M.）、フォーラー（Forer, B. R.）らの研究がそれに続いている[1]。

日本に初めてSCTが紹介されたのは1950年頃のことである。日本では、日

[1] たとえば、Ebbinghaus, H. 1897 Über eine neue Methode zur Prüfung geistiger Fähigkeiten und ihre Anwendung bei Schulkindern. *Zeitschrift für Psychologie und Physiologie der Sinnesorgane*, 13, 401–457. / Sacks, J. M. 1949 The relative effect upon projective responses of stimuli referring to the subject and of stimuli referring to other persons. *Journal of Consulting Psychology*, 13, 12–20. / Forer, B. R. 1950 A structured sentence completion test. *Journal of Projective Technique*, 14, 15–30.

本ＳＣＴ学会による精研式ＳＣＴのほか、神高雄《じんたかお》のサックス式、法務省式文章完成法（ＭＪＳＣＴ）など、多くのＳＣＴが開発され、研究や実践活動に活用されてきた経緯がある。[2] 以下、精研式のＳＣＴについて説明する。

## ■精研式文章完成法テスト（SCT）の内容

精研式文章完成法テスト（ＳＣＴ）[3]は、１９６０年に、佐野勝男《さのかつお》・槇田仁《まきたひとし》（ともに慶應義塾大学名誉教授、故人）によって刊行され、成人用、中学生用、小学生用の３種類がある。[4] 成人用ＳＣＴの刺激文は60項目、中学生用、小学生用は50項目あり、パーソナリティの全体像を広くカバーするように工夫されている。成人用ＳＣＴの適用範囲は、言語の使用が難しい知的障がいレベルを除く16歳以上である。施行時間は、早い人で30分、遅い人で90分程度を目安に考えればよい。投映法の中では、施行・評価ともに比較的短時間で済ませることのできるテストで、臨床、教育、福祉、産業現場などさまざまな領域で活用されている。[5]

１９９０年代に槇田を中心とするグループは、「環境・生活史」「身体」「知的能力」「性格・心の安定性」「指向・生活態度・人生観・生き方」というパーソナリティを構成する5つの諸側面や、こころの安定性、書き手の認知する心理的環境（状況）、適性など、広範囲の内容を把握するためのパーソナリティ・シェマを新たに提示している。[6] また、ＳＣＴはスコアリング（得点化）や数量的分析を重視しない。パーソナリ

［2］ＳＣＴの文献については、伊藤隆一（編著）2012『ＳＣＴ（精研式文章完成法テスト）活用ガイド』（金子書房）のＳＣＴ文献欄を参照されたい。

［3］精研式文章完成法テスト（ＳＣＴ）は、佐野勝男・槇田仁が慶應義塾大学に移籍する前、精神医学研究所において開発したので、「精研式」と言われる。なお、「精研式文章完成法テスト ＳＣＴ」は、出版元である金子書房の登録商標である。

［4］ＳＣＴテスト用紙は、金子書房より、成人用は１９６０年に、中学生用と小学生用は１９６１年に刊行されている。著者はともに佐野勝男・槇田仁である。

［5］当初の手引は、佐野勝男・槇田仁 1972『精研式文章完成法テスト解説：成人用 改訂版』（金子書房）であった。

［6］槇田仁（編著）伊藤隆一ほか（著）2001『パーソナリティの診断総説 手引』金子書房／伊藤 2012 前掲書［2］

ティの把握にあたっては、刺激文に触発されて記された反応文、回答者の言葉そのものを重視する。しかも、個々の反応文単独ではなく、反応文相互を重層的に重ね合わせながら、そこに投映される思考や感情の流れを共感的に了解していくことによって、パーソナリティの全体像を柔らかく再現し、記述する「**内容分析・現象学的把握**」という手法を用いる。これは、あらかじめ用意された質問項目に返答を求める**半構造化面接**とほぼ同じ状況を紙上で行っていくことにほかならない。こうした方法は、多少の柔軟性や想像性と、比較的長期間のトレーニングを重ねることによって修得できるものである。SCTが、巷間、修得が容易とはいえないプロユースの技法と思われている所以であろう。

ただし、精研式SCTでも、実際的な利便性とある程度の客観性を保証するために、9つの「符号評価」を取り入れている。「ener.（エネルギー）」「diff.（mental differentiation：精神的分化度：実際的な頭の良さ）」「type（佐野・槇田の精神医学的性格類型：S・Z・E・H・N）」「G（顕耀性）」「H（ヒステリー）」「I（小児性）」「N（神経質）」「secu.（security：心の安定性）」「意欲」である。

## ■留意事項

近年、人材の採用・登用や入試場面などで、受験者全員にSCTを同意もなく施行してしまうケースが見られるようになってきている。SCTには、身体や家族について尋ねる項目が含まれている。これらの項目は、心理臨床的な見立てと説明、予後の予測には必要不可欠と考えられる項目であるが、受験者全員に見境なく尋ねることは、厚生労働省の指針である「採用のためのチェックポイント」の内容をあらためるまでもなく、社会通念上許されないことは明らかである。そこで、日本ＳＣＴ学会では、以下のようなアピールを出している。[7]

ＳＣＴは、目的を持ち、訓練を受けた検査者が、（中略）適切な時期に、目的を共有する可能性が高い被検査者に施行し評価することで、良い成果を得られる、プロユースな技法です。／改めて、ＳＣＴの検査者の方に申し上げます。／法令やコンプライアンス・人権等を守り、被検査者の年齢や心身の状態、置かれている状況等を深く考慮しながら、ＳＣＴを施行する趣旨をよく説明し、また、ＳＣＴは、「何を書いてもよいこと、書きたくないことは書かなくてもよいこと、書かなくてもそれだけで当人の不利益にはならないこと」をきちんと話して、被検査者から事前の同意を取ってください。（後略）

（2020年3月：日本ＳＣＴ学会）

〔伊藤隆一〕

[7] 一般社団法人日本ＳＣＴ学会 http://jscta.tokyo/

1-3

# 主題統覚検査（TAT、CAT）

## ■主題統覚検査とは

主題統覚検査とは、主にTAT[1]（Thematic Apperception Test）のことを指し、TATから派生したものとして、子ども用のCAT（Children's Apperception Test）や高齢者用のSAT（Senior Apperception Test）がある。いずれも、実施方法としては、受検者に人物像などが描かれたカード（絵図版）を見せて物語をつくってもらう方式をとる。受検者の側から言えば、絵図版に描かれた状況をひとつの主題（theme）としてとらえ、自分なりに解釈して意味づける、すなわち統覚（apperception）する検査（test）である。これらは、パーソナリティや病態水準の把握に長けており、自己像や他者像、関係様態、価値観など、受検者の心的世界や文化的状況を具体的に理解する際にとても役立つ。活用されている臨床現場としては、病院臨床や私設心理相談機関をはじめ、とりわけ少年院や少年鑑別所、家庭裁判所で使われている。本稿では、特にTATとCATについて紹介する。

図1　TAT 模擬図版

## ■TAT

### 開発の経緯

TATはマレー（Murray, H. A.）が率いる米国ハーバード大学心理クリニックのチームによって開発され、1943年に発表された。通常、TATの実施に際してはこの原版を用いるが、ハーバード版ないしはマレー版と呼ばれることもある[2]。

### 検査の内容

TATカードは、白紙カードも含む31枚から構成されている[3]。この他に必要な道具としては、記録用紙、筆記具、ストップウォッチ、録音機（受検者が了承すれば使用する）が挙げられる。実施は個別式で行い、カードを1枚ずつ受検者に見せて、それぞれについて簡単な物語をつくってもらう。マレーが定めた実施手続きは、米国でもほとんど守られてはおらず、立場によって教示や使用カードなどが若干異なる。以下では、概ね共通している点について述べていく。

教示は、マニュアルのForm Bに依拠することが多く、その要点は、①1枚の絵につき1つの物語をつくってほしいこと、②その際、前にどんなことがあって、今何が起こっており人々が何を感じ考えているのか、これからどうなっていくのかを言ってほしいこと、③どんな話でもよいので好きなようにつくってよいこと、である[4]。

カードは、原則として小さい数字のカードから順番に、カード1からカード20までの合計20枚を提示する。しかし実際には、受検者の負担への配慮や検査に割くことの

[2] かつて日本国内では、原版の絵刺激を和服姿などに修正した版（早稲田大学版や名古屋大学版、精研式など）が存在した。

[3] カード番号にMがついているものは成人男性用、Fは成人女性用、Bは少年用、Gは少女用とされ、番号だけのものは共通カードとなっている。また、提示の際、同じ番号のものでアルファベットが付されたカードがあれば、受検者の性別や年齢に応じたカードを用いる。

[4] 一部の立場では、2つめの点に関して「現在・過去・未来を含む話をつくってください」と教示することもあるが、自然な物語の展開を妨げたり受検者の構えを堅くしてしまったりすることがあるため、筆者としては勧めない。

できる時間の制約などから、カードを減らして実施することも多い[5]。とはいえ、解釈の信頼性向上のためにはできるだけ多くのカードを使用するべきであり、データの比較照合のためには提示順を一定にすることが望ましい。また、一般的に、成人男性・成人女性用カードの適用は中学生以降とされている。

反応への質問は、それぞれのカードにおいて、自発反応が完全に終わった後に行う。次のカード以降になるべく影響を及ぼさないよう最小限にとどめながら、絵刺激をどのように認知しているかわかりにくい箇所や物語として不明瞭な箇所を中心に尋ねていく。なお、ロールシャッハ・テストのように全カードの提示が終わった後に質問をするわけではないので、混同しないようにしたい。

また、反応を記録する際には、発話内容（逐語録）だけでなく、反応時間（初発時間・自発反応終了時間・全反応終了時間）や表情・仕草などの観察内容も含める。特に定まった形式の記録用紙はない。

### 分析・解釈の基本

ＴＡＴの分析・解釈の方法として、マレーは**欲求-圧力分析**を提唱した。欲求－圧力分析では、語り手（受検者）はおよそ主人公に同一化すると見なし（主人公仮説[6]）、主人公が環境に向かって発する力を欲求（衝動や願望、意図など）、環境から主人公に向かって発する力を圧力と名付けている。そして、主人公の言動や置かれた状況を、欲求と圧力の観点から何種類にも分類・評定し、標準値と比較するという方法を

[5] カード選択の目安としては、ハートマンのBasic TAT Set（1・2・3BM・4・6BM・7BM・8BM・13MF）などが参考になるだろう。Hartman, A. 1970 A basic TAT set. *Journal of Projective Techniques and Personality Assessment*, 34, 391–396.

[6] この主人公仮説は、多くの臨床家から支持されているわけではない。後述の鈴木睦夫やピオトロスキーの考え方のほうが一般的である。

とるのである。しかしながら、この方法は、実施方法と同様、マレーの努力もむなしく臨床的には定着せず、現在、それに忠実にしたがっている人はほとんどいない。その理由として、鈴木睦夫《すずきむつお》は、①直観的解釈を誘うTATの特性に反していること、②煩雑な作業に見合うほどの解釈を引き出しにくいこと、③主人公仮説に無理があることを指摘している。[7] そして、マレー以後も、有力な分析・解釈の方法は現れていない。

とはいえ、TATの分析・解釈は、まったくの直観で行われるものではない。鈴木は、TATの核心は物語づくりにあると考えて、それぞれのカードで出現しやすい**物語類型**を踏まえて分析・解釈をするアプローチを提唱している。[8] そのための基礎資料として、鈴木は、一般人といくつかの患者群から構成されるTAT反応データをもとに、各カードで得られた物語のプロット（筋）を分類して物語類型を特定し、その出現頻度をまとめた。したがって、出現頻度の高い類型のプロットが現れた反応では、語り手に固有な特徴が投映されているとは解釈しない。むしろそのような場合には、多くの人々と同じようにその絵刺激の状況を理解したり感じたりできる常識を持ちあわせていることを推測する。そして、出現頻度の低い類型に属する反応にこそ、その語り手の個性が反映していると解釈するのである。[9]

また、藤田宗和《ふじたむねかず》は、得られたTAT反応を多角的に整理するための枠組みとして**情報分析枠**を提唱している。[10] 具体的には、①反応時間、②カード内の認知領域、③**導入**

[7] 鈴木睦夫 1992「TAT」氏原寛ら（編）『心理臨床大事典』培風館（pp.530–535）

[8] 鈴木睦夫 1997『TATの世界』誠信書房

[9] 鈴木が作成した物語類型の分類表はきわめて詳細であるため、初心者は、それをもとに関山が設定した「基本反応（約7割の出現率）」と「中核反応（約4割の出現率）」を参照すると、一般的な反応傾向をつかみやすいだろう。関山徹 2019「鈴木法を基盤としたTATの分析・解釈」『中京大学心理学研究科・心理学部紀要』18(1), 45–50.

[10] 藤田宗和 2001「TATの情報分析枠（the Frame of Information Analysis）の提案」『犯罪心理学研究』39(2), 1–26.

**人物**（カードに描かれていない人物の導入のされ方）、④現在・過去・未来の構成、⑤標準テーマ、⑥結末、⑦感情、⑧人間関係の観点から構成されており、基本的な情報をもれなく把握するために役立つ。

## ■CAT

CATはベラック（Bellak, L.）が子ども向けに開発したTATである[11]。その第一の特徴は、子どもが動物に同一化しやすい傾向を活かして、絵刺激に人物ではなく動物を用いた点にある（その後、ベラックは年長児用に動物を人物に描き替えたCAT－Hも開発した）。第二の特徴は、絵刺激は古典的な精神分析理論にもとづいて作成されているため、解釈もそれに沿って行われる点である。第三の特徴は、子ども用であるため、TATと比べて、検査者との関係性がひときわ大きく影響する点である。そのため、検査者は、子どもと臨機応変に関わると同時に、子どもの様子や検査状況をよく観察する必要がある。

**ベラック版CAT**のほかには、国内では、リスのチロちゃんを主人公にして物語をつくってもらう**日本版CAT**も開発されている[12]。日本版は精神分析理論には依拠しておらず、欲求－圧力分析をもとに対人関係のありようを推測していく。

使用するカードは、ベラック版では10枚、日本版は練習図版を含む17枚である。実施方法は、基本的にはTATと同じである。ただし、日本版では、まず練習図版を用

[11] Bellak, L. 1954 *The Thematic Apperception Test and the Children's Apperception Test in clinical use.* Grune & Stratton.

[12] 戸川行男・本明寛・松村康平・小嶋謙四郎（編）1955『CAT日本版試案：幼児・児童絵画統覚検査図版』金子書房

いて、主人公を特定させたり、主人公と動物たちの行動や関係性などについて質問したりする。このようにお話をつくる練習を行う段階を入れることによって、物語内容が乏しくならないよう工夫が施されている。

## ■まとめ

ＴＡＴやＣＡＴに対しては、量的なデータにもとづくエビデンスに乏しいという批判が根強くあり、今後はその持ち味を失わない形での量的な検証も望まれよう。その一方、受検者の物語を読み解いていく作業は、心理面接において来談者の語りを共感と客観の両面から理解していく過程に深く通じるものがあり、臨床家の成長にも役立つ。そのような意味でも、ＴＡＴやＣＡＴはもっと活用してほしい検査である。

最後に、ＴＡＴなどの投映法で表現された人物像や対人関係は、受検者自身やその周囲の人々を直接的に反映したものではない点を強調しておきたい。その人における優勢な自己・他者のイメージや関係のパターンと見なすべきである。またピオトロスキー（Piotrowski, Z. A.）が述べているように、[13] それらは主人公だけにではなく、さまざまな登場人物にも投映していると考えるのが妥当であろう。

〔関山 徹〕

［13］Piotrowski, Z. A. 1952 The Thematic Apperception Test of a schizophrenic interpreted according to new rules. *Psychoanalytic Review*, 39, 230–240.

# 1-4 ロールシャッハ・テスト

## ■ロールシャッハ・テストとは[1]

1921年にスイスの精神科医ロールシャッハ（Rorschach, H.）によって考案された、10枚のインクのしみ（**インクブロット**）の図版を用いた**投映法**[2]の**人格検査**である。受検者の反応を通して、パーソナリティ、病態水準、知的水準などを知るために使用される。

## ■開発の経緯

19世紀末のヨーロッパでは、偶然できたインクのしみを何かに見立てる遊びが身近で、研究に用いる者もいた。[3] ロールシャッハは、友人の教師とともに、学校の生徒や精神障害の患者にインクブロットを見せて連想を尋ねる実験を行っていた。精神分析に関心を寄せた時期を経て、ロールシャッハは患者を対象としたインクブロットの研究を再開した。研究に用いた図版は大きく枚数も多かったため出版に適した10枚の図版に変更して、1921年に『精神診断学』（Psychodiagnostik）を出版した。[4] 翌年、

[1] ロールシャッハのスイス版図版（Hans Huber 社）は、心理検査販売代理店より購入可能。

[2] 片口安史 1987『改訂新・心理診断法：ロールシャッハ・テストの解説と研究』（金子書房）によると、**projective technique** の邦訳は、投射法、投影法、投映法が用いられる。本項では、片口にならい、投映法を使用する。

[3] ビネー・シモン式知能検査の開発者ビネー（Binet, A.）も、想像力の測定法としてインクブロットを用いた。

ロールシャッハは37歳の若さで病死した。

出版されたものの、ヨーロッパで『精神診断学』の評判は悪かった。ロールシャッハ・テストを偶然知った米国のベック（Beck, S. J.）は、テストを用いた体系的研究で学位を取得した。その後、ナチスの迫害を逃れて渡米したクロッパー（Klopfer, B.）、ハルツ（Hertz, M. R.）、ピオトロスキー（Piotrowski, Z. A.）がロールシャッハ・テストの研究を開始し、それぞれ独自の整理法や解釈法を体系化した。量的分析を重視するベックと、質的分析を重視したクロッパーの間では大きな議論があったという[2]。1970年代には、複数の施行法、整理法、解釈法の存在が問題とみなされるようになり、1974年にエクスナー（Exner, J. E.）が包括システムを発表した。主なロールシャッハ法を実証にもとづき統合した包括システムは継続的に変更と修正が加えられ、世界で普及した[5]。

この歴史からみても分かるように、ロールシャッハ・テストは、ロールシャッハが残した10枚の図版と反応のスコア化という発想を継承しつつ、世界中の研究者や臨床家がデータを蓄積し、複数の支流を作って発展した検査である。

## ■検査の内容

共通する施行法と整理法は次のようである。検査施行は、ロールシャッハが作成した、白黒5枚、赤黒2枚・多彩色3枚、計10枚の図版を用いて個別式で行う[6]。検査者

[4] ロールシャッハ・テストは1921年に出版されたが、再販によって普及した。初版：Rorschach, H. 1921 *Psychodiagnostik*. Bern, Swizerland: Bircher. 再販：Rorschach, H. 1942 *Psychodiagnostik* (Hans Huber, Trans.). Bern, Swizerland: Verlag Hans Huber. 日本語訳には、ヘルマン・ロールシャッハ／東京ロールシャッハ研究会訳 1958『精神診断学：知覚診断的実験の方法と結果（偶然図形の判断）』牧書店、他がある。

[5] J・E・エクスナー／中村紀子・野田昌道（監訳）2009『ロールシャッハ・テスト：包括システムの基礎と解釈の原理』金剛出版

[6] 集団用ロールシャッハも存在するが、臨床場面で使用されることは少なく、本項では個別式について解説している。

は、決められた順番で1枚ずつ図版を受検者に手渡し、何に見えるかを尋ね、受検者は口頭で答える（自由反応段階）。次に、検査者は再度図版を手渡して、自由反応段階の反応について、どこに、何が、どのように見えたのかを誘導的にならないよう注意しながら質問を行う（質問段階）。検査終了後、検査者は各反応について、反応領域、決定因、反応内容、形態水準などをスコア化する。これらのスコアと反応系列から受検者の性格、思考様式、感情状態、対人関係、自己認知といったパーソナリティ構造を推定する。

ロールシャッハ・テストの方法として、日本では、包括システムのほか、片口法、阪大法、名大法などが知られているが、本項では片口法と包括システムを解説する。

**片口法**

片口安史《かたぐちやすふみ》が1956年に著した『心理診断法』[7]に始まる方法で、施行法と分類法はクロッパーの影響が大きい。

片口法では、対面式で検査を実施し、自由反応段階の反応は時間を記録する。質問段階では、反応がどこに対して行われたか（反応領域）、どのように決定されたか（決定因）、反応内容は何か（反応内容）の3つの側面が明らかになるように質問を行う。

データは、反応数、反応時間、反応領域、決定因、反応内容についてスコア化し整理する。公共（平凡）反応（P）は、統計データにもとづく標準的な反応だが、体系

[7] 片口安史 1956『心理診断法：ロールシャッハ・テスト』牧書店　最新版は片口 1987 前掲書［2］

ごとに定義や用いる統計データが異なる。片口法のP反応は、日本人6人に1人がみた反応、13個である。形態水準の判断基準は、統計データの最頻値や精神病患者の反応など体系によって異なるが、片口法では頻度に加えて反応の正確さ、明細化、結合性を総合的に評価し検査者が形態水準を決定する。スコアは、カテゴリー別に数量と比率を計算し表にまとめる。

解釈は、表からの量的な解釈、反応の流れをみる系列分析、理論に基づく総合的な人格特徴の理解の3つの過程による。総合的理解で用いる人格理論や精神病理学は多様だが、日本で培われた立場に、精神分析の自我心理学理論から人格を読み解く、馬場による解釈法[8]がある。

**包括システム**

包括システムは、世界中から集められた膨大な統計データに基づき施行法、整理法、解釈法が定められている。まず、検査者は厳密に規定された施行法で検査を施行する。例えば、検査者の位置と反応の研究に基づき、検査者はデータへの影響が最も少ない並列式、すなわち受検者と横並びに座り、検査を実施する。質問段階における検査者の質問も、データを歪めないための質問の言葉が用意されている。この施行法を厳守し、統計データに照合可能な反応を入手することが、解釈の大前提となる。

他の体系に比べ、包括システムのスコアは精緻に構成されている[9]。反応の分類では、反応領域、発達水準、決定因子、形態水準、反応内容、平凡反応、組織化活動、

[8] 小此木啓吾・馬場禮子 1972『精神力動論：ロールシャッハ解釈と自我心理学の統合』医学書院／馬場禮子（編）2017『力動的心理査定：ロールシャッハ法の継起分析を中心に』岩崎学術出版

[9] 小川俊樹・松岡正明・加藤志ほ子・津川律子 2001「ロールシャッハ・テスト」上里一郎（監修）2001『心理アセスメントハンドブック（第2版）』西村書店

特殊スコアをコード化する。発達水準は、年齢の上昇に伴い反応領域の選択と統合が増すという知見にもとづく明細化と統合の質を示すコードである。形態水準は、評定者間の信頼性の確保と妥当性向上のために、20万以上の反応による統計的頻度から作成された形態水準表[10]にもとづき決定する。公共反応（P）は、7千以上の事例で3人に1人以上がみた13の反応である。このように厳密で明確な判断基準によるため、包括システムにおける評定者間の一致率は、形態水準は90％以上、Pは99％と非常に高い。刺激を組織化する組織化活動（Zスコア）、特異な言語表現等に用いられる特殊スコアも、実証性にもとづき設定されている。正確にコード化された反応は、頻度と比率、計算値が算出され構造一覧表にまとめられる。

解釈は、抑うつ指標、自殺の可能性といった特殊指標の確認から開始し、クラスターごとに、クラスター内で決められたステップに沿って進めていく。クラスターは、統制とストレス耐性、状況関連ストレス、感情、情報処理過程、認知的媒介過程、思考、自己知覚、対人知覚の8つに分けられている。

[10] 日本において包括システムの形態水準表は2つ存在する。①エクスナー 2009 前掲書［5］の附録にある形態水準表と同一の形態水準表である、J・E・エクスナー／中村紀子・津川律子・店網永美子・丸山香訳 2004『ロールシャッハ形態水準ポケットガイド（第3版）』エクスナージャパン・アソシエイツ。②日本人のプロトコルから作成した形態水準表である、高橋雅春・高橋依子・西尾博行 2009『ロールシャッハ・テスト形態水準表』金剛出版

## ■まとめ

ロールシャッハ・テストは、知覚の過程についての形式分析を重視し、反応の記号化によりデータ蓄積を可能とした点が独創的であった。[2] ロールシャッハ・テストの10枚の図版は、文化や時代を超えて使用できるもので、異なる国や世代のデータの比較

が可能である。心理学、医学の領域を超えて、文化人類学的な研究でも使用されていることからも、非常に汎用性が高い検査、研究法といえる。

一方で、批判も多い。主な批判は、テストの信頼性と妥当性に関するものであり、例えばクロンバック（Cronbach, L. J.）は心理測定の立場から研究デザインに対する批評を展開している。[11] 精神分析理論に対する批判がロールシャッハ・テストと結びつけられているものも多い。近年では、科学的エビデンスについての議論や、メタ分析も行われている。[5]

初学者にとっては、解釈に熟練を要することが大きな関門となる。比較的取り組みやすい包括システムでも、所見にまとめる上で全体的統合的に受検者の人格を読み解くには経験が必要とされる。[12] このような批判や訓練の難しさを抱えながら、百年前に作られたロールシャッハ・テストは、今後も心理検査の代表として受け継がれることだろう。

〔鈴木朋子〕

[11] Cronbach, L. J. 1949. Statistical methods applied to Rorschach scores: A review. *Psychological Bulletin*, 46, 393–429.

[12] 村上宣寛・村上千恵子による片口式ロールシャッハ自動診断システムについては、本書5－6参照。

# 1-5 描画テスト

## ■描画テストとは

心理臨床の場で対象者を理解し援助するために、鉛筆やクレヨンなどで何かを表現させる心理テストを描画テストと呼ぶ。絵を描くテストなので、幼児から成人まで実施可能である。絵は言葉よりも防衛が働きにくいので、言葉では表現されない心の奥深くが絵に投影されることがあり、対象者の自己認知、対人関係、感情、欲求、適応水準等、パーソナリティのさまざまな様相が明らかになる。対象者が自覚していない部分も捉えることで、対象者をよりよく理解できる。さらに、問題の背景も浮き彫りにすることができるので、適切な援助・介入のための情報が得られる。

対象者が自由に描く「自由画」は、ある意味では対象者の状態を最もよく表すとも考えられるが、臨床心理アセスメントにおける心理テストとしての客観性のためには、課題を設定し、過去の資料と比較する必要がある。個々の課題には、それぞれ捉えやすいパーソナリティの側面があり、描画テストで何を捉えたいかの実施目的によって課題が選ばれる。そのために多様な課題が考えられ、標準化されてきている。

[1] Goodenough, F.L. 1926 *Measurement of intelligence by drawing*. World Book. 本書3－3も参照。

[2] Machover, K. 1949 *Personality projection in the drawing of the human figure*. Thomas.／深田尚彦 1974『人物画への性格投影』黎明書房

[3] Koch, K. 1949 *Der Baum-Test: Der Baumzeichen-versuch als Psychodiagnostisches Hilfsmittel*. Hans Huber.（コッホ／林勝造ほか（訳）1970『バウムテスト：樹木画による人格診断法』日本文化科学社、コッホ／岸本寛史ほか（訳）2010『バウムテスト第3版：心理的見立ての補助手段としてのバウム画研究』誠信書房）

## ■開発の経緯

標準化した資料を基に、絵を心理テストとして最初に用いたのはグッドイナフ[1]（Goodenough, F. L.）であり、彼女は「男の人の絵」から子どもの知能水準を測定しようとした。その後、マッコーバー[2]（Machover, K.）は知能だけでなく、対象者のパーソナリティ全体を理解しようとして「男女」を描く2枚法を行った。その頃には「木」を課題とするコッホ（Koch, K.）の**バウムテスト**[3]、「家・木・人」を3枚の用紙に描くバック（Buck, J. N.）の**HTP**[4]、「家族」を課題とするハルセ[5]（Hulse, W. C.）の家族画テスト、バーンズ（Burns, R. C.）とカウフマン[6]（Kaufman, S. H.）の**動的家族画**、動的HTPなどが開発された。

日本では、高橋雅春《たかはしまさはる》がHTPとマッコーバーの人物画を合わせて**HTPP**テスト[7]として臨床で用い、その他、中井久夫《なかいひさお》の考案による風景構成法[8]や、三沢直子《みさわなおこ》のS-HTP[9]などが用いられてきている。

## ■樹木画テスト・バウムテストの内容

「木」を課題とする描画テストにはコッホの**バウムテスト**[3]とボーランダー[10]（Bolander, K.）の**樹木画テスト**がある。コッホのバウムテストはA4の画用紙に中程度の柔らかさの鉛筆（日本では4B。近年2Bも用いられる）で「実のなる木（林らの訳[3]）、果物の木（岸本らの訳[3]）」を描くものである。コッホは、単なる「木」の描画

[4] HTP: House-Tree-Person
Buck, J. N. 1948 The H-T-P test. *Journal of Clinical Psychology*, 4, 151–159.（バック／加藤孝正・荻野恒一（訳）1982『HTP診断法』新曜社）

[5] Hulse, W. C. 1951 The emotionally disturbed child draws his family. *The Quarterly Journal Child Behavior*, 3, 152–174.

[6] Burns, R. C. & Kaufman, S. H. 1972 *Actions, styles and symbols in kinetic family drawings (K-F-D): An interpretative manual*. Brunner/Mazel.（バーンズ、カウフマン／加藤孝正ほか（訳）1982『子どもの家族画診断』黎明書房）、加藤孝正 1986「動的家族画（KFD）」『臨床描画研究』1, 87–104.

[7] HTPP: House-Tree-Person-Person
高橋雅春 1967『描画テスト診断法』文教書院／高橋依子 2011『描画テスト』北大路書房

では多様な木が描かれるので、組織的な考察や調査がしにくいと考えて果樹にしたと述べている。林《はやし》勝造《かつぞう》らによるコッホの英語版の邦訳[3]は、パーソナリティ全般だけでなく発達段階についての指標（絵の特徴）が多く例示されているので、日本の児童相談所や精神科医療の場で盛んに用いられるようになった。

これに対しボーランダーは、「1本の木」を描かせる樹木画テスト[10]を用いた。ボーランダーは、コッホのように「果樹」と規定するよりも自由度の高い単なる「木」の描画のほうが、対象者のパーソナリティが投影されると考え、コッホのように児童の描画の資料でなく、主に成人の樹木画で質的な解釈を行った。樹木画テストでは、A4のケント紙か画用紙にHBの鉛筆で描く（図1）。HBは日常生活でよく使われている硬さの鉛筆であり、筆圧が判定しやすい。「木」は、手の運動のように最も抵抗なく描けるので、パーソナリティの比較的深層にある部分を反映し、心理的外傷となる過去の経験や、対象者が意識の上では認めたくない否定的な感情も表すことがあり、パーソナリティの特徴が、より深く理解できるとされている。

描かれた木について、全般的な印象を捉える全体的評価、用紙の中の描画像の位置・サイズ・筆圧・ストロークとラインの特徴など、どのように描かれたかを捉える形式分析、描かれた個々の部分の特徴を分析していく内容分析を行う。これらによって、対象者の適応水準、精神的成熟度・発達段階、情緒の安定度、自己認知、達成動機、外界の認知の仕方、対人関係等のパーソナリティの多様な側面を理解していく。

[8] 中井久夫 1970「精神分裂病者の精神療法における描画の使用：とくに技法の開発によって作られた知見について」『芸術療法』2, 77–90.

[9] S-HTP: Synthetic-HTP
三上（三沢）直子 1995『S－HTP法：統合型HTP法による臨床的・発達的アプローチ』誠信書房

[10] Bolander, K. 1977 *Assessing personality through tree drawings*. Basic Books.（ボーランダー／高橋依子（訳）1999『樹木画によるパーソナリティの理解』ナカニシヤ出版）

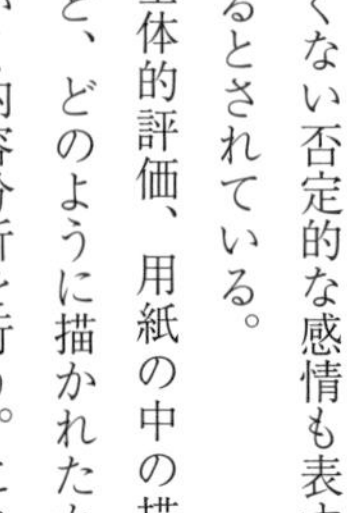

図1

そのために樹冠・茂みの形、樹冠の輪郭線、幹の長さや太さと樹皮の模様や傷、枝の位置や枝の元、枝の先端、根の形、地面のラインの特徴を見ていく。描かれた木の細かい部分を見た後に、もう一度全体の特徴を見直し、統合していく。[11]

## ■HTP・HTPPテストの内容

バックが創始した3枚法のHTP[4]、高橋が用いた4枚法のHTPP[7]（家・木・人物・反対の性別の人物）テストがあり、日本でHTPテストと呼ばれるときは4枚法のことが多い。パーソナリティの多様な側面を理解するために、バックがこれらの課題を選んだのは、幼児にもなじみがあり、どのような年齢層でも好意的に描かれ、率直な言語表現が可能であるからだと述べている。HTPPテストでは、絵の上手下手を調べるのではないので気楽な気持ちでということと、いい加減には描かないで、できるだけ丁寧に描くということを教示する。4枚の用紙に家、1本の木、人を1人、3枚目と反対の性の人の描画を求める。描画中は温かな雰囲気を保つように見守ると共に、描く順序や逡巡した箇所など描き方や表情などを観察しておく。描画終了後に、絵を共に眺めて話し合う。まず、描画後の気持ちを問い、その後4枚の絵を並べて感想を聞いた後、1枚ずつ眺めて対話（PDD）[12]を行う。4枚の絵について、全体的評価と形式分析、内容分析を行い、統合していく。

HTPPテストは無意識の側面も含めたパーソナリティ全体を理解するために実施

[11] 高橋雅春・高橋依子 1986/2010『樹木画テスト』文教書院／北大路書房

[12] Post Drawing Dialogue：PDD
高橋依子 2007「描画テストのPDIによるパーソナリティの理解：PDIからPDDへ」『臨床描画研究』22, 85–98.

するが、それぞれの絵からは次のようなことが明らかになる。家の絵からは、成長してきた家庭や、現在の家族関係や家庭の認知や感情、木の絵からは明確に意識されていない自己像が捉えやすい。人の絵は、やや意識された自己像や対人関係、自分に影響を与えた重要な人物や人間一般への認知が示され、異性像では、対人関係のうち特に異性への認知が投影されることがある。また、どちらの性の人物を先に描いたかや、性差の表現の仕方なども自己認知や対人認知を知る手掛かりになる。しかし、絵は多くの意味を持つ多義的なものであり、さまざまな感情や認知が投影される。また、描画には現在の自己認知が表れるだけでなく、過去の状態や未来の理想像や不安が表出されることがあり、そのためにも描画後の対話が役に立つことがある。

### ■動的家族画（KFD）・家族画（FDT）の内容

家族の問題が対象者の症状や問題行動に影響があると思われるときは家族画テストを行う。「あなたを含めてあなたの家族が何かしているところ」という教示で行う**動的家族画**[6]（KFD）[13]は、人物の行為、描き方のスタイル、シンボルによって家族の相互関係を把握する。KFDは日本でも盛んに用いられているが、家族の問題が大きいと描きにくい場合もある。そこで、「あなた」と言う言葉を入れず、「『わたしの家族』という題で絵を描いてください」という教示で行う**家族画**（FDT）[14]がある。家族画では、対象者が家族成員をどのように眺めているか、家族成員相互や自分と家族

[13] Kinetic Family Drawings: KFD

[14] Family Drawing Test: FDT
高橋依子 1986「描画テストの実施法」『臨床描画研究』1, 130–138. ／高橋依子 1987「大学生の家族画：再テストを中心として」『臨床描画研究』2, 27–42.

成員との関係をどのように眺めているか、すなわち、家族力動の捉え方などが明らかになる。しかし単に現在の認知だけでなく、特にＦＤＴの場合は、過去の家族（原家族）の認知や未来の理想の家庭が描かれたり、抽象画のこともある。絵から対象者の家族への認知を知るためには、人物の相互関係を捉えることが重要であり、ラインや障害物で家族成員が区切られていたり、実際の大きさと人物像が異なっているか、対象者自身と他の家族成員との距離など多くの特徴を分析することが必要である。[15]

## ■まとめ

描画テストは心理臨床で最も多く用いられている心理テストであるが[16]、描画の特徴についての数量的な検討はまだ十分ではなく、心理テストとしての妥当性と信頼性が確立されているとは言いがたい。心理テストとして役立てるためには、安易に用いるのではなく、それぞれの描画テストで規定された方法で実施し、解釈に当たっては、過去の資料などを参考にし、複数で判定するなど、妥当性と信頼性に留意しなければならない。[17] 描画からは多くの特徴（サイン）が認められるが、それらのサインを一対一の対応でパーソナリティの特徴と結びつけるのでなく、他のサインとの関係や絵の全体的な様相で判断することが大切である。また、絵には健康な部分も表出されるので、対象者を総合的に理解することも忘れてはならない。

〔高橋依子〕

[15] 高橋依子 1994「家族描画にみる健康と健康障害」岡堂哲雄（編）『精神病理の探究（現代のエスプリ別冊）』至文堂（pp.124-138）

[16] 小川俊樹・岩佐和典・李貞美・今野仁博・大久保智紗 2011「心理臨床に必要な心理査定教育に関する調査研究」『第１回日本臨床心理士養成大学院協議会研究助成成果報告書』

[17] さらに妥当な解釈を行うためには、他の心理テストとのテストバッテリーが大切である。本書５－１も参照。

1-6

# P-Fスタディ（絵画-欲求不満テスト）

## ■P-Fスタディ（Picture-Frustration Study）とは

P-Fスタディ（以下P-Fと略）は、米国のローゼンツァイク[1]（Rosenzweig, S.）によって作成された投映法の一種で、日常生活でよく経験するような欲求不満場面が描かれた24の刺激場面から構成されている。各場面で欲求不満を経験している人物がどのように答えるかを求め、その反応を分析することによってパーソナリティの特徴をとらえようとする投映法である。しかし、刺激場面が欲求不満状況に限定されているので**準投映法**（semiprojective technique）とローゼンツァイクは称しており、さらに、P-F反応は主として日常行動の**顕現水準**（overt level）が反映すると仮定している。

[1] ソウル・ローゼンツァイク（1907-2004）

## ■開発の経緯

ローゼンツァイクは、ハーバード大学でマレー（Murray, H. A.）が主宰する臨床心理学研究室の一員として、精神分析の理論を実験的に確証する研究を行っていた。そこで、抑圧と欲求不満の経験との関係をみるために4つの欲求不満検査を考案したが、その中で用いられた投映法がP－Fの原型である。P－Fの図版は、言語刺激は言語連想法、絵画刺激はTAT[2]を参考にして作成されている。

P－F成人用が公にされたのは1945年であり[3]、その後児童用と青年用が発行された。現在の原図版は、3つの年齢版に共通する基本マニュアルと、成人・青年・児童の各スコアリングマニュアルが別冊として発刊されている[4]。

日本版は林《はやし》 勝造《かつぞう》が中心になって1957年に児童用、1959年に成人用、1987年に青年用が出版された。その後児童用と成人用が再標準化され、最新版として手引きの「P－Fスタディ解説2020年版」と成人用第Ⅲ版が改訂出版されている[5]。

## ■検査の内容

24の刺激図版には、欲求不満を起こさせている発言付きの**阻《そ》碍者《がいしゃ》**（frustrater）と欲求不満を起こされている**被阻碍者**（frustratee）が描かれている。場面の内容は、欲求不満の原因が自分にある**超自我阻碍場面**（superego-blocking situation）と、他者または誰にあるかが不明な**自我阻碍場面**（ego-blocking situation）に分けられるが、これらの分類は受検者の場面認知によって変動することがある。

標準的な実施法は、受検者が各場面の刺激文を読んで、被阻碍者がどのように答えるかを吹き出しの空欄に記入する自己記入法である。読み書きができない受検者には、検査者が刺激文を読み、受検者が口頭で答える口答法が用いられる。記入が終わると、

[2] 本書1－3参照

[3] Rosenzweig, S. 1945 The Picture-association method and its application in a study of reactions to frustration. *Journal of Personality*, 14, 3-23.

[4] 原図版の発行所はローゼンツァイクが設立した出版社で、米国セントルイスのRana Houseである。

[5] 日本版の発行所は三京房。

スコアリングや解釈に役立つ情報を得るために質疑が実施される。教示で重要なことは、「自分なら」ではなくて「絵の人物は」どのように答えるかを求めることである。

各場面の反応に対して、三つの**アグレッション**方向[6]と型の組み合わせによる9つの因子と2つの変型（超自我）因子に分類する**スコアリング**（記号化）が行われる。[6]次いで、いくつかの場面に設けられた最頻反応との一致度による集団順応度としての**GCR**（group conformity rating）、因子を集計した**プロフィール**、**超自我因子**にかかわる反応状況、3つの頻出因子を選ぶ**主要反応**、前半と後半の因子の出現状況を比較する**反応転移**などの各指標について計算する。

解釈の方法は、これまで因子などのP-F指標を標準と比較する集団的基準に基づいた**形式分析**を中心にして解釈される傾向があったが、現在では受検者の個人的理解を深めるために、反応の**内容分析**も含めた総合的な解釈が行われるようになってきた。

## ■まとめ

P-Fは米国で出版されたが、同国内での使用頻度は高くない。米国以外でも数か国で標準化されているが、[7] おそらく諸外国の中でも日本が最も適切な標準化や改訂を行っており、臨床場面での使用頻度も高いといえるだろう。

適用年齢は4歳から実施が可能とされているが、日本の標準化は小学生以上であり、年齢段階に応じて児童・青年・成人の年齢版が用意されている。青年用は成人用を基

ローゼンツァイクは、アグレッション（aggression）について、相手に損傷を与えることを意図した行動という一般的な意味ではなく、障碍に対処する「主張性（assertiveness）」という語源に近い中性的な意味で用いており、結果的に否定的だけでなく肯定的な行動にもなり得るとしている。こ

［6］ P-F スタディの反応分類

| | アグレッション型 | O-D：障碍優位（障碍の程度） | E-D：自我防衛（責任の所在） | N-P：欲求固執（障碍解決） |
|---|---|---|---|---|
| アグレッション方向 | E-A：他責（他者に向ける） | E'：他責逡巡 | E：他罰<br>E̲：他罰変型 | e：他責固執 |
| | I-A：自責（自分に向ける） | I'：自責逡巡 | I：自罰<br>I̲：自罰変型 | i：自責固執 |
| | M-A：無責（誰にも向けない） | M'：無責逡巡 | M：無罰 | m：無責固執 |

にして人物構成を変えたもので、欲求不満の場面内容は成人用とほぼ同じである。

P-Fの信頼性に関して、これまでの日本における研究結果によると、標準化に際して行われた評定者間の**スコアリング**の信頼性[8]（一致度）は約80％以上である。**再検査信頼性**はテスト間隔や指標によって変動があるものの、$r = 0.3$から$r = 0.7$というかなり高い安定性が得られている。

**妥当性**に関しては、ローゼンツァイクがP-Fの公刊以来約40年間にわたる500以上の文献を妥当性の領域ごとに分類して検討し、妥当性を検証している。[9]なお、日本におけるP-F研究に関する評価も妥当性のあることが示されている。[10]

テストの特長をあげると、適用年齢の幅が広い、年齢を問わずテストに対する抵抗感が少ない、教示や質疑を含めても実施に要する時間は30～40分であり他の投映法に比べて短い、現実に近い刺激場面なので結果の説明が理解しやすいなどがある。

一方、自己記入法なので意識的に反応を操作することが可能であり、社会的に望ましい反応が出やすいという問題がある。また、スコアリングや整理に至るまでの過程がやや複雑であり、とくにP-Fの指標による形式分析と反応の内容分析による総合的解釈が適切に行えるまでには相当な学習と経験を要することがあげられる。

P-Fは欲求不満状況の場面認知と対処の仕方に基づいて攻撃性、罪悪感、自制心やコミュニケーション能力などの情報も得られるので、臨床場面ではさまざまな適応上の問題理解や**発達障害**などのアセスメントにも幅広く用いられている。〔秦 一士〕

のようなことから、日本版では一般的な邦訳の「攻撃」ではなくて、カタカナ書きで「アグレッション」と表現している。

[7] フランス、ドイツ、イタリア、ポルトガル、スペイン、スウェーデン、インドなど。

[8] 本書5-8参照

[9] Rosenzweig, S. 1978 *Aggressive behavior and the Rosenzweig Picture-Frustration study*. Praeger.（ローゼンツァイク／秦 一士（訳）2006『攻撃行動とP-Fスタディ』北大路書房）

[10] 秦 一士 2007『新訂 P-Fスタディの理論と実際』北大路書房

# 1-7 親子関係の検査（ＴＫ式診断的親子関係検査、ＦＤＴ、ＣＣＰ、ＥＩＣＡ）

## ■親子関係検査とは

親子の関係は発達心理学においてもボウルビィ（Bowlby, J.）の愛着理論、ハーロー（Harlow, H. F.）の子ザルの実験、スピッツ（Spitz, R. A.）のホスピタリズム研究など数多く取り上げられてきた。子どものパーソナリティ形成や社会化に大きな影響を与える親子関係は常に注目され、研究され続けてきた。しかし、親子の関係を把握するにあたり、何を目的としてどのような立場で行うかでその内容は異なってくる。1960～1970年代には日本でも多くの親子関係検査が開発された。本項では、ＴＫ式診断的親子関係検査、ＦＤＴ、ＣＣＰ、ＥＩＣＡの4検査について概説する。

## ■ＴＫ式診断的親子関係検査

### 開発の経緯

1939年にサイモンズ（Symonds, P. M.）が親の養育態度を「支配」「服従」と「保護」「拒否」の2方向、4タイプに分類した理論を基に品川《しながわ》不二郎《ふじろう》[1]らによって開発

[1] 品川不二郎・品川孝子・森上史朗・河井芳文 1972「ＴＫ式親子診断的新親子関係検査」田研出版

された。この4タイプとは別に両親の養育態度の矛盾や不一致を追加し、5つの視点（拒否的態度、支配的態度、保護的態度、服従的態度、矛盾的態度）から親子関係を浮かび上がらせ、親自身の自己診断と子どもから見た親の子に対する態度（親風）を診断することを目的としている。

**検査の内容**

幼児用、小学校用、中学校用の3種類がある。検査時間は約40分である。幼児用は親用のみ。小学校用は子ども（3年以上）と親（1年～6年）用の2種類がある。中学校用は、子ども・親用ともに中学1年～3年が対象である。検査項目は、幼・小・中いずれも80項目で、10因子がクモグラフで表示される。診断は、(1)グラフ全体の偏り、(2)グラフ全体の広がり、(3)グラフのツノ（飛び出している因子）、(4)パーセンタイル得点から親風の方向性と強さを浮かびあがらせる。親風の方向は、①不満、②非難、③厳格、④期待、⑤干渉、⑥心配、⑦溺愛、⑧随順、⑨矛盾、⑩不一致の10方向である。風の強さは、危険地帯（20パーセンタイル以下）、中間地帯（20～50パーセンタイル未満）、安全地帯（50パーセンタイル以上）の3つに分類される。

幼児用は親のみが回答する形式であるが、子どもへの態度の自己診断とは別に「親としてよい点」を確認できるチェックリストが第Ⅱ部として付加されている。

## ■FDT[2]（親子関係診断検査）

### 開発の経緯

親との関係性の情緒的側面と親子関係の質に焦点を当て、子どもの人格形成やメンタルヘルスを理解することを目的に東《あずま》 洋《ひろし》[3]らによって開発された。作業過程で得られた5つの軸（過保護、相性、無関心など）を因子分析した結果、8因子が抽出された。

### 検査の内容

子ども用と親用の2種類からなり、子ども用は、①小学4年～6年、②中・高校生用に分かれている。検査時間は約30分である。検査項目は、子ども用は父母に対して各60項目で、親用は40項目が設けられている。子ども用尺度は「被拒絶感」「積極的回避」「心理的侵入」「厳しいしつけ」「両親間不一致」「達成要求」「被受容感」「情緒的接近」の8尺度。親用は、「無関心」「養育不安」「夫婦間不一致」「厳しいしつけ」「達成要求」「不介入」「基本的受容」の7尺度である。結果の解釈は、パーセンタイル得点によって区切られ、①尺度ごとの解釈、②パターン分類（子ども用：A型～E型、親用：A型～D型）の2方向からなされる。

## ■CCP[4]（親に対する子どもの認知像の検査法）

### 開発の経緯

ローゼンツァイク（Rosenzweig, S.）のP－Fスタディ[5]の形式を用いて親子の関係性

[2] Family Diagnostic Test

[3] 東洋・柏木惠子・繁多進・唐澤真弓 2002「FDT親子関係診断検査」日本文化科学社

[4] Children's Cognition of Parents

[5] 本書1－6参照

を分析しようとする投映法的な検査である。親子関係を子どもが認知している親の行動・態度に視点を絞って作成し、林勝造《はやしかつぞう》[6]らによって開発された臨床的な検査である。

**検査の内容**

適用年齢は小学2年から中学生で、検査時間は約30分である。日常の親子の関係において交わされる会話や、子どもが示す要求や言動を漫画風な吹き出しに子どもが自由に台詞を書き込んでいくものである。場面設定はマレー（Murray, H. A.）の人格論に示唆を受けており、「救助場面」「親和場面」「独立場面」で構成されている。各場面は、親に対して子どもが発したワンフレーズの台詞に対して親がどう反応するかを子どもが想定して書き込む方式である。12場面において「母であったら…」「父であったら…」どのように応答するであろうかを回答するよう求めている。投映法であるため評定方法は複数の評定者によってランク付けを行っており、評定因子の定義を①受容（統制、服従）、②拒否（支配、拒否、無関心）、③その他（当惑、無反応、誤認）としている。得られた反応は整理用紙を用いて得点化し、受容（C：統制、S：服従）や拒否（D：支配、R：拒否、I：無関心）などのタイプ分類を棒グラフで表示する。

## ■EICA[7]（親子関係診断尺度）

**開発の経緯**

シェーファー（Schaefer, E. S.）の親子関係テストの260項目を基に辻岡美延《つじおかびえん》[8]らが

[6] 林勝造・一谷彊・小島秀夫 1963「親に対する子どもの認知像の検査法」大成出版社牧野書房

[7] 一次因子であるEmotional support（情緒的支持）、Identification（同一化）、Control（統制）、Autonomy（自律性）の頭文字からなる。

[8] 辻岡美延・山本吉廣 1976「親子関係診断尺度 EICA」日本心理テスト研究所

項目分析を行い日本版として開発した検査である。尺度は、一次因子の4尺度（①情緒的支持、②同一化、③統制、④自律性）と二次因子（①受容性－拒否性、②統制性－自律性）で構成されている。質問項目は一次因子の4尺度（各10項目）計40項目で構成されている。二次因子の「受容性－拒否性」は、一次因子の〝情緒的支持〟と〝同一化〟を統合しており、「統制性－自律性」は、一次因子の〝統制〟と〝自律性の否定〟を統合したものである。

**検査の内容**

適用年齢は、小学5年～高校生となっているが、本来は中学・高校生用である。

検査時間は約30分である。「私の母は…」「私の父は…」ではじまる質問項目に子ども側から3評定で回答する。父および母の単独類型を10タイプ（平均型、受容型、拒否型、統制型、自律型、など）に分類し、さらに父母の組み合わせ類型を7タイプに当てはめて解釈を行っている。子ども自身が父母の行動や態度をどのように認知しているかをタイプ別認知図で表示し親子関係を客観的に類型化している点が特徴である。

## ■まとめ

概説した4つの検査は親子関係を知る上で現在も多く使用されている。ほとんどが質問紙の形式をとっているが、ＣＣＰは、Ｐ－Ｆスタディの手法を用いているので投映法である。対象者別にみてみるとＴＫ式とＦＤＴが子ども側、親側の双方から回答する形式である。一方、ＣＣＰとＥＩＣＡは子ども側のみから親をどのように認識しているかを回答するものである。前者は、親が日常的に子どもに取っている態度と、子どもが親の態度や心情をどう認識しているかのズレが分かる点が特徴である。後者は、子どもを主眼においており、親の思いとは別にその子どもが親をどのように認知しているかに焦点をあてる点が特徴である。実践現場で活用するとき、子に対する親への気づきを促すのであれば、ＴＫ式とＦＤＴが有効であろう。子ども自身の問題をより理解し、サポートするのであればＣＣＰとＥＩＣＡが適切かもしれない。対象者の年齢や問題とされる事象によって検査を選択することが望ましい。

親子関係の研究は歴史的にみても多くなされてきたことは前述した。実験法や面接法など調査方法はさまざまであるが、１９００年代は検査の開発も盛んであった。しかし、近年は本格的な調査を行った親子関係検査は開発されていない。その原因の一つには子どもの問題がすべて親子関係に起因すると考えるのは不条理であるとの批判がある。二つには、個人情報の保護やプライバシーの尊重といった時代背景があり、家族関係などきわめて個人的な情報を詳らかにすることに抵抗があるからかもしれない。とはいえ、核家族化が進み、少子化、ひとり親など、現代の状況は親をサポートする体制を以前にも増して必要としている。親子間のもつれや親のストレスなどの軽減を図るためにも親子関係を知る手がかりとして適切なアセスメントは重要であろう。

〔中村淳子〕

## 1-8 ソンディ・テスト

### ■ソンディ・テストとは

**ソンディ・テスト**（Szondi-Test）とはハンガリー生まれの精神科医、遺伝学者、深層心理学者であったソンディ[1]（Leopold Szondi）により考案された投映法による心理検査である。1947年にテストのマニュアルと48枚の人物の顔写真から構成されたテスト図版[2]の出版により知られるようになった。

ソンディは本テストを、ロールシャッハ・テスト[3]やTAT[4]同様、人間の深層心理の複雑な力動を掴む客観的な診断道具として価値づけた。それから本テストは、テストの背景理論から独立して、各心理臨床領域で利用されるようになった。

本テストは精神疾患や犯罪のメカニズムの理解に有効であるとされてきた。ただし、解釈に熟練性が求められるのも事実である。昨今では他の投映法にはない特色や独自性、活用のしやすさが見直され、さまざまな心理臨床領域から一般的カウンセリングまでその普及は広がっている。最近の動向としては、松原《まつばら》由枝《ゆえ》らや上松《うえまつ》幸一《こういち》により本テストを文化・社会理解に用いた研究などがなされている。[5]

[1] レオポルド・ソンディ（1893–1986）

[2] ソンディ・テストのスイス版図版と筆者の解釈マニュアル本は、心理検査販売代理店より購入可能。

[3] 本書1-4参照

[4] 本書1-3参照

[5] 最近の動向としては、文化や社会への理解を図るテスト研究が行われている。たとえば、松原由枝・北島智子 2018「文化結合症候群への臨床心理学的理解(1)：ソンディ・テストを用いて」『川村学園女子大学研究紀要』29, 171–182. 上松幸一 2020「ソンディ・テストにまつわる諸問題について：

## ■検査の仕組み

ソンディ・テストでは我々の無意識の欲求や衝動を知ることができる。ソンディは人間の欲求や衝動はその人の行動や生き方を左右すると考え、その深層心理を理解するために**4種類の衝動領域（ベクター Vektor）**、①**S（性衝動）領域**、②**P（感情衝動）領域**、③**Sch（自我衝動）領域**、④**C（接触衝動）領域**を設定した。また4つの衝動領域はそれぞれ**2種の衝動要因（ファクター Faktor; h, s, e, hy, k, p, d, m）**から構成されるとした（表1）。衝動要因は①**＋反応**、②**－反応**、③**±反応**、④**0反応**の4種の型に分類され、欲求や衝動の有り様が示される。その他にも、さまざまなテスト学的な指標があるものの、まずは4衝動領域と8衝動要因と＋、－、±、0の四反応型の理解度が本テストの最重要課題といえよう。その理解度により、われわれの欲求や衝動が生物・動物としてのレベルから高度に社会化されたものなのかを読み取ることができる。

## ■簡便な検査施行方法とプロフィール化

テスト図版は48枚の顔写真から構成されている。それら8枚ずつ6組が所定の位置に配列され受検者に提示される。受検者は各組の写真について、「好きな顔（○印）」「嫌いな顔（×印）」「その次に嫌いな顔（／印）」を2枚ずつ選択する。顔写真選択に要する時間は平均5分程度である。また、得ら

**表1　ソンディ・テストの衝動体系**

| | | |
|---|---|---|
| 性衝動領域<br>Sベクター<br>(Sexualtrieb) | hファクター<br>母性性への欲求・情愛 | $h^+$ と $h^-$ |
| | sファクター<br>父性性への欲求・積極性・攻撃性 | $s^+$ と $s^-$ |
| 感情（発作）衝動領域<br>Pベクター<br>(Paroxysmaltrieb) | eファクター<br>倫理性への欲求 | $e^+$ と $e^-$ |
| | hyファクター<br>道徳性への欲求 | $hy^+$ と $hy^-$ |
| 自我衝動領域<br>Schベクター<br>(Ichtrieb) | kファクター<br>所有性への欲求・現実性 | $k^+$ と $k^-$ |
| | pファクター<br>存在性への欲求・理想性 | $p^+$ と $p^-$ |
| 接触衝動領域<br>Cベクター<br>(Kontakttrieb) | dファクター<br>探求性と執着心への欲求 | $d^+$ と $d^-$ |
| | mファクター<br>依存性と離反性への欲求 | $m^+$ と $m^-$ |

倫理的課題を中心に」『京都文教大学臨床心理学部研究報告』12, 125–138、上松幸一 2021「新型コロナウィルス禍における大学1年生の心理特徴：ソンディ・テストによる評価」『京都先端科学大学附属心理教育相談室紀要』など。

れた顔写真の選択結果は所定の手続きに従いプロフィール化されるが、プロフィール化も短時間に行うことができる。

## ■検査の特徴と独自性

ソンディ・テストは投映法の中でも受検者に対するテスト施行時間が非常に短く、また顔写真の選択という簡単な行為から成り立ち、受検者と検査者の二者にとり時間的・体力的負担が軽い検査と言える。加えてプロフィール化も定められた順序を踏めば、テスターの熟練度にかかわらず同一の結果を導き出すことができる。本テストの簡便な施行方法とプロフィール化という特色は、時間的に限られた心理面接場面で導入しやすく活用性が高いといえる。

## ■深層心理の縦断的把握と横断的把握

ソンディ・テストは**10回繰り返し法**が正式な施行方法である。10回のテスト結果の積み重ねにより[6]、一個人のプロフィールが完成する。この10回繰り返し法は、一見すると面倒かもしれない。しかしこの手続きにこそ、他の投映法には見られない本テストの長所が隠されている。10回繰り返し法は、対象者の深層心理の動きを、日ごとの時間経緯の中で把握する。1回目から10回目までの時間軸の中で、対象者の衝動や欲求がいつ発生し、どのように解放されていったのか、また、どのような葛藤やジレン

［6］1日1回の施行。最大3日前後の間隔で10回を繰り返す。就寝前の施行は避ける。

マを抱え、それをどのような方法で解決しようとしているのか、日時を追いながら把握できる。またその日の深層心理もショット的に把握できる。しかし10回法施行が困難な場合もあろう。そのような場合、たとえ1回法でも3回法でも対象者のために活用できる。10回法に固執する必要はない。心理面接の中に治療的活用の一端として取り入れられる。

本テストの10回法は1回のテスト結果を横糸とし、10回の時間系列的なテスト結果を縦糸として、対象者により織られた1枚の「深層心理のタペストリー」に例えられる。

## ■前景像（前景人格）と背景像（背景人格）の理解――人格の二元論的把握

本テストは、1回のテスト施行で**前景像**（**前景人格**）と**背景像**（**背景人格**）の2つのプロフィールが得られるのが特徴である。つまり人格を前方からと後方からの2方向から眺め、立体的に厚みのあるものとして把握することができる（図1）。前景像とは現在の衝動や欲求が表現されているもので、背景像とは無意識のさらに底辺に澱んでいる衝動や欲求である。この方法は対象者のもつ問題を解決するための糸口を臨床家に示唆する、スーパーバイザーの役割を演じてくれる。対象者にとっては、2つのプロフィール結果のフィードバックからさまざまな事柄や自らの歴史を想起していき、やがて**自己洞察**への道へとつながりやすくなるのである。

〔松原由枝〕

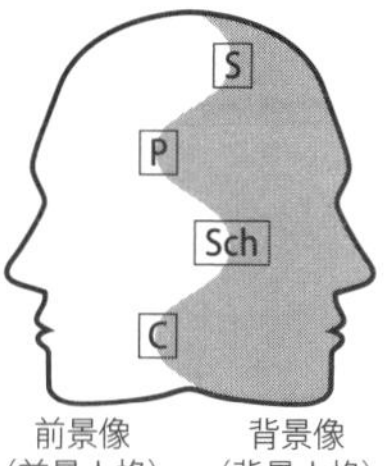

**図1　前景像と背景像の理解図**

# 1-9 セルフ・エフィカシー尺度

## ■セルフ・エフィカシーの概念

### セルフ・エフィカシーとは

**セルフ・エフィカシー**（self-efficacy：**自己効力感**）は、社会的学習理論を体系化したバンデューラ（Bandura, A.）が、1977年に発表した論文[1]の中で提唱した概念である。人間の行動を決定する要因には「先行要因」「結果要因」そして「認知的要因」の三者があり、これらが絡み合って人と行動、環境という三者間の相互作用が形成されていると考える。「人は単に刺激に反応しているのではない。刺激を解釈しているのである。刺激が特定の行動の生じやすさに影響するのは、その予期機能によってである」と指摘しているが、バンデューラは、刺激と反応を媒介する変数として個人の認知的要因（予期機能）の重要性を指摘した。

バンデューラによれば、行動変容の先行要因としての予期機能には、図1に示すような2つのタイプがある。第一は、ある行動がどのような結果を生み出すかという予期であり、これを「結果予期」という。第二は、当該の結果を手に入れるために必要

[1] Bandura, A. 1977 Self-efficacy: Toward a unifying theory of behavioral change. *Psychological Review, 84*, 191–215.

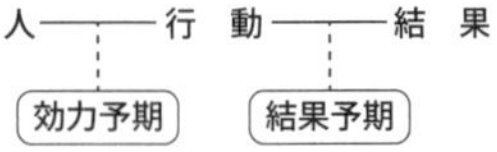


図1　行動変容の先行要因としての「予期機能」[1]

な行動をどの程度できるかという予期、すなわち「効力予期」である。そして、自分がどの程度の効力予期を持っているかを認知した時に、その個人にはセルフ・エフィカシーがあるという。表1はこれら2つの予期が行動にどのような影響を及ぼしているかを表しているが[2]、特にセルフ・エフィカシーはさまざまな行動の形成と変容に影響を及ぼしていることが明らかにされている[3]。

**セルフ・エフィカシーの3つの次元**

セルフ・エフィカシーは、次のような3つの次元で理解することができる。

①マグニチュード

行動（課題）を構成する下位行動（課題）を容易なものから困難なものへと困難度に従って配列した時、自分はここまでできるという、どのくらいの困難さの行動までなら行うことができるかという見通し、対処可能性の水準をマグニチュードという。

②強度

あるマグニチュードを持った行動をどのくらい確実に遂行できるかという確信の強さ（主観的確率）をセルフ・エフィカシーの強度という。

**表1　結果予期と効力予期の組み合わせによって行動が規定される**（文献[2]に基づき筆者改変）

| | | 結果予期 (+) | 結果予期 (−) |
|---|---|---|---|
| 効力予期 | (+) | 自信に満ちた適切な行動をする。<br>積極的に行動する。 | 社会的活動をする。<br>挑戦する。<br>説得する。<br>不平・不満を言う。 |
| 効力予期 | (−) | 失望する。<br>落胆する。<br>卑下する。<br>劣等感を感じる。 | 無気力・無感動。<br>無関心。<br>あきらめ。<br>抑うつ状態。 |

[2] A・バンデューラ 1985「自己効力感（セルフ・エフィカシー）の探求」祐宗省三ほか（編著）『社会的学習の新展開』金子書房（pp.103-141）

[3] 坂野雄二・前田基成（編著）2002『セルフ・エフィカシーの臨床心理学』北大路書房

③一般性

ある状況における特定の行動に対して形成されたセルフ・エフィカシーが、場面や状況、行動を超えてどの程度まで般化するかを表す次元を一般性という。個人の特性としてのセルフ・エフィカシーの一般的傾向である。一般性セルフ・エフィカシーが十分に高い人には、困難な状況において適切な問題解決行動に積極的である、簡単にはあきらめず努力することができる、適切なストレス対処行動ができストレスフルな状況にも耐えることができる、という特徴がみられる。[4]

## ■一般性セルフ・エフィカシー尺度（GSES）

### GSESは何を測定するか

**一般性セルフ・エフィカシー尺度**（General Self-Efficacy Scale：GSES）は、個人が一般的にセルフ・エフィカシーをどの程度高く、あるいは低く認知する傾向にあるかというセルフ・エフィカシーの一般性の特徴を測定するために作成された検査である。[5]「行動の積極性」「失敗に対する不安」「能力の社会的位置づけ」という3因子16項目で構成されている（表2参照）。「はい」または「いいえ」の2件法で回答を求め、得点範囲は0～16点であり、高得点者ほど一般性セルフ・エフィカシーが高いと判断される。

GSESは成人を対象としているが、小学生（3～6年生）を対象とした児童

[4] 嶋田洋徳 2002「セルフ・エフィカシーの評価」前掲書［3］pp.47–57

[5] 坂野雄二・東條光彦 1986「一般性セルフ・エフィカシー尺度作成の試み」『行動療法研究』12, 73–82.／坂野雄二・東條光彦・福井至・小松智賀 2006『一般性セルフ・エフィカシー尺度』こころネット

用一般性セルフ・エフィカシー尺度ＧＳＥＳＣ－Ｒ（General Self-Efficacy Scale for Children-Revised）も開発されている。[6]

### ＧＳＥＳの信頼性と妥当性

①再検査法による信頼性の検討

男女大学生１１６名を対象として、５か月の間隔をおいて実施された再検査法によれば、検査・再検査間の相関係数は0.83と非常に高く、ＧＳＥＳを構成する３つの因子別得点の検査・再検査間の相関係数も高い[5]（0.65～0.80）。また、一般成人85名を対象として３か月の間隔をおいて実施された再検査法によれば、検査・再検査間の相関係数は0.89であり、３つの因子別の検査・再検査間の相関係数も高い値（0.78～0.89）が得られている。[7]

被検査者の検査・再検査間での各項目に対する一致率を求めたところ、全項目平均で、男女大学生では0.77、一般成人で0.80という高い一致率が得られている。

②折半法および内的整合性による検討

折半法による信頼性係数は、男女大学生を対象とした

**表2　一般性セルフ・エフィカシー尺度項目例**[7]

| 因　子 | 質問項目例 |
|---|---|
| 行動の積極性 | ・何か仕事をするときは、自信を持ってやるほうである。<br>・何かを決める時、迷わずに決定するほうである。 |
| 失敗に対する不安 | ・何かを決める時、うまくいかないのではないかと不安になることが多い。<br>・どうやったらよいか決心がつかずに仕事にとりかかれないことがよくある。 |
| 能力の社会的位置づけ | ・友人より優れた能力がある。<br>・世の中に貢献できる力があると思う。 |

[6] 福井至・飯島政範・小山繭子・中山ひとみ・小松智賀・小田美穂子・嶋田洋徳・坂野雄二 2009『児童用一般性セルフ・エフィカシー尺度 GSESC-R（General Self-Efficacy Scale for Children-Revised）』こころネット

[7] 坂野雄二 1989「一般性セルフ・エフィカシー尺度の妥当性の検討」『早稲田大学人間科学研究』2, 91–98.

資料では0.84、一般成人を対象とした資料では、0.86という値が得られている。また、Kuder-Richardson の第21公式に従った信頼性は、男女大学生を対象とした資料では0.74、一般成人による資料では0.81という値が得られており、いずれもGSESが高い信頼性を備えていることが示されている。[5][7]

③GSESの妥当性

因子的妥当性に関しては、GSESが3因子で構成されることは右に述べたとおりであるが、一般的セルフ・エフィカシーを1因子構造として一次元性を仮定しても問題がないことも**項目反応理論**の観点から確認されている。[8] また、併存的妥当性もGSES開発時に確認されている。[5] さらに、臨床的妥当性に関しても検討が加えられ、例えば、うつ病、躁うつ病のうつ状態、抑うつ神経症と診断された者では健常者に比べてGSESの得点が低いこと、GSES得点の変化がうつ病の改善を予測することが確認されている。[5]

[8] 嶋田洋徳・浅井邦二・坂野雄二・上里一郎 1994「一般性自己効力感尺度（GSES）の項目反応理論による妥当性の検討」『ヒューマンサイエンスリサーチ』3, 77-90

## ■まとめ

セルフ・エフィカシーは、さまざまな文脈で、人の行動がどのように生起するか、あるいはどのように変容するかを予測することのできる認知的変数であり、これまでさまざまな臨床場面においてセルフ・エフィカシーの評価を活用した介入が行われている。治療や指導が有効であったならば対象者の問題解決に対するセルフ・エフィカシーは向上するはずであり、当該の問題解決に対するセルフ・エフィカシーのみならず、GSESで測定される一般性セルフ・エフィカシーの向上も期待される。好ましい適応行動の遂行に対するセルフ・エフィカシーの向上そのものを改善目標の一つとしてとして設定するにとどまらず、GSESを用いて指導や治療の効果の判定を行うことができる。これまで、不安や抑うつの改善[5]、職場におけるストレス対処行動の改善[9]、摂食障害の治療[10]、人工透析患者の自己管理[11]、学校における社会的スキル訓練の効果判定[12]など、さまざまな臨床場面においてセルフ・エフィカシーの評価が活用されており、今後一層の活用が期待される。

〔坂野雄二〕

［9］鈴木伸一・熊野宏昭・坂野雄二 1997「心身症の認知行動療法：症例を中心に」『心身医療』9, 1260–1267.

［10］松本聡子 2002「摂食障害とセルフ・エフィカシー」前掲書［3］pp.82–93

［11］前田基成 2002「人工透析患者の自己管理」前掲書［3］pp.119–130

［12］戸ヶ崎泰子 2002「社会的スキルの獲得」前掲書［3］pp.166–177

# 1-10 職業適性検査

## ■職業適性検査

### 開発の経緯

職業適性とは、パーソナリティと能力に分けられる広義での**職業適合性**[1]の中の能力的側面のうち、基盤的な能力としての**適性能**（aptitude）を一般的に示している。

米国労働省が、ニューディール政策によって1934年から10年間かけて開発したGATB（General Aptitude Test Battery）が職業適性を測定する検査である。戦後、日本の労働省が翻案し、主に中学校・高等学校の授業で実施できる職業指導・進路指導のための検査として1952年に完成・公表した。現在は「進路指導・職業指導用」[2]と事業所での採用選考、人事配置に使われる「事業所用」の2種類あり、本稿では**厚生労働省編一般職業適性検査「進路指導・職業指導用」（GATB）**について解説する。

### 検査の内容

GATBは、さまざまな職務の遂行に必要とされる代表的な9種の能力基盤（適性

[1] スーパー（Super, D. E., 1910–1994）は、人と職業との適合をダイナミックに解釈し、職業選択を援助する手段として、職業適合性（vocational fitness）の構造を提示した。この中で能力は、顕在的能力として技量、潜在的能力として適性（能）に分けられ、パーソナリティは、適応、価値観、興味等に分けられている。

[2] 厚生労働省職業安定局（編著）1995『厚生労働省編一般職業適性検査手引：進路指導・職業指導用』雇用問題研究会

能）を測定することにより、能力面からみた個性の理解や適性職業群とのマッチングで適職領域を探索することなど、望ましい進路の選択や職業の選択を行うための客観的な情報提供を目的としている。

本検査の適応範囲は、中学2年生から45歳未満までであり、学校での進路指導や公共職業安定所、その他職業相談機関における職業相談・指導のために用いるものである。

探索する適性職業群では、職業興味類型を考慮して設定した13の職業領域に職務の所要適性能の類似性から40の適性職業群を位置づけている。

本検査は15種の検査（下位検査）から構成され、その内の11種は紙筆検査で4種は器具検査である（表1）。

**表1　検査の構成**

紙筆検査
11種の下位検査はそれぞれの練習問題を実施した後に下位検査ごとに設定された時間で検査を実施する。

| | | |
|---|---|---|
| 検査1 | 円打点検査 | 線で繋げられた○の中に点を打つ。 |
| 検査2 | 記号記入検査 | 草冠の記号を四角の囲みの中に記入する。 |
| 検査3 | 形態照合検査 | 散らばった図形の中から同じ図形を探しだす。 |
| 検査4 | 名詞比較検査 | 左右にある文字・数字の違いを見つける。 |
| 検査5 | 図柄照合検査 | 同じぬり方の図柄を見つけだす。 |
| 検査6 | 平面図判断検査 | 置き方や組み合わせをかえた図形を見つけだす。 |
| 検査7 | 計算検査 | 加減乗除の計算を行う。 |
| 検査8 | 語意検査 | 同意語かまたは反意語を見つけだす。 |
| 検査9 | 立体図判断検査 | 展開図から立体形を探しだす。 |
| 検査10 | 文章完成検査 | 適切なことばを選択し文章を完成する。 |
| 検査11 | 算数応用検査 | 算数の応用問題を解く。 |

器具検査[3]
手腕作業検査盤（ペグ・ボード）と指先器用検査盤（エフ・ディー・ボード）の2種類で、以下の4つの下位検査から2つの適性能を測定する。

| | | |
|---|---|---|
| 検査1 | さし込み検査 | 棒〔ペグ〕を2本両手で抜いて別の場所にさし込む。 |
| 検査2 | さし替え検査 | 棒〔ペグ〕を片手で上下逆にさし替える。 |
| 検査3 | 組み合わせ検査 | 丸びょうと座金を組み合わせてさし込む。 |
| 検査4 | 分解検査 | 組み合わさった丸びょうと座金を分解し、元にもどす。 |

［3］器具検査の器具は米国開発のGATBで使われている器具と日本の進路指導・職業指導用のために開発された器具がある。なお、日本の事業所用で使われる器具は米国版と同じである。

| | 約W×D×H（mm） | 穴数（個） |
|---|---|---|
| 米国版器具 | | |
| ペグ・ボード | 523×518×38 | 96 |
| FDボード | 200×140×20 | 100 |
| 進路指導・職業指導用器具 | | |
| ペグ・ボード | 326×238×19 | 96 |
| FDボード | 326×238×19 | 100 |

表2　測定される適性能

| 適性能 | 下位検査 | 解　釈 |
|---|---|---|
| 知的能力<br>（G：General Intelligence） | 9 立体図判断<br>10 文章完成<br>11 算数応用 | 推理力、判断力、応用力、創意工夫やアイデアを出す能力。 |
| 言語能力<br>（V：Verbal Aptitude） | 8 語意<br>10 文章完成 | 言語の意味や文章の理解力と言葉や文章を使って表現する能力。 |
| 数理能力<br>（N：Numerical Aptitude） | 7 計算<br>11 算数応用 | 計算する能力と数的な思考力や数的な推理能力。 |
| 書記的知覚<br>（Q：Clerical Perception） | 4 名詞比較 | 文字、記号等デジタルデータを比較したり弁別する能力で一般的な注意力も含まれる。 |
| 空間判断力<br>（S：Spatial Aptitude） | 6 平面図判断<br>9 立体図判断 | 立体・空間的な判断力で構造的に理解する能力。 |
| 形態知覚<br>（P：Form Perception） | 3 形態照合<br>5 図柄照合 | 形、図形等イメージデータを比較したり弁別する能力。 |
| 運動共応<br>（K：Motor Coordination） | 1 円打点<br>2 記号記入 | 目と手の共応した動きのことで、迅速で正確な動作を行うコントロール能力。 |
| 指先の器用さ<br>（F：Finger Dexterity） | 器具検査 3・4 | 指先の巧緻性のことで、細かい物を指先で正確に扱う能力。 |
| 手腕の器用さ<br>（M：Manual Dexterity） | 器具検査 1・2 | 腕や手首を使ってハンドルやレバーなどの道具を巧みに扱う能力。 |

**測定される適性能**

適性能を算出する下位検査の組み合わせと、9つの適性能の解釈は、表2の通りである。9種の適性能は、各適性能の内部相関の強さから、認知機能群（G、V、N、Q）、知覚機能群（S、p）、運動機能群（K、F、M）の3群に大別できる。

## ■職業レディネス・テスト[4]（第3版）（VRT）

**開発の経緯**

職業適合性におけるパーソナリティの側面を測定する検査の一つとして、職業興味検査がある。日本では、中学校や高等学校の進路指導のツー

[4] 労働政策研究・研修機構 2006『職業レディネス・テスト手引（第3版）』雇用問題研究会

ルとして、「職業レディネス・テスト」が1972年に公表され1989年に第2版として、米国の研究者ホランド[5]（Holland, J. L.）の職業選択の理論に基づく「新版 職業レディネス・テスト」が公表された。その後、2003年から内容や基準点の見直しについて検討し、標準化調査を経て、2006年に「職業レディネス・テスト（第3版）」を完成・公表した。

本検査は、中学校や高等学校の生徒の進路指導・職業指導において、生徒の職業選択に対する準備度（職業レディネス）[6]の把握を目的としている。それ以上の年齢でも利用は可能である。検査方法は、質問紙形式の紙筆検査であり、時間制限はなく、回答者がマイペースで回答することができる。

**検査の構成**

本検査で扱っている「**職業レディネス**」とは、個人の職業的発達における準備（レディネス）の程度を意味する。検査は、職業に対する興味と職務遂行の自信度を質問するA検査、C検査と日常の行動が基本的に志向する方向性を探るB検査の3つの部分から構成されている。[7]

A検査・C検査の測定内容は、同じ54項目の質問に対し、A検査では職業興味、C検査では職務遂行の自信度をそれぞれ3段階「やってみたい、どちらともいえない、やりたくない」「自信がある、どちらともいえない、自信がない」で評価する。興味および自信度の枠組みとして、6つの職業興味領域を設定している（表3）。

[5] ジョン・ルイス・ホランド（1919–2008）。米国ジョンズ・ホプキンス大学で教鞭をとった心理学者であり、RIASECキャリア・ディベロップメントモデル（ホランド理論）の提唱者。

[6] 本検査での職業レディネスとは、個人の根底にあって、（将来の）職業選択に影響を与える心理的な構えのこと。

[7] 検査後、「結果の見方生かし方」を使い、work 1でプロフィールの作成、work 2でプロフィールの解釈、work 3で関連職業とのマッチングを行う。時間がある場合にはさらにworkプラスで回答用紙を使って分析する。

B検査では、個人の職業選択行動と密接な関連を持つと仮定される基礎的志向性を測定する。日常の生活行動や意識について記述した64項目から構成され、各項目に対し、「あてはまる」か「あてはまらない」かのどちらかで回答することで、表4にある3つの志向性を測定する。

**表3　職業興味領域**

| | |
|---|---|
| 現実的興味領域（Realistic：R） | 機械や物体を対象とする具体的で実際的な仕事や活動の領域。 |
| 研究的興味領域（Investigative：I） | 研究や調査のような研究的、探索的な仕事や活動の領域。 |
| 芸術的興味領域（Artistic：A） | 音楽、芸術、文学等を対象とするような仕事や活動の領域。 |
| 社会的興味領域（Social：S） | 人と接したり、人に奉仕したりする仕事や活動の領域。 |
| 企業的興味領域（Enterprising：E） | 企画・立案したり、組織の運営や経営等の仕事や活動の領域。 |
| 慣習的興味領域（Conventional：C） | 定まった方式や規則、習慣を重視したり、それに従って行うような仕事や活動の領域。 |

**表4　基礎的志向性**

| | |
|---|---|
| 対情報関係志向（Data Orientation：D） | 各種の知識、情報、概念などを取り扱うことに対する志向性。 |
| 対人関係志向（People Orientation：P） | 人と直接関わりを持つような活動に対する志向性。 |
| 対物関係志向（Thing Orientation：T） | 機械や道具、装置など、いわゆる「モノ」を取り扱う活動に対する志向性。 |

3つの基礎的志向性をさらにworkプラスで下位尺度に分解し、以下について志向性を判断することができる。
D1（情報収集）、D2（好奇心）、D3（情報活用）
P1（自分を表現）、P2（皆と行動）、P3（人の役に立つ）
T1（物づくり）、T2（自然に親しむ）

## ■まとめ

職業適性検査は、回答者の職業的な特性を明らかにするものであり、職業選択や進路選択の時に一定の役割を果たすものである。若者や職業経験の少ない者が職業を通して、自らの個性を発揮することができるのか、働くことを通して喜びを得ることができるのか、などについては重大な人生の選択基準と言える。検査結果は回答者に一定の示唆を与えるものであるが、盲目的に結果に従うようなものではない。結果は個性を解釈する一側面として活用するものであり、検査の内容、構造を十分に理解して、回答者が自らの個性の一面であると理解し活用することができるように、検査実施の受検態度も含めて結果を解釈し、回答者に提供することがカウンセラーやコンサルタントに求められている。

〔本間啓二〕

# 2章　文化×集団に個人を位置付ける
## ——徴候

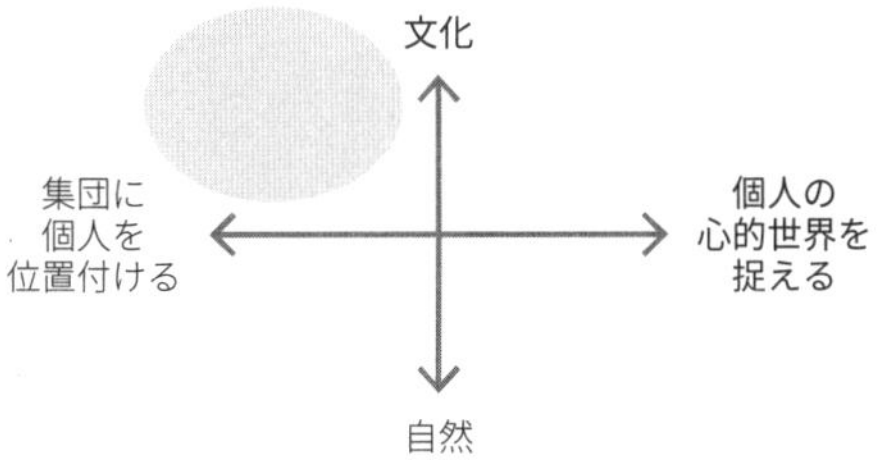

# 2-1 YG性格検査（矢田部ギルフォード性格検査）

## ■性格検査の開発史

### ギルフォードの性格検査

性格検査の歴史は古く、1918年にウッドワース（Woodworth, R. S.）が神経症傾向を、1925年にレアード（Laird, D. A.）がユング（Jung, C. G.）の「内向性・外向性」を、質問項目への反応から測定しようとしたことにはじまった。1930年代になって、ギルフォード（Guilford, J. P.）は因子分析を適用することによって「内向性・外向性」が一次元に集約できるものではなく、多次元であることを明らかにしたのである。性格を特性レベルで追求した彼は、マーティン（Martin, H. G.）やジンマーマン（Zimmerman, W. S.）との共同研究より、STDCR尺度（1940年）、GAMIN尺度（1943年）、そして、Guilford–Zimmerman 気質尺度（1949年）の3種類の性格検査を発表した。[1] これらの研究によって、13尺度（表1）が開発されたのである。

表1　13尺度

| | |
|---|---|
| STDCR 尺度 | |
| 社会的外向 | S：social extraversion |
| 思考的内向 | T：thinking introversion |
| 抑うつ性 | D：depression |
| 回帰性傾向 | C：cyclic tendency |
| のんきさ | R：rhathymia |
| GAMIN 尺度 | |
| 一般的活動性 | G：general activity |
| 支配性 | A：ascendance |
| 男子性 | M：masculinity |
| 劣等感 | I：inferiority feelings |
| 神経質 | N：nervousness |
| Guilford–Zimmerman 気質尺度 | |
| 客観性のないこと | O：lack of objectivity |
| 愛想のないこと | Ag：lack of agreeableness |
| 協調性のないこと | Co：lack of cooperativeness |

## 日本のＹＧ性格検査

京都大学の矢田部達郎《やたべたつろう》と共同研究者たちは、ギルフォードが共同研究者と開発した特性レベルの13尺度を出発点として594項目を作成した。[2] これらの項目の中から13尺度についてGP分析[3]による項目分析を適用し、240項目からなるYG予備検査を整理した。その際、項目表現を日本語として適切なものに変更し、社会的態度に関係する項目は削除し、感情的な特徴と混同されるような項目や極めて特殊な行動傾向に属する項目を削除したのである。この段階で最終的に提案されたのは、13尺度で各尺度12項目からなるYG検査第一型式であった。この13尺度（156項目）を対象として辻岡は、尺度間の因子分析の結果から、ギルフォードの尺度を因子分析したサーストン（Thurstone, L. L.）が報告した7因子と類似した因子を抽出できたことを報告している。[2]

YG性格検査は、YG検査第二型式を改良したものである。[4] まず、3件法（はい、?、いいえ）からなる項目と尺度との相関係数から内的整合性による項目分析を新たに行っている。次に、男子性尺度（M）を検査から削除し、尺度間の因子分析の結果から尺度の順番をDCINOCoとAgGRTASとした。その際、思考的内向尺度の採点方向をギルフォードとは逆の思考的外向（thinking extraversion：T）として、外向性の系列に配置している。さらに、当初は項目の数は各尺度で12個であったが、尺度ごとに因子分析を適用して、最終的には、12尺度で10項目の120項目からなる日

[1] Guilford, J. S., Zimmerman, W. S., Guilford, J. P. 1976 *The Guilford–Zimmerman temperament survey handbook: Twenty-five years of research and application*. San Diego, CA: EdITS Publisher.

[2] 矢田部達郎 1954「性格自己診断検査の作成」『京都大学文学部紀要』3, 71–167.

[3] 尺度得点の上位と下位のそれぞれ25%を取り出しGood群とPoor群に分ける手法である。項目分析では、尺度得点のGPの2群と項目反応「はい」「いいえ」の2つから尺度の項目との関連についての統計量を算出し、関連の高い項目を選択する。

[4] 辻岡美延 1957「矢田部・ギルフォード性格検査」『心理学評論』*1*, 70–100.

本独自の検査にまとめたのである。なお、検査の標準化では、全国の大学生を対象に、層別化ランダムサンプリングを適用している。

## ■検査と心理測定的情報

### YG性格検査の採点とアセスメント

ギルフォードの13特性をベースとして開発されたYG性格検査は、日本を代表する心理検査として高い評価を受けている。その理由の一つが心理検査の本体の意匠が優れていることにある。3件法の120項目が回答しやすく配置されており、カーボンで採点欄に写った○と△から12尺度を採点して、12尺度のプロファイルを作成することができる。もう一つは、この特性レベルでの評価に加えて、類型レベルでの判定が行えることである。因子分析を踏まえ、12尺度は、「情緒的安定－不安定」の6尺度と「外向性－内向性」の6尺度の2系列に配置されている。この優れた考案により、「D型：情緒安定・外向」「C型：情緒安定・内向」「B型：情緒不安定・外向」「E型：情緒不安定・内向」そして「A型：平均」という類型判定を、各尺度の5段階の該当する尺度の数から簡単に行うことができる。

### 信頼性・妥当性と因子構造

12尺度の信頼性については、折半法では0.8～0.9、再検査法でも0.6～0.8の値が報告され、特性レベルとして十分に高い値が報告されている。妥当性については、臨床、産業、教育・発達、実験など多様な心理学の研究領域において、因子構造の確認とともに数多くの報告が行われ、**社会的望ましさ**による**反応歪曲**の検討も行われている。[5] YG性格検査は、日本の心理学の実証的な研究において幅広く使用されてきた。その結果、12尺度を対象とするだけではなく、特定の尺度を対象に信頼性や妥当性の報告が蓄積され性格領域のメルクマール的な変数としての役割を果たしてきたのである。一方、心理検査としての標準化が行われてから70年以上が経過し、この間に、12尺度の平均に変動がみられたとの報告もある。[6]

YG性格検査の内部構造については、12尺度の検査に整理されてからも、探索的因子分析による検討がさまざまに行われてきた。多集団の同時分析から、情緒不安定性のDCINOCoの6尺度は一つの因子にまとまり、外向性の系列の6尺度は、互いに相関の高い主導性因子ASGAgの4尺度と非内省性因子RTの2尺度に分かれることが報告されている。[7] この結果から、YG性格検査は、性格を5因子とするビッグファイブの研究者が提案している神経症傾向（neuroticism）と外向性（extraversion）の2つの因子について、より詳細にそれらの内容を測る検査と考えることができそうである。[8]

〔清水和秋〕

［5］辻岡美延 2000『新性格検査法：YG性格検査 応用・研究手引』日本心理テスト研究所

［6］小塩真司・市村美帆・汀逸鶴・三枝高大 2020「日本における情緒不安定性の増加：YG性格検査の時間横断的メタ分析」『心理学研究』90, 572–580.

［7］清水和秋・山本理恵 2017「YG性格検査の因子の構造：多集団同時分析による3次元構造の確認」『関西大学社会学部紀要』48(2), 1–25.

［8］本書2－13参照

## 2-2 東大式エゴグラム（TEG）

### ■エゴグラムとは

エゴグラムは、米国の精神科医バーン（Berne, E.）が創始した交流分析（Transactional Analysis：TA）理論に基づいて、デュセイ（Dusay, J. M.）が考案した検査である。[1] 交流分析では、思考、感情、行動パターンを包括した自我状態を、「親（Parent：P）」「大人（Adult：A）」「子ども（Child：C）」の3つに分類する。この3つの自我状態モデルを用いた分析法には、各自我状態の「構造」を検討し、パーソナリティのさまざまな側面を理解するために用いる「構造分析」と、その自我状態をどのように使うか、つまり、各自我状態がどのように機能しているかを理解するために用いる「機能分析」の2つがある。[2] エゴグラムは、主に「機能分析」で用いられ、PとCにはそれぞれ2つの機能的側面があると考えられている。Pは、批判的保護者（Critical Parent：CP）と養育的保護者（Nurturing Parent：NP）に分けられる。Aは1つであるが、Cにも2つの側面があり、自由な子ども（Free Child：FC）と順応した子ども（Adapted Child：AC）である。FCは自分の感情や欲求をストレートに表

[1] Dusay, J. 1977 *Egograms: How i see you and you see me.* Harper & Raw.（デュセイ／池見酉次郎（監修）・新里里春（監訳）1980『エゴグラム：ひと目でわかる性格の自己診断』創元社）

[2] Stewart, I. & Joines, V. 1987 *TA today: A new introduction to transactional analysis.* Lifespace Pub.（スチュアート、ジョインズ／深沢道子（監訳）1991『TA Today：最新・交流分析入門』実務教育出版）

[3] デュセイが考案したエゴグラムは、ある人のすべての観察可能な行動を、「CP」「NP」「A」「FC」「AC」の5側面に分類し、直観に基づいて作成するものであったので、評価者は、自我状態の評価に習熟することが求められ、さらに、評価者の主観にも左右される可能性が高いという欠点もあった。したがって、客観的に評価でき

現する自然の子であり、ACは周囲の様子をうかがい怒られるようなふるまいは一切しないという良い子である。[3]

## ■新版TEG、新版TEGⅡ、新版TEG3

### 開発の経緯

1984年に出版された東大式エゴグラム（TEG）は、東京大学医学部心療内科で開発されたものだが、それまでの質問紙法によるエゴグラムとは異なり、因子分析を用いて項目を選定し、さらに、健常成人4042名を用いて標準化スケールを作成するという新しい手法により開発されたものであった。その後、1993年の第2版、2000年の新版TEG、2006年の新版TEGⅡと改訂が重ねられてきた。[4]しかし、新版TEGⅡまでは、**古典的テスト理論**に基づいて作成されており、項目の追加、削除や入れ替えを行うことが容易ではなかった。そこで、新版TEG3では、より改訂が容易で信頼性の高い**項目反応理論**[5]が用いられ、2019年に発表された。[6]さらに、項目反応理論を用いて開発された利点を活かし、**コンピュータ適応型テスト**（Computerized Adaptive Testing：CAT）も同時に開発が行われている。[7]

### 検査の内容

新版TEG3の標準化のための対象者は、日本の人口の年齢構成と同じになるよう各年代から募集し、男性1033名（平均±標準偏差：48.5±16.9歳）、女性1034名

る質問紙法によるエゴグラムが必要とされ、日本でも十数種類の質問紙エゴグラムが開発されてきた。

[4] 現在では医療関係だけでなく、教育分野や産業分野など多方面で有用性が認められている。

[5] 項目反応理論とは、各項目ごとに特性（項目の難しさや識別力など）を算出し、その項目に対する回答状況を用いて、測定対象となっている構成概念の得点を算出するもので、古典的テスト理論では、テスト全体の信頼性・妥当性しか担保されないが、項目反応理論では、各項目ごとの特性が算出される点が異なる。また、項目の特性が明らかになっていれば、異なる質問項目のセットでも、受検者間の得点の比較が可能となる点も、古典的テスト理論で開発された質問票と異なる。

[6] 平出麻衣子・宮本せら紀・堀江武・柴山修・吉内一浩 2019「新版TEG3（紙版およびコンピュータ適応型テスト版）の開発」『交流分析研究』44(1), 33–40.

（平均±標準偏差：49.0±17.2歳）である。対象者に、はい（2点）、どちらでもない（1点）、いいえ（0点）とする3件法で回答を求めた。

**項目反応理論**に基づいて、ＣＰ13項目、ＮＰ13項目、Ａ16項目、ＦＣ15項目、ＡＣ18項目が項目プールとして選定され、ＣＡＴ版で用いられている。

この項目プールの中で、尺度ごとに、適切な10項目が選出され、質問紙版が作成されている（各尺度の得点の範囲は0～20点）。質問紙版に関しては、男女間で各尺度の得点が異なっていたため、男女別に、尺度ごとに相対累積度数から求められたＴ得点に基づいた得点配置図が作成されている。

さらに、紙版においては、回答への態度を簡易的に評価する妥当性尺度（Low Frequency Scale：以下Ｌ尺度と略す）が加えられている。Ｌ尺度に関しては、対象者の95％以上が「はい」以外を回答した3項目が選出されており、相対累積度数では、3点以下の人が95％であり、4点以上の場合は、応答態度に関する信頼性が乏しいと考えられる。[8]

## ■小児ＡＮエゴグラム

### 開発の経緯

小児ＡＮエゴグラムは、赤坂徹《あかさかとおる》と根《ね》津《づ》進《すすむ》によって、小児用に開発されたもので、まず、小学生を対象とした質問紙が１９８５年に発表されている。[9] 開発に当たって

[7] 古典的テスト理論に基づいて開発された質問票では、毎回必ず全ての項目に回答する必要があることや、全ての項目の重み付けが等しいために変化の検出力が弱まる、などの問題が存在するが、ＣＡＴでは、回答に合わせて、予め項目反応理論に基づいて標準化された「項目プール」の中から、最適な項目を選択して提示し、より少ない項目数で精度の高い測定を行うことができ、受検者の負担が減るという特徴を持つ。

[8] 新版ＴＥＧ3は、金子書房から出版・販売されており、無断使用することは禁じられている。

[9] 赤坂徹・根津進 1985「エゴグラムの小児科領域における標準化とその応用」『心身医学』25, 36–44.

は、「子どもが理解できる」項目としている点が特徴である。その後、中学生・高校生を対象とした調査が行われ、標準化が行われている[10]

**検査の内容**

TEGと同様、CP、NP、A、FC、ACの5尺度から構成され、それぞれ10項目ずつ、合計50問で構成されている。TEGとは異なり、L尺度は含まれていない。対象は、ひらがなで書かれている質問が理解できる小学生以上である。ただし、幼稚園児の親に、子どもに代わって小児用のエゴグラムの質問紙に回答してもらうという方法により標準化した表も手引書には掲載されている。[11]

## ■まとめ

エゴグラムは、交流分析理論の一部であり、使用に当たっては、交流分析を十分に理解しておくことが望ましい点、また、エゴグラムそのものには、「よい・悪い」という価値判断は含まれない点に留意する必要がある。新版TEG3、小児ANエゴグラムともに、一般集団における調査を用いた標準化が行われており、標準集団における得点の位置付けが可能である点は、信頼性が担保されているが、質問紙法に共通する**バイアス**の混入は避けられないため、その点も解釈する際には留意が必要である。

〔吉内一浩〕

[10] 赤坂徹・根津進・鈴木五男・白崎和也 1987「思春期におけるエゴグラムの標準化」『心身医学』27, 319–327.

[11] 赤坂徹・白崎和也・根津進 1990「両親が判定した幼児のエゴグラム」『心身医学』30, 475–481.
なお質問紙は、小学校低学年版・高学年版・中学校版・高校版の4種類が、千葉テストセンターから発行され、販売されており、無断使用することは禁じられている。

2-3

# ベンダー・ゲシュタルト・テスト（BGT）

## ■ベンダー・ゲシュタルト・テスト（BGT）とは

ベンダー・ゲシュタルト・テスト（Bender-Gestalt Test：BGT）は、比較的単純な構成の図形を模写させることにより、受検者の器質性障害を検出する神経心理学的検査であり、また発達・成熟の水準やパーソナリティを明らかにする投映法検査でもある。

## ■開発の経緯

BGTは、ベンダー（Bender, L.）により1929年に開発され、1938年に彼女自身による論文をまとめたモノグラフが刊行されることで広く知られるようになった。元々は、ゲシュタルト機能の成熟とその障害について研究するためのツールとして開発されたものである。

## ■検査の基本的思想

BGTはその名称が示すように、基本的思想の根を**ゲシュタルト心理学**に持つ。

しかし、ゲシュタルト心理学が、刺激が主観的にどのようなまとまり方をして知覚されるかという、ゲシュタルトの静的な面を主として問題とするのに対して、BGTでは、ゲシュタルトの力動的な面、すなわち刺激の主観的なまとまりが形成される過程を重視し、そこに認知機能だけでなく、欲求や感情、過去経験、パーソナリティ等も密接に関わっていると考える。

BGTにおける基本的思想は以下のようなものである。すなわち、我々はバラバラな刺激の各々に反応するのではなく、目の前の布置における刺激の全体に対して反応する。それも認知機能だけを使って反応するのではなく、統合された一人の人間全体として反応するのである。したがってこの反応の仕方は、発達・成熟の水準により異なり、また器質的ないし機能的な障害によっても変化する。これが図形模写課題の成績に反映される。

## ■検査の内容

BGTは、日本では検査セットに付属するハンドブック[1]に従って実施されるケースがほとんどであろうから、ここではハンドブック第2部の「パスカル・サッテルの施行法と整理法」の節の記載に基づき、実施法について簡単に説明する。

検査は個別に実施する。刺激図版は葉書大の横長の紙に図形が1つずつ描かれているもので、9枚を1セットとして使用する。受検者には最初に刺激図版が9枚あるこ

[1] 本稿執筆時における最新版は、高橋省己 2011『ベンダー・ゲシュタルト・テスト・ハンドブック増補改訂版』三京房

とを伝え、その後1枚ずつ決まった順番と向きで提示し、2Bの鉛筆を用いて、全ての図形をA4サイズの縦長の描写用紙1枚に模写するよう求める。時間制限はなく（ただし所要時間は記録する）、消しゴムの使用も自由である。受検者になるべく自由に模写させることが実施時の原則である。ただしスケッチするのではないことと、刺激図版や描写用紙の向きを変えないようにということは教示する。これらを行おうとする受検者には注意を与えるが、それでも行おうとする場合には、そのまま課題を続けさせ、それに関する記録を残しておく。

結果の解釈は直観的になされる場合もあり、またハット（Hutt, L. M.）の解釈仮説[2]をはじめとする特定の解釈仮説に基づいて、あるいはそれらを必要に応じて適用してなされる場合もある。またパスカル・サッテル法やコピッツ法といった、特定のスコアリング体系に従って求められた得点に基づく評価も行われる。

[2] 原著第2版の邦訳がある：Hutt, M. L. ／園田富雄・村瀬幸男・甲斐直義・尾花英輔・細部国明（訳）1978『ハット法ベンダー・ゲシュタルト・テスト：投影法』建帛社

## ■まとめ

BGTで受検者に提示される刺激は、それ自体は曖昧でなく比較的単純でかつ明確な形態を持つ図形であるが、模写を行わせた場合にゲシュタルトの崩れが現れやすくなるものが選ばれている。[3] BGTは神経･心理学的検査であるとともに投映法検査でもあるが、投映のされ方を含め、投映法検査としてはかなり特異な性格を持つと言える。それがこの検査の存在意義の一つであり、特に**テストバッテリー**に組み込ん

[3] 中野光子 2002『高次脳機能診断法（新訂第3版）』山王出版

で実施した場合に、その真価が発揮されるとも言う。5～10分程度と短時間で実施でき、課題も自我のエネルギーを必要とすることの最も少ない単純な模写であるので、受検者の身体的な負担が軽い上、心理的な侵襲も少ないという実施上の利点も有する。

しかしBGTは現在、日本の心理臨床の現場で広く活用されているとは言い難い。[4] その理由としては様々なものが考えられる。例えば質的な解釈においては、解釈の直接の参考にしうる文献が少ない、臨床的妥当性の不明な解釈仮説がいまだ少なくないといった問題がある。これらの事実は、本検査法の習得において大きな壁となっているとともに、特に投映法としての本検査による本格的なアセスメントを、高度な名人芸、あるいはそれに近いものにとどめてしまっている。またBGTにおいては、数量化されたデータは、受検者の全般的な発達・成熟の水準、器質性障害の有無、パーソナリティの統合の程度等を評価する指標と考えられるが、それを意味づけるための最も基本的な資料であるはずの**標準値**さえ十分に用意されていない。文献研究による標準値設定の試みもあるが、[5] そこで設定された標準値は、あくまで新規の大規模調査に基づいた標準値が設定されるまでの暫定的なものと理解すべきである。このように日本におけるBGTには未整備の部分が多く、検査の基礎固めの作業が喫緊の課題となっている。

〔滝浦孝之〕

[4] 小川俊樹・岩佐和典・李貞美・今野仁博・大久保智紗 2011『心理臨床に必要な心理査定教育に関する調査研究：第1回日本臨床心理士養成大学院協議会研究助成（B研究助成）研究成果報告書』

[5] 滝浦孝之 2018「三宅式記銘力検査とベンダー・ゲシュタルト・テストの日本人健常者の成績に関する文献的検討」『いわき明星大学研究紀要 人文学・社会科学・情報学篇』3, 121–135／滝浦孝之 2019「文献研究によるベントン視覚記銘検査成績の日本人基準値の設定」『いわき明星大学研究紀要 人文学・社会科学・情報学篇』4, 71–89.

2-4
# 不安の尺度（MAS、CAS、STAI、LSAS）

## ■不安の尺度

不安を測定する尺度は、心理学内外の領域で多数開発されている。テスト不安のように特定の対象に焦点づけた尺度もあるが、本項では診療報酬[1]で指定されている、MAS、CAS、STAI（STAI-C）、LSASの4検査[2]を解説する。

## ■顕在性不安尺度（Manifest Anxiety Scale: MAS）

### 開発の経緯

1953年にテイラー（Taylor, J. A.）が作成した尺度でミネソタ多面的人格目録（MMPI）のなかの50項目と付加項目で構成されている。[3] MASは、学習動因としての不安を研究するために作成された検査であったが、臨床や教育の分野で広く用いられるようになった。[4]

### 検査の内容

日本版MASは複数存在するが、「MAS顕在性不安尺度[5]」が最も入手しやすい。

[1] 2022（令和4）年度の診療報酬で、「認知機能検査その他の心理検査」として指定された不安に関連する心理検査。

[2] MAS、CAS、STAI、LSASは心理検査販売代理店より購入可能。

[3] Taylor, J. A. 1953 A personality scale of manifest anxiety. *Journal of Abnormal and Social Psychology*, 48, 285–290.

[4] 松永一郎・内藤徹・今田寛 1961「テイラーの不安尺度とその関係諸問題（その1）」『人文論究』12, 63–95.

[5] 阿部満洲・高石昇 1968『MAS顕在性不安尺度』三京房。2013年にマニュアルの一部が改訂されている。

標準化対象者は1070名でCMIとの併存的妥当性、精神科患者のMAS得点の変化が検討されている。

「MAS顕在性不安尺度」は、顕在性不安項目50項目とMMPIのL尺度（MASでの表記は虚構点）15項目で構成されている。回答者は項目が自分にあてはまるかどうかを2件法で回答する。検査の施行は個人でも集団でも可能で、実施時間は約5分である。

二重の検査用紙の下側が記録用紙であり、無応答、虚構点、不安点を整理する。MAS得点は、5段階のⅢ段階までは通常域、Ⅱ段階はかなり不安が高い、Ⅰ段階は高度の不安と解釈する。無応答、虚構点から不安尺度の信頼性と妥当性を確認できる。

## ■CAS (Cattele Anxiety Scale)

### 開発の経緯

キャッテル（Cattell, R. B.）の16P－F人格検査にもとづく。16の一次人格因子の相関について因子分析を行うと、5因子から構成される不安の二次因子が抽出される。CASは、この5つの因子から選定された40項目の尺度である。

### 検査の内容

日本版CASの「C.A.S. 不安測定テスト」[6]は、健常者約1068名、精神科患者群336名を対象に妥当性が確認された。内的整合性信頼度、再検査信頼度が確認され

[6] Cattell, R. B., & Scheier I. H.／園原太郎（監修）、対馬忠・辻岡美延・対馬ゆき子 1964『C.A.S. 不安測定テスト：性格検査と精神健康度の測定尺度 解説書（改訂版）』東京心理

ている。

「C.A.S. 不安測定テスト」は、自我統制力の欠如、自我の弱さ、パラノイド傾向、罪悪感、衝動による緊迫の5因子、各8項目で構成されている。回答者は項目が自分にあてはまるかどうかを3件法で回答する。検査用紙は、中学生用紙と一般用紙に分かれている。検査の施行は個人でも集団でも可能で、実施時間は約5分である。

回答は、採点版を用いて因子別得点と合計得点を算出し、標準得点（不安得点）に換算し、プロフィール用紙に記入する。不安得点は、精神的に安定している、普通のレベル、要注意レベル、不安がかなり強く問題ありの4段階で評価される。

## ■ STAI（State-Trait Anxiety Inventory）

### 開発の経緯

スピルバーガー（Spielberger, C. D.）らが開発した状態不安と特性不安を測定する尺度である[7]。状態不安は感情状態と自律神経系活動による一時的な情緒状態を示す概念で、特性不安は比較的安定した個人の性格傾向を示す概念である。1970年のSTAI-X版出版後、1983年に改訂版としてSTAI-Y版が発表され[8]、1973年には児童用のSTAI-C[9]が発表された。

日本版は複数存在するが、STAI-X版は「STAI状態・特性不安検査[10]」、STAI-Y版は「新版STAI状態・特性不安検査[11]」が入手しやすい。日本版

[7] Spielberger, C. D, Gorsuch, R. L. & Lushene, R. E. 1970 *STAI manual for the State–Trait Anxiety Inventory*. Consulting Psychologists Press.

[8] Spielberger C. D. & Gorsuch, R. L. 1983 *Manual for the State–Trait–Anxiety Inventory: STAI (form Y)*. Consulting Psychologists Press.

[9] Spielberger, C. D. & Edwards, C. D. 1973 *STAIC preliminary manual for the State–Trait Anxiety Inventory for Children ("How I Feel Questionnaire")*. Consulting Psychologists Press.

[10] 水口公信・下仲順子・中里克治 1991『日本版STAI状態・特性不安検査』三京房

[11] 肥田野直・福原眞知子・岩脇三良・曽我祥子 2000『新版STAIマニュアル』実務教育出版

ＳＴＡＩ-Ｃを含めて、すべての尺度が状態不安20項目、特性不安20項目、合計40項目で構成されている。検査の施行は個人でも集団でも可能で、施行時間は約15分である。

**検査の内容**

「ＳＴＡＩ状態・特性不安検査」の標準化対象者は９２４名で、ＭＡＳとの併存的妥当性が確認されている。状態不安、特性不安の信頼性係数、再検査の信頼性係数は高く、平常場面と試験場面での状態不安の変化も検討されている。最初に回答する状態不安は「今の自分の気持ち」、特性不安は「ふだんの気持ち」について、各項目４件法で回答する。状態不安・特性不安ともに、男女別に、非常に低い～非常に高いまでの５段階で合計得点を評定する。

「新版ＳＴＡＩ状態・特性不安検査」は、抑うつ感が不安感から区別され、日本の文化に合う項目で構成された。不安存在を示すネガティブな感情の項目（Ｐ）と不安不在を示すポジティブな感情の項目（Ａ）が同数に調整されており、識別が可能である。標準化協力者は大学生２２５３名で、ＹＧ性格検査・ＣＡＳとの併存的妥当性、概念的妥当性も確認されている。２０２１年には成人２９２２名を対象に再標準化が行われた。状態不安は「たった今、この瞬間どう感じるか」、特性不安は「普段の、いつもの自分」について、各項目４件法で回答する。評価は、プロフィールと各尺度の合計点による。状態不安・特性不安ともに、男女別に、段階１～段階５の５段階で評定される。

日本版ＳＴＡＩ－Ｃは１９８３年に発表された[12]。標準化対象者は小学生約２５３９名で、因子的妥当性、ＣＭＡＳ・ＹＧ性格検査との併存的妥当性、再検査信頼性が確認されている。状態不安は「今自分のことをどう思っているか」、特性不安は「ふだんの自分にあてはまること」について、各項目３件法で回答する。日本版ＳＴＡＩ－Ｃは販売されていないが、詳細な紹介[13]がある。

## ■ ＬＳＡＳ－Ｊ

### 開発の経緯

１９８７年にリーボヴィッツ（Liebowitz, M. R.）が開発したＬＳＡＳ（Liebowitz Social Anxiety Scale）は、社交場面に恐怖や不安を抱き、社会的状況を回避する社交不安症（ＳＡＤ）の重症度を評価する尺度である。社交不安症患者の臨床症状を評価者が評価する用途で作成されたが、自己記入式としても使用されている[14]。

### 検査の内容

日本語版であるＬＳＡＳ－Ｊ[15]の標準化協力者は健常群60名、患者群30名である。信頼性は高く、ＳＡＤＳ日本語版・臨床的重症度判定により併存的妥当性が確認されている。なお、不安感／恐怖感の項目は、重症度との相関が高く、継時的な使用には面接による評価が推奨されている[14]。

全項目24項目のうち13項目が症状が生じやすい行為状況、11項目は症状が生じやす

[12] 曽我祥子 1983「日本版ＳＴＡＩＣ標準化の研究」『心理学研究』54, 215–221.

[13] 曽我祥子 2001「不安のアセスメント：ＭＡＳ、ＳＴＡＩ」上里一郎（監修）2001『心理アセスメントハンドブック（第２版）』西村書店

[14] 朝倉聡 2015『ＬＳＡＳ－Ｊ リーボヴィッツ社交不安尺度使用手引』三京房

[15] Liebowitz, M. R. 1987 Social phobia. *Modern Trends in Pharmacopsychiatry*, 22, 141–173.

い社交状況である。回答者は過去1週間を回想し、恐怖感／不安感の程度と回避の程度を0～3の4件法で回答する。実施時間は約5分である。

評価は、恐怖感／不安感の24項目の合計点、回避の24項目の合計点による。恐怖感／不安感、回避ともに、境界域、中程度の社交不安症、さらに症状が顕著で日常生活に障害がある程度、重度の社交不安症の4段階で評価される。

## ■まとめ

心理学分野では、MASの発表後に多数の不安尺度が普及する反面で、不安研究における生理的指標と尺度得点の不一致が議論となった。この議論を受け、混在していた2種類の不安を分けて測定した尺度がSTAIである。[13] 一方、精神医学分野では1980年以降に社交不安症が注目されLSASが開発された。[16] この経緯から分かるように、不安の尺度は、心理学、精神医学、生理学など多領域で開発されたため異同が分かりにくい。尺度使用の目的が精神障害の診断補助なのか、健常者の不安状態の測定なのか、不安傾向を持つ人格特徴の確認なのかによって使用する尺度は異なる。内容を理解し目的に応じた尺度を選択する必要がある。

また、不安の尺度は、インタビュー形式によるLSAS-Jを除き、多くが自己記入式である。回答には回答者の主観が含まれており、不安が誇張されている可能性がある。解釈の際には注意が必要である。

〔鈴木朋子〕

[16] 朝倉聡 2015「社交不安症の診断と評価」『不安症研究』7(1), 4-17.

2-5

# 抑うつ尺度（SDS、CES-D、HDRS）

## ■抑うつ尺度

抑うつの尺度は、主に病院臨床領域で活用されることが多く、自己記入式尺度から観察評価式尺度まで、多数開発されている。本稿では、自己記入式尺度として国内で使用頻度の高いSDS、CES-D、観察評価式尺度としてHDRSの3尺度を解説する。なお、いずれも診療報酬として指定された検査であり、「認知機能検査その他の心理検査」の区分「1」（イ）簡易なものに位置づけられている。

## ■SDS（うつ性自己評価尺度）

### 開発の経緯

SDS（Self-rating Depression Scale）は、ツング[1]（Zung, W. W. K.）が1967年に開発した、日本で広く利用されている自己記入式抑うつ性尺度である。抑うつ状態像を表す20項目から構成されている。対象は成人男女だが、青年期も検査可能である。回答に要する時間は10～15分、整理時間は2分程度である。実施が簡便で、質問項目

［1］Zung, W. W. K. 1967 A Self-rating depression scale. *Archives of General Psychiatry*, 12, 63-70.

を10項目ずつ陽性、陰性と混ぜ合わせた配列として記載しているため回答者の操作が入りづらい仕様となっている。

### 検査の内容

日本版ＳＤＳ[2]は、男性１４７名、女性２１１名のうち男女17名の合計34名を対象とする再検査法（$r$＝0.85）、正常対照群から50名を対象とする折半法（$rt$＝0.73）にて信頼性が確認されている。また、妥当性は正常対照群、神経症群（70名）、うつ病群（50名）を対象に、正常群、患者群のＳＤＳの項目別平均点の差において危険率１％以下で有意差が確認されている。

回答方法は、抑うつ性を示す20項目に対して、「ない、たまに」「ときどき」「かなりのあいだ」「ほとんどいつも」の４件法で選択する。質問は抑うつ状態像20因子に対応した慣用語句で表現されており、「主感情」２項目、「生理的随伴症状（いわゆる身体症状）」８項目、「心理的随伴症状（いわゆる精神症状）」10項目を評価する。これらは、肯定項目10問、否定項目10問として配置され、前者は「いいえ」１点、「ときどき」２点、「かなり」３点、「いつも」４点で換算し、後者は順に逆配点として20項目の合計得点を算出する。得点範囲は20～80点で、点数が高いほど抑うつ性が高いとする。日本版ＳＤＳの平均値と標準偏差は、正常対照群が35点（±12）、神経症群が49点（±10）、うつ病群が60点（±７）である。一方、ツング[3]はスクリーニングのためのカットオフ値について20～64歳は40点が適当で、19歳以下と65歳以上はカットオフ

［２］ツング（原作）／福田一彦・小林重雄（構成）2011『日本版ＳＤＳ自己評価式抑うつ性尺度使用手引（増補版）』三京房

［３］Zung, W. W. K. 1986 Zung self-rating depression scale and depression status inventory. In Sartorius, N. & Ban, T. A. (Eds). Assessment of depression. Heidelberg: Springer-Verlag.

値を上げる必要性を説いている。日本版構成者の福田ら[2]は、高齢者は身体症状の得点が高くなりやすいことから、65歳以上のカットオフ値を48点が適当としている。

日本版SDSは、版権を有する三京房から入手できる。検査用紙は2枚の紙を貼り合わせた複写式で、標準サイズ（B5判）Lサイズ（A4判）があり、高齢者や視覚障害者へも対応しやすい。使用手引き（相補版）は検査用紙セットに同封されている。

## ■CES-D（うつ病（抑うつ状態）自己評価尺度）

### 開発の経緯

CES-D（The Center for Epidemiologic Studies Depression）は1977年に米国国立精神保健研究所（NIMH）が一般人におけるうつ病発見を目的として開発した自己記入式尺度である。尺度は20項目から構成され、そのうちうつ病の主症状16項目と、〝健常者は陽性感情（うつ病者と相反する健康的な感情）によってバランスがとれている〟という仮説から作成された陽性項目（逆転項目）が4項目含まれている。また、SDSやBDI（Beck Depression Inventory）などを参考に、適切な項目を取捨選択して作成されたものである。回答に要する時間は10～15分程度、整理時間は2分程度、対象者は15歳以上である。

### 検査の内容

ＣＥＳ－Ｄは疫学調査のために開発された経緯もあり、内部整合性（クロンバック $\alpha$ ＝0.85）、折半法（$rt$ ＝0.76〜0.85）により信頼性が、既存の検査との併存的妥当性が確認されている。[4] 日本版ＣＥＳ－Ｄは１９８５年に島悟《しまさとる》らが作成し、正常対照群224名患者群（気分障害群、神経症群、精神病群）76名を対象として、再検査法（$r$ ＝0.84）折半法（$rt$ ＝0.79）により信頼性が確認された。[5] また各群の総得点平均比較は危険率１％以下で有意差があること、ＳＤＳや**ＨＡＭＤ**（ハミルトンうつ病評価尺度）と高い相関による併存的妥当性も示されている。

回答方法は20問の検査項目に対して、過去1週間の頻度を尋ね「ない」「1〜2日」「3〜4日」「5日以上」の4件法で選択する。質問内容は、抑うつ気分、不眠、食欲低下などうつ病の主症状の通常項目（16項目）と健康な感情である逆転項目（4項目）である。通常項目は「ない」0点、「1〜2日」1点、「3〜4日」2点、「5日以上」3点で換算し、逆転項目は順に逆配点として20項目の合計得点を算出する。得点範囲は0〜60点で、島らはうつ病スクリーニングのカットオフ値を16点以上としている。

しかしながら、15点以下であったとしても、うつ病を除外することにはならず、そのために詳細な情報収集や観察および面接により評価する重要性を認識しなければならない。

［4］Radloff, L. S. 1977 The CES-D scale: A self-report depression scale for research in the general population. *Applied Psychology of Measurement, 1*, 385–401.

［5］島悟・鹿野達男・北村俊則・浅井昌弘 1985「新しい抑うつ性自己評価尺度について」『精神医学』*27*, 717–723.

日本版CES-Dは版権を有する千葉テストセンターから入手できる。検査用紙はSDSと同様に2枚複写式でA4サイズである。手引きは別途、販売されている。検査者が読み上げながら実施することも可能で、高齢者や視覚障害者へも適応できる。

## ■HDRS（ハミルトンうつ病評価尺度）

### 開発の経緯

HDRS（Hamilton Depression Rating Scale）は1960年にハミルトン（Hamilton, M.）が開発[6]したうつ病の症状および重症度を評価する観察評価式尺度であり、国内のみならず、世界で最も広く用いられているものの一つである。HAMDという略称で呼ばれることが多い。標準版として、21項目版（HAMD–21）、17項目版（HAMD–17）があるが、用途に合わせて抽出版や拡張版、改訂版など複数存在[7]する。

### 検査の内容

身体的要因を含むうつ病症状を多次元から評価するHAMD–21は抑うつ気分、罪責感、自殺念慮、睡眠障害、生活機能障害、不安など21項目から構成され、0～2の3件法、0～4の5件法で評価する。HAMD–17では、うつ病の性質を示す「日内変動」とうつ病では出現頻度が低いとされる「離人症」「妄想症状」「強迫症状」の4問を除外している。各項目の合計得点により重症度を評価し、得点範囲はHAMD–21

[6] Hamilton, 1960 A rating scale for depression. *Journal of Neurology, Neurosurgery and Psychiatry*, 23, 56–62.

[7] 稲田俊也（編）2014『HAMDを使いこなす：ハミルトンうつ病評価尺度（HAMD）の解説と利用の手引き』星和書店

[8] 寛解とは、病気の症状が軽減あるいは一時的に消失した状態をさす。

が0～63点、HAMD–17が0～52点である。得点が高いほど抑うつの程度が重く、1960年の開発当初、重症度の判定を謳われながらも明確な指標が示されなかった。その後、研究が進められ、寛解[8]＝HAMD ≦ 7[9]、重症度区分として合計得点が27点以上を重症、16～26点を中等症、8～15点を軽症、4～7点を正常域との境界、0～3点を正常または寛解という基準[10]が示された。このように重症度の段階や寛解の定義について妥当性の検証が進んだ。また、症状の程度と頻度を適切に捉えられるように標準化した半構造化面接（例：GRID–HAMD）[11]が開発され、評価者間信頼性を向上させている。特に薬物療法の効果測定に使われており、GRID–HAMD構造化面接ガイドは、日本臨床精神神経薬理学会のウェブサイトよりダウンロードできる。

### ■まとめ

抑うつの尺度は、臨床場面においては回答者の主観的判断による自己評価式と評価者の客観的判断による観察評価式の併用が望ましい。初学者が実施するにあたっては、回答者が自覚している症状と観察できる症状の相違を捉え、それらをつなぎ補う面接技術を身に着けることが必要である。

また、心理アセスメントを行う際は、適切な**テストバッテリー**[12]を組むことが一般的である。回答者の負担感に配慮しながら、その人の理解を深めるために欠かせない営みであることを心に留めておきたい。

（有木永子）

[9] Frank, E., Prien, R. F., Jarrett, R. B., Keller, M. B., Kupfer, D. J., Lavori, P. W., Rush, A. J., & Weissman, M. M. 1991 Conceptualization and rationale for consensus definitions of terms in major depressive disorder. Remission, recovery, relapse, and reccurence. *Archives of General Psychiatry, 48*, 851–855.

[10] Furukawa, T. A., Akechi, T., Azuma, H., Okuyama, T., & Higuchi, T. 2007 Evidence-based guidelines for interpretation of the Hamilton Rating Scale for Depression. *Journal of Clinical Psychopharmacology, 27*, 531–534.

[11] GRID-HAMDはDepression Rating Scale Standardization Team (DRSST) のコアグループによって開発され、日本語版翻訳権は日本臨床精神神経薬理学会が保有している。http://www.jscnp.org/scale/

[12] 本書5－1参照

# 2-6 依存症の検査

## ■依存症のスクリーニング検査

日常生活において依存[1]という用語は、特定の物質（アルコールや薬物等）や行動（ギャンブル等）をコントロールできなくなる病気を指すものとして用いられている。しかしながら、医学的な定義では、アルコールなどの物質使用によるもののみを依存症候群（dependence syndrome）と呼び、行動を対象としたものは嗜癖（addiction）という語があてられる。しばしば「○○依存」という表現をみかけることがあるものの、国際疾病分類第11回改訂版（ＩＣＤ-11）において「物質使用または嗜癖行動障害群」に位置付けられている行動嗜癖は、ギャンブル障害とゲーム障害の2つのみである。また、アメリカ精神医学会のＤＳＭ-５（精神疾患の診断・統計マニュアル第5版）では、「今後の研究のための病態」にインターネットゲーム障害が記載されている。

それぞれの依存症・嗜癖について、問題の有無を評価したり、重症度を把握したりすることを目的として、スクリーニング検査が活用されている。本稿では、アルコー

[1] 依存症全般に関する情報については、厚生労働省 e-ヘルスネット（https://www.e-healthnet.mhlw.go.jp/）や依存症対策全国センター（https://www.ncasa-japan.jp/）のウェブサイトを参照されたい。

ル、薬物、ギャンブル、ゲーム依存に関するスクリーニング検査の代表的な例を紹介する。これらの検査は、対象者の自己申告にもとづくものがほとんどである。依存症においては、自分の問題を過小評価したり否認したりすることがしばしば認められるため、正確な測定のためには、検査の目的を明確に伝え、対象者が質問を理解するための情報を提供したりして、正直な回答を引き出すための配慮や工夫が必要である。

## ■AUDIT(アルコール使用障害同定テスト)

### 開発の経緯

AUDIT[2](Alcohol Use Disorders Identification Test)は、飲酒量低減を目標とした介入を必要とする大量飲酒者を識別するためのものとして、世界保健機関(WHO)によって開発された検査である。口頭面接と自己記入式質問票のいずれの方法でも実施でき、短時間で簡便に評価することが可能である。現在では、大量飲酒者だけではなく、アルコール依存症が疑われる対象者をスクリーニングするためのツールとしても広く用いられている。

[2] World Health Organization 2001 *AUDIT: The Alcohol Use Disorders Identification Test, Guidelines for use in primary care* (2nd ed.). http://www.who.int/substance_abuse/publications/audit/en/

### 検査の内容

AUDITは10項目の質問から構成され、飲酒パターンおよび飲酒と関連した問題の有無について5件法(0~4点)で評価し、10項目合計で0~40点となる。飲酒量の確認において、「ドリンク」という単位を用いることがAUDITの特徴のひとつである。純アルコール換算で10グラム分のアルコールが1ドリンクであり、この単位をもとに回答をすることになる。一般的には馴染みの薄い用語のため、ドリンク換算表を用意するなど、対象者の理解を助ける工夫が求められる。

AUDITのカットオフポイントは集団の特性や目的に応じて決めることができるものの、8点以上において有害で危険なアルコール使用およびアルコール依存症の可能性があるとみなされる。[3] また、アルコール依存症であることが強く疑われるカットオフポイントとしては、15点もしくは20点を用いることが多い。

## ■DAST-20

### 開発の経緯

カナダの心理学者であるスキナー（Skinner, H. A.）らによるDAST（Drug Abuse Screening Test）は、アルコール問題のスクリーニング検査であるMichigan Alcoholism Screening Testを参考として、1982年に28項目版（DAST-28）が発表されている。その後、1986年に20項目版（DAST-20）、1991年に10項目版（DAST-10）が報告されている。日本では、DAST-20の信頼性および妥当性が検証[5]されている。

### 検査の内容

薬物乱用の重症度を短時間でアセスメントできるDAST-20は、使用薬物の種

[3] 小松知己・吉本尚（監訳・監修）「アルコール使用障害特定テスト使用マニュアル」http://apps.who.int/iris/bitstream/handle/10665/67205/WHO_MSD_MSB_01.6a_jpn.pdf;jsessionid=D6E0BC103AF94948 5E03246A35C5D897?sequence=2

[4] Skinner, H. A. & Goldberg, A. E. 1986 Evidence for a drug dependence syndrome among narcotic users. *British Journal of Addiction, 81*, 479–484.

[5] 嶋根卓也・今村顕史・池田和子ほか 2015「DAST-20日本語版の信頼性・妥当性の検討」『日本アルコール・薬物医学会雑誌』*50*, 310–324.

類、使用期間、使用頻度を問わずに使用可能であり、また、家族、社会、雇用、法律、医学など薬物乱用に関連する問題を幅広くとらえられる。

過去12か月における薬物使用に関する経験を尋ねる質問について、「はい」もしくは「いいえ」で回答する。20項目合計で、0〜20点となる。日本語版DAST-20にはカットオフ値が設定されておらず、今後の研究が待たれるところである。一方で、海外[6]においては、6点を超えていた場合に薬物問題を疑うことができると報告されている。

## ■PGSI

### 開発の経緯

一般人口を対象としたギャンブル問題[7]の疫学調査に用いられるスクリーニング検査として、カナダにおいて2001年にCPGI（Canadian Problem Gambling Index）が作成された[8]。臨床での使用を目的とした従来のスクリーニング検査では、疫学調査において**偽陽性**となる率が高かったり、質問項目が借金問題に偏重していたりするなどの問題があり、それを補うものとしてCPGIが開発された。31項目からなるCPGIのうち、中核的な9項目によって構成されたものがPGSI（Problem Gambling Severity Index）である。現在では、疫学調査のみならず、臨床においても活用されている[9]。

[6] Cocco, K. M. & Carey, K. B. 1998 Psychometric properties of the Drug Abuse Screening Test in psychiatric outpatients. *Psychological Assessment, 10*, 408–414.

[7] 日本において賭博行為（ギャンブル）は刑法によって禁止されているが、ギャンブル等依存症対策基本法では、「ギャンブル等（法律の定めるところにより行われる公営競技、ぱちんこ屋に係る遊技その他の射幸行為をいう。）にのめり込むことにより日常生活又は社会生活に支障が生じている状態」をギャンブル等依存症と定義している。

[8] Ferris, J. & Wynne, H. 2001 *The Canadian problem gambling index: Final report*. Canadian Consortium for Gambling Research. https://www.greo.ca/Modules/EvidenceCentre/files/Ferris et al(2001)The_Canadian_Problem_Gambling_Index.pdf

**検査の内容**

PGSIは、過去12か月間におけるギャンブル行動について4件法（0～3点）で回答する。9項目合計で0～27点となり、0点が問題のないギャンブル（non-problem gambling）、1～2点が低リスク（low risk gambling）、3～7点が中等度リスク（moderate risk gambling）、8～27点が問題のあるギャンブル（problem gambling）と分類される。また、3～7点であればギャンブル障害と診断される可能性が疑われ、8点以上ではその可能性が強く疑われる。PGSI日本語版[10]は、日本の一般人口を対象にした研究によって、妥当性および信頼性が検証されている。

## ■ゲームズテスト（GAMing Engagement Screener test：GAMES test）

**開発の経緯**

ICD-11においてはじめて収載されたゲーム障害をスクリーニングする目的として、樋口《ひぐち》進《すすむ》らによって2021年に開発されたものがゲームズテスト（GAMing Engagement Screener test：GAMES test）である。[11] 日本人を対象とした研究によって作成され、妥当性および信頼性が検証されている。

**検査の内容**

過去12か月間におけるゲームの使用状況や、ゲームがおよぼす生活への影響について尋ねる9項目の質問から構成されている。はじめの8項目は、「はい」（1点）もし

[9] 日本におけるギャンブル等依存症の有病率の推計にあたっては、The South Oaks Gambling Screen が使われている。12項目（20点満点）の質問から構成され、その回答から算出した点数が5点以上の場合にギャンブル等依存の疑いがあるとみなされる。木戸盛年・嶋崎恒雄 2007「修正日本語版 South Oaks Gambling Screen（SOGS）の信頼性・妥当性の検討」『心理学研究』77, 547–552.

[10] So, R., Matsushita, S., Kishimoto, S., & Furukawa, T. A. 2019 Development and validation of the Japanese version of the problem gambling severity index. *Addictive Behaviors*, 98, 105987. 日本語版PGSIの質問票は、翻訳者の運営するウェブサイト（https://sites.google.com/view/gambling-scales-japan/）より入手可能である。

[11] Higuchi, S., Osaki, Y., Kinjo, A., Mihara, S., Maezono, M., Kitayuguchi, T., Matsuzaki, T., Nakayama, H., Rumpf, H-J,

くは「いいえ」(0点)で回答する。残りの1項目はゲームに費やす平日1日当たりの平均時間についての質問であり、「2時間未満」(0点)、「2時間以上6時間未満」(1点)、「6時間以上」(2点)から選択する。各項目の合計で0〜10点となり、5点以上の場合、ICD-11によるゲーム障害が疑われる。

■依存症・嗜癖の臨床で用いられる心理検査

ここまでスクリーニング検査について紹介してきたが、依存症・嗜癖の患者においては、関連する精神疾患を合併していることが稀ではないため他の種類の検査もしばしば活用されている。うつ病、不安障害、ADHD、自閉スペクトラム症などはその代表的なものであり、それらに関する心理検査は治療において重要な役割を果たしている。また、長期間にわたる大量のアルコール摂取が、認知機能低下を引き起こすことが知られている。一方で、断酒の継続によって、認知機能が回復する一群も存在している。したがって、認知症のスクリーニング検査や、高次脳機能障害の検査を用いて認知機能をアセスメントすることは、回復可能性を予測しながら今後の治療方針を検討したり、認知症等による認知機能低下との鑑別をしたりするうえで有用である。

〔伊藤 満・樋口 進〕

Saunders, J. B. 2021 Development and validation of a nine-item short screening test for ICD-11 gaming disorder (GAMES test) and estimation of the prevalence in the general young population. *Journal of Behavioral Addictions*, 10, 263–280.

2-7

# 自閉症スペクトラム指数（AQ）

## ■自閉スペクトラム症

自閉スペクトラム症（autism spectrum）という概念は、社会的・コミュニケーション障害などの程度という連続体（スペクトラム）を想定し、自閉症スペクトラム障害と健常状態をその両極に位置づけるという考え方にもとづいている。こうした連続体仮説では、従来のカテゴリー的診断とは別の量的診断という観点から障害を理解することが可能であり、障害の有無ではなく、障害の程度という視点から個人を位置づけることが可能である。

「自閉スペクトラム症」という用語が意味する症状的特徴は、対人的相互作用やコミュニケーションなどの社会性の障害ないしはその発達の障害、および特定の対象への強いこだわりや常同的な行動といった認知・行動上の特異性の存在などであり、DSM-5[1]では、「自閉スペクトラム症」という診断名が使用されている。

[1] 2013年に改訂された米国精神医学会（APA）「精神疾患の診断・統計マニュアル第5版」。国際的に使用されている診断基準である。

## ■ＡＱ（自閉症スペクトラム指数）

個人の自閉スペクトラム症傾向は、量的に測定した場合、その程度によって障害群と定型発達（一般健常）群を識別できるだけでなく、両群の程度の分布には連続性ないしはオーバーラップがあると考えられる。このような個人の自閉スペクトラム症傾向を測定する尺度として作成されたものが、「自閉症スペクトラム指数（Autism-Spectrum Quotient：ＡＱ）」[2]である。この尺度は、その得点によって、自閉スペクトラム症（以下ＡＳＤと表記）に該当するかどうか、また障害の程度などといった臨床的スクリーニングに使用できるだけではなく、健常範囲の個人の自閉スペクトラム症傾向の個人差を測定できる。

## ■ＡＱの構成

ＡＱの項目内容は、ＡＳＤと診断された者にみられる認知的・行動的特徴から構成されており、ＡＳＤを特徴づける症状の臨床経験上の主要な5つの領域、「社会的スキル（の欠如）」「注意の切り替え（の困難）」「細部への注意」「コミュニケーション（の不全）」「想像力（の欠如）」について、各10問ずつからなる下位尺度があり、全体で50項目となっている。回答形式は、「あてはまる、どちらかといえばあてはまる、どちらかといえばあてはまらない、あてはまらない」という4肢選択の強制選択法であり、採点法は、各項目でＡＳＤの傾向とされる側に該当すると回答をすると1点

[2] Baron-Cohen, S., Wheelwright, S., Skinner, R., Martin, J., & Clubley, E. 2001 The Autism Spectrum Quotient (AQ): Evidence from Asperger Syndrome / high-functioning autism, males and females, scientists and mathematicians. *Journal of Autism and Developmental Disorders, 31*, 5–17.

が与えられる。

## ■ＡＱ日本語版[3]：成人用（対象年齢：16歳以上）

ＡＱは、成人を対象としたものが、英国のケンブリッジ大学自閉症研究センター教授のバロン＝コーエン（Baron-Cohen, S.）らによって初めて作成された。日本語版では、原版と共通の手続きを経て日本人を対象に標準化が行われ[4]、その結果、ＡＳＤと診断されたグループは、ＡＱ尺度上で、一般社会人、大学生という２つの一般成人のグループに対して高得点を示すとともに、５つの下位尺度の得点でもＡＳＤ群と一般成人群には統計的な差が認められている。これらの結果は、ＡＱが診断的な妥当性を示すとともに、ＡＳＤ群と一般成人群が自閉スペクトラム症傾向の程度（特徴の量）の違いとして位置づけられることを意味している。

また、対象群別得点分布にもとづいて、成人の自閉スペクトラム症群を一般成人群からもっともよく識別するＡＱ尺度上の得点を検討した結果、33点がカットオフポイントとして妥当であると考えられている。

なお、一般成人群では、男性の方が統計的に高いＡＱ得点を示しているが、この性差は、自閉スペクトラム症の発症が男性に多いという疫学的報告と対応しており、「自閉症の超男性脳理論[5]（Extreme Male Brain Theory）」とも一致するものである。

[3] ＡＱ日本語版（成人用・児童用）は、現在、三京房が版権を所有している。

[4] Wakabayashi, A., Baron-Cohen, S., Wheelwright, S., & Tojo, Y. 2006 The Autism-Spectrum Quotient (AQ) in Japan: Cross cultural comparison. *Journal of Autism and Developmental Disorders, 36*, 263–270.

[5] 「自閉症（ＡＳＤ）の超男性脳理論」は，認知機能の性差として男性に優位にみられる特徴が自閉スペクトラム症では顕著な形で認められることが多いとする考え方である。Baron-Cohen, S. 2002. The extreme male brain theory of autism. *Trends in Cognitive Sciences, 6*, 248–254.

## ■ＡＱ日本語版：児童用（対象年齢：6〜15歳）

ＡＱの児童用は、健常範囲の知能を持つ成人を対象にして作成されたＡＱをもとに、より臨床上・研究上の要請が高い低年齢層の対象に適用できる、幼児・児童や前期青年期を対象とした尺度として作成された。日本語版が国際的には先行した[6]。児童用ＡＱの構成内容は、基本的に成人用と共通であり、5つの下位尺度を含み全体で50項目である。成人用ＡＱとの違いは、成人用が自己記入式であるのに対して、児童用は回答の信頼性を高めるために父母などの保護者による他者評定形式となっていることである。児童用でも成人用と同様に高い診断的妥当性に加えて、男児が女児より平均値が高いという性差が認められている。なお、児童用では、25点がカットオフポイントとして妥当であると考えられている。

[6] Wakabayashi, A., Baron-Cohen, S., Uchiyama, T., Yoshida, Y., Tojo, Y., Kuroda, M.,& Wheelwright, S. 2007 The Autism-Spectrum Quotient (AQ) children's version in Japan: A cross-cultural comparison. *Journal of Autism and Developmental Disorders*, 37, 491–500.

## ■ＡＱの問題点

ＡＱは、自閉スペクトラム症の臨床的な知見に基づいて、経験的に構成されてきたため、尺度項目には識別力が低いものがある。5つの下位尺度についても下位尺度の内的一貫性が低いもの（「細部への注目」）がある。得点化において、ＡＳＤの特徴の側への回答に全て1点を与えるため、パーソナリティ傾向とみなすべきマイルドな特徴が、診断レベルのＡＳＤ傾向と混同される場合があり、「ＡＳＤの擬陽性」を生み出す可能性がある。

〔若林明雄〕

# 2-8 MMPI、TPI

## ■MMPIとは

MMPI[1]（Minnesota Multiphasic Personality Inventory）は、ミネソタ大学病院精神神経科の心理学者ハサウェイ（Hathaway, S. R.）と精神医学者のマッキンレー（McKinley, J. C.）によって、精神医学的診断に客観的な手段を提供する目的で作成された、質問紙法人格検査（人格目録）である。尺度構成は、妥当性尺度4尺度と、臨床尺度10尺度からなる。第1尺度（Hs）から第9尺度（Ma）の各臨床尺度は、質問項目を基準（criterion）となる患者群（精神科）と非患者群に実施して、両群の回答方向（「あてはまる」「あてはまらない」）に統計的な有意差があった項目を一つの尺度としてまとめるという経験的方法がとられている。[2]

## 開発の経緯

1940年に最初の論文が公表され[3]、心理検査としての最初の出版は1943年である。最終的には550項目となった。1989年に、MMPI再標準化委員会（Butcher, J. N. ら）は、項目の再検討をおこない、567項目からなるMMPI－2が

[1] 日本では、ミネソタ多面人格目録、あるいは、ミネソタ多面的人格目録と称される。

[2] MMPI新日本版研究会（編）1993『新日本版MMPIマニュアル』三京房
　なお、第0尺度（Si）は社会的向性尺度であるT-S-E目録の得点により基準群が選ばれている。

[3] W・G・ダールストローム、L・E・ダールストローム（編）／阿部満州・小野直広（監訳）1984『MMPI原論』新曜社

[4] Hathaway S. R., & McKinley, J. C. 1989 *MMPI-2: Manual for administration and scoring.* University of Minnesota Press.

発表された。[4] 北米では、1999年11月から、MMPI-2に統一されている。

日本では、阿部満州《あべみつくに》らが、1952年ごろからMMPIの忠実な翻訳の研究をおこない、1963年に翻訳権を取得し、日本版MMPIとして出版された。[5] その後、田《た》中富士夫《なかふじお》らにより、1990年の国勢調査結果に基づきMMPIの新日本版の標準化の研究がおこなわれた。[6] 現在はこれが検査として実施されている。[7] 他の研究には村上宣寛《むらかみよしひろ》・村上千恵子《むらかみちえこ》の研究がある。[8] なお、MMPI-2は、まだ日本では正式な翻訳は公刊されていない。研究としては、小口徹《おぐちとおる》らによる成果が報告されている。[9]

**検査の内容**

検査の実施形式は、カード式、タイプA質問票、タイプB質問票、OCR形式等がある。各尺度の構成は表1に示す。さらに多くの付加尺度が研究され、活用されている。検査結果の解釈にあたっては、回答者

**表1　妥当性尺度・臨床尺度の構成**

| | | | 項目数 | |
|---|---|---|---|---|
| 妥当性尺度 | ？尺度（？） | | | can not say scale |
| | L尺度（L） | | 15 | lie scale |
| | F尺度（F） | | 64 | frequency scale |
| | K尺度（K） | | 30 | correction scale ＊ |
| 臨床尺度 | 第1尺度（Hs） | 心気症尺度 | 33 | hypochondriasis |
| | 第2尺度（D） | 抑うつ尺度 | 60 | depression |
| | 第3尺度（Hy） | ヒステリー尺度 | 60 | hysteria |
| | 第4尺度（Pd） | 精神病質的偏き尺度 | 50 | psychopathic deviate |
| | 第5尺度（Mf） | 男性性・女性性尺度 | 60 | masculinity–femininity |
| | 第6尺度（Pa） | パラノイア尺度 | 40 | paranoia |
| | 第7尺度（Pt） | 精神衰弱尺度 | 48 | psychasthenia |
| | 第8尺度（Sc） | 精神分裂病尺度 | 78 | schizophrenia |
| | 第9尺度（Ma） | 軽躁病尺度 | 46 | hypomania |
| | 第0尺度（Si） | 社会的内向性尺度 | 70 | social introvertion |

＊いくつかの臨床尺度の修正にある割合で加算される。
田中富士夫 2001「MMPI」上里一郎（監修）『心理アセスメントハンドブック第2版』西村書店（pp.97–110）より作成。

[5] 日本MMPI研究会（編）1973『日本版MMPIハンドブック増補版』三京房

[6] MMPI新日本版研究会（編）1997『MMPI新日本版の標準化研究』三京房

[7] 三京房より出版されている。

[8] 村上宣寛・村上千恵子 1992『コンピュータ心理診断法：MINI, MMPI-1自動診断システムへの招待』学芸図書

[9] 小口徹（編）2001『国際的質問紙心理テストMMPI-2とMMPI-Aの研究』非売品
なお、米国ではMMPI-3が2020年に公刊されている。日本版はMMPI-3日本版研究会により作成された。335項目から構成され、52尺度の測定が可能で、DSM-5に対応しているとされる。日本における臨床的な解釈は今後の課題であろう。三京房から2022年9月に出版される。

の特徴を把握するために、各尺度単独のみならず、プロフィールのパターン、あるいは、コード化して理解することがある。

## ■TPIとは

TPI[10]（Todai Personality Inventory）は、東京大学教育学部の肥田野直《ひだのただし》を中心として、教育学部の澤田慶輔《さわだけいすけ》、医学部の笠松章《かさまつあきら》の協力のもとに、1955年から1962年にかけて、MMPIに関する研究から発展し、TPIの標準化に至った。TPIの尺度構成は、有効性尺度5尺度、基本尺度9尺度、付加尺度1尺度である。各基本尺度の項目作成にあたっては、日本における臨床的な基準群と正常群との統計的有意差により選定している。[11]

### 開発の経緯

1955年より、MMPIの550項目の忠実な翻訳が試みられた。さらに日本の文化等が考慮されて、標準化がなされた。この結果より、1962年に『MMPI東大改訂版：研究報告と実施手引』が作成された。[12] しかし、米国の検査の翻訳に基づくと課題が多く、項目が新たに作成された。TPIは500項目で構成され、1960年の国勢調査に基づいて標準化がおこなわれた。[11] 基準群は、各基本尺度について30名（7尺度は50名）である。その結果は1964年に公表されている。[13]

[10] 発表当時は、東大版総合性格検査とされていたが、その後、東大版総合人格目録と称される。

[11] 肥田野直 1967「TPIテスト内容と実施について」『学校保健研究』9(1), 2-7.

[12] 東京大学学生部（編）1962『MMPI東大改訂版：研究報告と実施手引』

[13] 平田久雄ほか 1964「東大版総合性格検査（TPI）の作成：その2基本尺度の研究」『日本心理学会第28回大会発表論文集』(p.359)

[14] 東京大学出版会から販売されている。

[15] コンピュータによる採点は、東京大学出版会とTPI研究会との契約に基づいて、㈱人材開発医科学研究所が、その活用も含め紹介している。日本化薬㈱の関係会社である。この活用の概要は、今城志保 2000「TPI: GAD・PAC・CON」大沢武志ほか

**検査の内容**

質問用紙、回答用紙、プロフィール用紙、『TPI実施手引』がある。各尺度は採点版で採点する。購入は、心理学関連の学会員であることなどの条件がある。[14]なお、別途、コンピュータ採点による結果については、能力開発のための自己理解として活用が工夫されている。この活用には、適切なガイドのために条件がある。[15]

各尺度の構成は表2に示す。

**■まとめ**

MMPI、TPIともに事例の検討を通して、尺度単独の診断から、プロフィールの解釈へ、さらに、広くパーソナリティの理解へと研究は深化している。尺度の臨床名からの安易な影響を防ぐため尺度番号で表示される。解釈のガイドブックをあてはめることは判定的バイアスとなる。対象者の行動傾向を深く理解することが肝要である。専門性を高め、目の前の存在から学び、理解する姿勢を大切にしたい。

〔外島 裕〕

**表2 TPIの有効性尺度・基本尺度・付加尺度の構成**

| | | | | |
|---|---|---|---|---|
| 有効性尺度 | 尺度A | Nr | 疑問反応 | Non Response |
| | 尺度B | Rr | 希少反応 | Rare Response |
| | 尺度C | Uf | 迎合反応 | Unfavorable Response |
| | 尺度D | Li | 虚飾反応 | Lie score |
| | 尺度E | Cr | 修正尺度 | Correction scale |
| 基本尺度 | 尺度1 | Dp | うつ病尺度 | Depression |
| | 尺度2 | Hc | 心気症尺度 | Hypochondria |
| | 尺度3 | Hy | ヒステリー尺度 | Hysteria |
| | 尺度4 | Ob | 強迫神経症尺度 | Obsessive–compalsiv Neurosis |
| | 尺度5 | Pa | 妄想型分裂病尺度 | Paranoid Schizophrenia |
| | 尺度6 | Hb | 破瓜型分裂病尺度 | Hebephrenia |
| | 尺度7 | As | 反社会性精神病質尺度 | Antisocial Personality Disorder |
| | 尺度8 | Ep | てんかん尺度 | Fpilepsy |
| | 尺度9 | Ma | そう病尺度 | Mania |
| 付加尺度 | 尺度0 | In | 社会的向性尺度 | Social Introvertion |

平田久雄 1995「東大総合性格検査（TPI: Todai Personality Inventory）」松原達哉（編）『最新心理テスト法入門』日本文化科学社（pp.104–105）より作成。TPIの発行年月は1970年7月となっている。

（編）『人事アセスメントハンドブック』金子書房（pp.258–261）

2-9

# コーネル・メディカル・インデックス―健康調査票（CMI）

## ■コーネル・メディカル・インデックス―健康調査票（CMI）とは

### 開発の経緯

CMI（Cornell Medical Index-health questionnaire）は、1949年に米国コーネル大学のブロードマン（Brodman, K.）、アードマン（Eardmann, A. J.）およびウォルフ（Wolff, H. G.）によって、回答者の精神面と身体面の両方にわたる自覚症状の調査を目的に考案された自己記入式の健康調査票である。[1] 元々は軍人の精神的および身体的異常を速やかに検査するための質問票であったものを、一般臨床に応用、改良されたものが源流である。

［1］Brodman, K., Eardmann, A. J. Jr., & Wolff, H. G. 1949 *The Cornell Medical Index : An adjunct to medical interview*. J.A.M.A.

### 検査の内容

身体的項目（A－L）には目と耳、呼吸器系、心循環器系、消化器系、筋骨格系、皮膚、神経系、泌尿生殖器系、疲労度、疾病頻度、既往症、習慣の計144項目がある。精神的項目（M－R）には不適応、抑うつ、不安、過敏、怒り、緊張の計51項目がある。各項目を2件法で回答する。約30分で施行可能である。

## CMIの特徴

特徴として以下があげられる。①短時間で回答者の自覚症状から既往歴・家族歴まで幅広く把握できる。②既往歴の質問には「医師から」という言葉がつき、意味のあいまいさが軽減されている。③質問は平易な言葉で表現されているため、施行できる対象が幅広く（14歳以上）、集団にも個人にも施行可能である。④表題が健康調査票と記載されており、前半に身体面の質問、後半に心理面の質問という構成となっている。これにより、心理面のみを評価する心理検査より心理面の質問に回答することへの心理的抵抗が減り、回答者が意識的に回答を操作しにくくなる。

妥当性を判断する質問項目が設定されていないことには留意すべきである。また、あくまで自覚症状の質問紙であるため、回答者本人が自覚していない症状については把握できないという限界はある。[2]

## ■日本語版CMI

原著に身体的項目（男性16項目、女性18項目）を加えた日本語版CMI[3]が深町建《ふかまちけん》と金久卓也《かねひさたくや》により出版された。結果の解釈には①自覚症プロフィールによる判定、②神経症判別基準[4]、③特定の精神的自覚症状項目による神経症の判定の3つがある。

### 自覚症プロフィールによる判定

各項目に点数を記入することで自覚症状の項目別訴え率（%）がひと目でわかる自

[2] 上地安昭 2001「コーネル・メディカル・インデックス（CMI）」上里一郎（監修）『心理アセスメントハンドブック第2版』西村書店（pp.273–283）

[3] 金久卓也・深町建 1972『日本語版コーネル・メディカル・インデックス：その解説と資料』三京房

[4] 深町建 1959「Cornell Medical Index の研究」『福岡医学雑誌』50.

覚症プロフィールを簡単に作成できる。

## 神経症判別基準

身体症状および精神症状は互いに影響しあうため、器質的疾患から起こる身体症状のみならず、器質的疾患に伴う精神症状や精神症状の表現としての身体症状などにも視野を広げて対応することが望ましい。深町らはこの点に注目し、深町の判別基準（以下、深町基準）考案した。縦軸を身体的項目のうち心循環器系、疲労度、疾病頻度に関して「はい」と答えた数、横軸を神的項目に関して「はい」と答えた数とした神経症判別図を用いて、神経症かどうかを4領域（領域Ⅰ～Ⅳ）に分けて判別するものである。心理障害の表現として精神症状、身体症状の双方を統合的にとらえることで、内科領域における神経症の簡単なスクリーニングテストとして用いることができる。

## 特定の精神的項目による精神的不健康状態の判定

憂鬱、希望がない、自殺傾向の項目はうつ病の発見に、強迫観念、理由のないおびえの項目は強迫症などの発見に役立つ。ただし、質問項目のみで診断するのではなく、回答者自身に詳細な聴取をした上で慎重に診断すべきである。神経症の既往、本人および家族の精神病院入院既往がある場合は領域Ⅳ（神経症）以外であったとしても注意が必要である。右記の項目に易怒性を加えた9項目は神経症の判定や自覚症状の詳細を聞く手がかりとなる。

## ■ＣＭＩの有用性・応用

### 臨床への応用

幅広い自覚症状を短時間で収集できるため、日々の多忙な診察の場では診断の補助手段として有用である。心身両面の把握ができるため、身体疾患、心身症、神経症の発見の手がかりとなり、汎用性が高い。高血圧、片頭痛、糖尿病、消化性潰瘍、気管支喘息、リウマチ疾患、慢性疼痛、不妊症、緑内障、メニエール病など、幅広い個々の疾患や患者群におけるＣＭＩ所見の報告があり、各診療科において活用できる。[5]

### 一般健康管理への応用

職域や学校でも長年活用されている。個々の心身の健康状態や集団としての傾向が把握でき、職域や学校における健康管理、精神衛生管理に有用である。ただし、結果の解釈には注意が必要である。一般健康者が対象であるため、内科外来患者を対象とした深町基準を適応すると結果に誤差が生じる可能性がある。また、検査目的の理解が不十分であると真面目に回答しない可能性や、健康であると見せかけるために回答を操作する可能性などにも注意が必要である

## ■まとめ

ＣＭＩは汎用性の高い調査票であり、今後も幅広く活用されていくと考える。

〔柊　未聖・端詰勝敬〕

[5] 各研究報告の詳細は前掲書[3]に記載がある。

## 2-10 GHQ（精神健康調査票）

### ■GHQとは

精神健康調査票（The General Health Questionnaire：GHQ）は、1978年に英国のゴールドバーグ（Goldberg, D.）によって刊行された自己記入式の質問紙検査[1]（各項目の回答は4選択肢）で、主として神経症者の症状把握、評価および発見に有効なスクリーニング・テストである[2]。加えて、ストレスや心的疲労などの心的不調にも敏感な検査である。質問内容は日常的、身近なものなので、民族、宗教、文化、社会が異なっても違和感をもたれず、国際比較研究も可能である。当初作成された60項目版に加えて、短縮版である30、28、12項目版が作成・出版されている[3]。いずれも、信頼性、妥当性が確認されており、現在では、約50種類の言語版が開発されている[4]。なお、簡便で識別性が高いのでWHOの研究でも採用されているとともに、英国および英国スコットランドでは長年にわたり実施している国民の健康調査[5]（Scottish Health Survey）の一部として心理的健康を把握するために12項目版が用いられている。

［1］Goldberg, D. P. 1978 *Manual of the general health questionnaire.* Windsor: Nfer-Nelson.

［2］中川泰彬・大坊郁夫 1985『日本版GHQ精神健康調査票手引』日本文化科学社

［3］Goldberg, D. P., & Hillier, V. F. 1979 A scaled version of the general health questionnaire. *Psychological Medicine, 9,* 139–145. / Goldberg, D., & Williams, P. 1988, 2004 *A user's guide to the general questionnaie.* Nfer-Nelson. / Goldberg, D. P, Oldehinkel, T., & Ormel, J. 1998 Why GHQ

### 開発の経緯

ＧＨＱは、主に１９７０〜１９７４年に英国のモーズレイ精神医学研究所にいたゴールドバーグが、一次診療[6]場面で心理的不調を簡便に発見する目的で開発した検査である。主として、精神科、心療内科領域での使用と共に、精神科以外の一般外来における一次診療や一般外来患者の心理的不調を検出するために使用される。回答者の現在の状態を評価することに主眼があり、それを特徴づけるものとして、以前の「いつも」の状態から変化して顕わになった症状の発見を捉えようとしている。したがって、短期間の心理的不適応の特徴についてはとりわけ敏感である。

質問文を理解できる者に広く実施できるものであり、個別にも集団にも容易に実施できる[7]。

### 検査の内容

主たる内容は健常な心理的機能が持続できているかどうか、あるいは回答者を悩ませている経験があるかどうかを把握する質問項目となっている。つまり、神経症症状および不安や社会的な機能の不全さをも反映する。緊張やうつ傾向を伴う症状を判別できる。ＷＨＯの疾患分類、症状のうちのパーソナリティ障害、性的不適応、発達遅滞、老人性認知症、躁病などについては把握するものではない。なお、統合失調症、うつ病（内因性）の発見にも有効である。機能性精神病者は苦悩の状態を示すので、それに関係する項目を数多くもつＧＨＱの回答に該当するからである。

threshold varies from one place to another. *Psychological Medicine*, 28, 915–921.

[4] いずれの日本語版も、日本文化科学社が出版。中川泰彬・大坊郁夫 1996『日本版ＧＨＱ精神健康調査票手引（改訂版）』／同 2013『日本版ＧＨＱ精神健康調査票手引（増補版）』ともに日本文化科学社

[5] **Scottish Health Survey** https://www.gov.scot/collections/scottish-health-survey/

[6] 一般的な外来診療、専門に細分化されていない総合的な診療の意味合いが強い。

[7] なお、日本語版については、back translation を適用し、英語の項目を日本語に翻訳し、次に他の専門家がその日本語を英訳して妥当であることを確認した。

ＧＨＱのオリジナルは60項目の質問項目で構成されている。その内容は、以下に関する心的状態などについての質問内容である（表1）。

これらの質問内容は、一般病院の外来患者を対象に、「適応」と「悩み」について詳細な面接を行い、その得られた結果に基づいた、(1)不幸、(2)心理的障害、(3)社会的適応障害、(4)自信（精神的、身体的）欠如の4要素に由来している。この4要素がＧＨＱの質問項目作成の出発点である。

ゴールドバーグとヒラー（Hillier, V. F.）は、**GHQ60**項目の回答結果を因子分析し、11因子を抽出している[3]（63.4%）。そのうち因子性の明確な6因子（一般的疾患性：一般因子）、身体的症状、睡眠障害、社会的活動障害、不安と気分変調、重篤なうつ傾向を採用し、各因子の代表項目（各5項目）で構成した30項目の**GHQ30**、および検査の簡潔化を目指した4因子（身体的症状、不安と不眠、社会的活動障害、重篤なうつ傾向）の代表項目（各7項目）を用いた28項目の**GHQ28**、さらに、簡便な12項目の**GHQ12**の3種類の短縮版がある[4]。

### 実施と採点

時間制限はないが、通常ＧＨＱ60で10分程度、短縮版では3〜7分程度を要する。

4種類の選択肢のうち、いずれも左の2欄に回答したものについては0、右の2欄に付けられた○の個数を数え、その合計を求める（図1）。したがって項目数が最高得点となり、最低点はいずれも0点となる。

**表1　GHQ60　質問項目の構成**

| |
|---|
| (a) 一般的健康と中枢神経系 |
| (b) 心臓脈管系、筋神経系、消化器系 |
| (c) 睡眠と覚醒 |
| (d) 個人独自の行動 |
| (e) 客観的行動ー他者との関係ある行動 |
| (f) 自覚的感情ー充足感欠如、緊張 |
| (g) 自覚的感情ー主としてうつ感情、不安 |

なお、詳細な統計分析のためにリッカート採点法に従う場合には、左から順に、0、1、2、3点の重みをつけ、その合計点を求める。その場合の最高可能な点数は、項目数の3倍となる。

**判定**

GHQ12の区分（臨界）点は3／4点である。分析対象の全神経症者の75％が4点以上、健常者の91％が3点以下であった。区分点は、GHQ28では5／6点、GHQ30では6／7点、GHQ60では16／17点となる。GHQ各版の区分率を表2に示した。区分点は、スクリーニング的な意味での弁別点と言える。

**■まとめ**

GHQは、自己記入式の質問紙検査であり、他の質問紙検査と同様に回答者の意識的な歪曲の影響を受けやすい。しかし、開発段階においては、この検査の回答結果と専門家による診断的面接との検証を行っている。また、世界で広く使用されており、多様な集団についての数多くの研究成果があり、他の検査との比較検証も多く、毎年増加している。簡便であることから、スコットランドの調査のように、一定の基準で時系列で比較検討ができるという利点も多い。

（大坊郁夫）

**図1　回答欄の例**

| 質問文 | | 回答欄 | | | |
|---|---|---|---|---|---|
| 3 | 元気なく疲れを感じたことは | まったくなかった | あまりなかった | あった | たびたびあった |

4種類の選択肢の内容は質問によって異なる。

**表2　4種類のGHQの健常者と神経症者の区分率、平均値の比較**

| | 区分点 | 健常者 | 神経症者 | 健常者 | 神経症者 |
|---|---|---|---|---|---|
| | | 区分率 | | 平均点±標準偏差 | |
| GHQ12 | 3/4 | 91％ | 75％ | 1.8±1.5 | 6.5± 3.6 |
| GHQ28 | 5/6 | 86％ | 90％ | 2.8±2.3 | 13.9± 6.5 |
| GHQ30 | 6/7 | 85％ | 92％ | 3.3±2.9 | 15.0± 6.4 |
| GHQ60 | 16/17 | 96％ | 80％ | 8.1±5.3 | 29.5±13.5 |

GHQ採点法による得点。中川・大坊 2013 前掲書から作成。
区分点は、健常者と神経症者を推計学的に弁別する閾値を示す。この区分点以上の神経症者数、以下の健常者数の割合を健常者、神経症者の欄に示した。

## 2-11 POMS®、POMS®2

### ■POMSでできること[1]

POMS®（Profile of Mood States）は、気分を評価する質問紙法の一つとして米国で開発された質問紙であり、「回答者がおかれた条件により変化する一時的な気分、感情の状態を測定できる」という特徴がある。[2] POMSは42以上の言語に翻訳され、日本では1980年代から用いられている。現在、その版権は米国のNCS Pearson, Inc.が保有している。POMSは販売がすでに終了し、POMS2（後述）に置き換えられている。

### ■POMS®

**開発の経緯**

POMSは、1950年代終わりから1960年代初めにかけて、ワシントンDCの復員軍人局心理療法研究所において、気分を評価する質問紙法の一つとしてマックネア（McNair, D. M）らによって開発された。[2][3]

[1] 登録商標第6134567号

[2] McNair, D. M., Lorr, M., & Droppleman, L. F. 1971 *Profile of Mood States*. San Diego: Educational and Industrial Testing Service.

[3] 横山和仁・荒記俊一 1994『日本版POMS手引』金子書房

日本語版ＰＯＭＳは、横山和仁《よこやまかずひと》らが作成し、標準化を行った。[4] １９９４年に金子書房から出版された日本語版ＰＯＭＳ 65項目版は、２００５年に出版された日本語版ＰＯＭＳ短縮版と合わせて、臨床、職場、学校など様々な方面で活用されている。[5]

### 検査の内容

ＰＯＭＳは、ＳＤＳが抑うつのみ、ＭＡＳが不安のみを測定するのとは異なり、「緊張－不安（Tension-Anxiety）」「抑うつ－落込み（Depression-Dejection）」「怒り－敵意（Anger-Hostility）」「活気（Vigor）／活気－活力（Vigor-Activity）」「疲労（Fatigue）／疲労－無気力（Fatigue-Inertia）」および「混乱（Confusion）／混乱－当惑（Confusion-Bewilderment）」の6つの気分尺度を同時に測定できる。[2]

マックネアらによれば、期間を限定して「過去1週間」の気分、感情について質問するのは、回答者のある生活場面における典型的かつ持続的な気分を表すのに十分長く、かつ短期間の治療効果を反映するのにちょうどよい短さであると説明している。[1] 回答者の「状態」を「傾向」から区別することが可能とされ、さらに「現在」、「今日」または「この3分間」などの実施者による設定もできることから実施しやすい利点がある。

ＰＯＭＳの利用例としては、神経症、人格障害、アルコール依存症等の疾患による気分・感情の変調、がん患者のＱＯＬ、産業ストレス、疲労など幅広い分野の健康問題の評価が可能である。具体的には、①精神障害の治療経過を評価する、②がん・

[4] 横山和仁ほか 1990「ＰＯＭＳ（感情プロフィール検査）日本語版の作成と信頼性および妥当性の検討」『日本公衆衛生雑誌』37, 913–918.

[5] 横山和仁・下光輝一・野村忍（編）2002『診断・指導に活かすＰＯＭＳ事例集』金子書房

難病などの身体疾患のある人々がどのような気分、感情の状態でいるかを評価する、③学校・職場などで気分、感情に変調のある人をスクリーニングする、④ストレス緩和、リラクゼーション、マインドフルネスなどの効果を測定する、⑤運動時の気分への影響やスポーツ競技中における気分の測定などの活用が考えられる。[5]

## ■POMS®2

### 開発の経緯

POMS2（Profile of Mood States 2nd Edition）は、POMSの再標準化、再検証および再正規化を経て、2012年にヒューカート（Heuchert, J. P.）とマックネアによって出版された。[6] POMS2では、過去50年間にわたって利用されてきたPOMSの尺度が改訂され、体系的な分析と緻密な予備研究を経て、時代遅れとなった項目が新しい項目に置き換えられている。[6] 版権は、現在NCS Pearson, Inc.が保有している。日本語版は金子書房より出版され、その妥当性・信頼性およびPOMSとの換算式は、POMS2日本語版マニュアル補助資料[7]に示されている。

### 検査の内容

POMS2では、構成項目の見直しが行われ、従来の6つの尺度に「友好（Friendliness）」の尺度が追加された。また、成人用と青少年用が作成され、それぞれに全項目版（POMS2成人用：POMS2-A、POMS2青少年用：POMS2-

[6] 横山和仁（監訳）・渡邉一久（協力）2015『POMS2日本語版マニュアル』金子書房（原著 Heuchert, J. P. & McNair, D. M. 2012 *Profile of Mood States: Second Edition (POMS-2)*. New York: Multi-Health Systems Inc.）

[7] 横山和仁（監修）2017『POMS2日本語版マニュアル補助資料：日本語版POMS（旧版）との相関分析および換算式』金子書房

Y）と短縮版（POMS2成人用短縮版：POMS2-A短縮版、POMS青少年用短縮版：POMS2-Y短縮版）の合計4種類があり、回答者に応じて選択できる（青少年と60歳以上の集団にも利用できる）。「友好（Friendliness）」が追加されたことで、対人関係の影響を考慮できる内容である。短縮版は、スクリーニングや短時間のアセスメントに使用できる。なお、検査用紙紙版に加えて2022年4月よりオンライン日本語版が金子書房により販売されている。

■まとめ

POMSの利用者は、医師、心理専門家（臨床心理士・公認心理師）、保健福祉領域専門家（精神保健福祉士・保健師・看護師）、職場や学校のメンタルヘルス業務従事者、神経・精神・行動科学領域の研究者など幅広い人々を含んでいる。また、個人が自分自身の気分、感情のモニタリングに利用することも可能である。その場合、正常値との比較だけでなく、ある間隔をあけて繰り返し実施することで変化の傾向を測定することもできる。しかし、気分、感情は回答者の属性や置かれている状況に影響を受けるので、結果の解釈は慎重に行う必要がある。また、購入には資格要件があり[8]、実施、採点および結果の解釈は認められている原則に従っていることが求められている。

〔浦川加代子・横山和仁〕

[8] 米国教育学会（AERA）・米国心理学会（APA）・全米教育測定協議会（NCME）の3団体が定めた基準によるLevel Bに相当する資格が必要。詳細は金子書房のHP（https://www.kanekoshobo.co.jp/news/n33998.html）を参照。

## 2-12 ビッグファイブ（性格の5因子）とその測定（NEO 性格検査）

### ■性格検査の成り立ち

#### 性格研究における特性論の発展

近年、人間の性格特性を5つの側面から測定、評価する**ビッグファイブ**（Big Five）と呼ばれる枠組みが広く受け入れられ、さまざまな分野で活用されている。現在のビッグファイブモデルの基礎となったのは、主にゴールトン（Golton, F.）が提唱し、後年、語彙仮説[1]（lexical hypothesis）と呼ばれるようになった枠組みである。語彙仮説では、性格に基づく行動の特徴は人間が社会生活をおくる上で重要であるため、言語化され表現されるようになると考える。つまり、人間が使う言葉の中に、性格を表現する形容詞や形容動詞が存在するので、それらを分類し整理すれば、性格を表現する軸が明らかになると考えるのである。この仮説に基づき、オルポート（Allport G. W.）は、1930年代に英語の辞書から人間の性格を表す4504個の単語リストを抽出した。彼はまた、人間の性格はいくつかの特性とその強さで評価できるとする特性論を提案している。

［1］Galton, F. 1884 Measurement of character. *Fortnightly Review* 36, 179-182. https://galton.org/essays/1880-1889/galton-1884-fort-rev-measurement-character.pdf

以降、単語リストを因子分析を用いて集約することで性格の中核になる概念を把握する研究が行われた。また、並行して性格をいくつかのタイプに分類する類型論から発展した、性格測定のための質問項目も開発された。1949年に発表され現在も利用されているキャッテル（Cattell, R. B.）による**16P-F**人格検査[2]は両者を融合し、質問項目文によって16領域の性格特性を測定し、その高低の組み合わせで類型化するものである。

## 5因子モデルの活況

性格特性に関する研究はミシェル（Mischel, W.）による、測定された性格特性と具体的な行動との相関が高くないこと、パーソナリティよりも個人がおかれた状況の方が行動の予測に有用であるという知見に基づく批判[3]などから1970年代以降には研究の停滞が見られた。そのような状況においても、因子分析を用いて性格特性の中核概念を集約する試みは続けられた。1990年にゴールドバーグ[4]（Goldberg, L. R.）の形容詞を用いた研究によって5因子が確認されたのを皮切りに、以降は複数の研究者によって人間の性格特性の包括的な把握が、5つの特性次元で可能であることが報告された。日本においても、性格特性が5因子に集約できることを報告している[5]。

これらの形容詞を利用した方法とは異なり、コスタ（Costa, P）とマックレー（McCrae, R. R.）は、アイゼンクパーソナリティ検査（EPI）などそれまでに開発されてきた、文章を用いた性格検査の質問文の分類整理を行い、1985年にNEO-

[2] 現在日本では、2005年に渡辺《わたなべ》直登《なおたか》による日本語版16PFパーソナリティ質問紙（第5版）が刊行されている。

[3] Walter, M. 1968 *Personality and Assessment*. John Wiley & Sons.

[4] Goldberg, L. R. 1990 An alternative "description of personality": The Big-Five factor structure. *Journal of Personality and Social Psychology, 59*, 1216–1229.

[5] 村上宣寛・村上千恵子 1997「主要5因子性格検査の尺度構成」『性格心理学研究』6, 29–39.／柏木繁男・和田さゆり・青木孝悦 1993「性格特性のBIG FIVEと日本語版ACL項目の斜交因子基本パターン」『心理学研究』64, 153–159.／辻平治郎 1993「性格の5因子モデル：その構成概念の検討」『甲南女子大学人間科学年報』18, 3–15.

ＰＩ（後述）を発表した。その後、大規模調査や疫学研究において5因子性格検査が組み入れられることが多くなり、10項目で5因子が評価できるＴＩＰＩ[6]（Ten Item Personality Inventory）、その日本語版[7]も開発されている。

## ■5因子性格検査の実際

### 5因子モデルの構造

5因子の性格特性の構成概念と命名は、研究者によって若干異なるが、おおむね一致している。それらは、情緒に関する側面で、不安やストレスに対する脆弱性から構成される**神経症傾向**（neuroticism）、社会的な活動の側面で、人付き合いの良さや支配性から構成される**外向性**（extraversion）、経験への開放性とも呼ばれるように、知的好奇心や芸術的な興味、新しいアイデアの受け入れ易さなどから構成される**開放性**（opennes）、行動の統制に関する側面で、生産性や計画性や自己鍛錬から構成される**誠実性**（conscientiousness）、人との関係性に関わる側面で、他者への信頼、協調性や思いやりなどから構成される**親和性／親密性**（agreeableness）の5側面である。

なお、構造を階層的にとらえると、よりまとまった上位因子、細分化された下位因子が想定されている。代表的な上位因子として、神経症傾向、親和性、誠実性の因子を束ねる「**α**」と外向性と開放性を束ねる「**β**」が見出されている。前者はさまざまな行動の安定した継続に関する評価、後者は認知的な柔軟性を評価する側面だと

[6] Gosling, S. D., Rentfrow, P. J., & Swann, W. B., Jr. 2003 A very brief measure of the Big Five personality domains. *Journal of Research in Personality*, 37, 504–528.

[7] 小塩真司・阿部晋吾・カトローニピノ 2012「日本語版Ten Item Personality Inventory（TIPI-J）作成の試み」『パーソナリティ研究』21, 40–52.

考えられている。さらに、上位概念として単一の因子を想定できるとする見解もある。下位の因子の数に関しては、研究者によって異なるが、次項で紹介するNEO-PI-Rでは、それぞれの因子に対して6つの下位因子を想定している。

### コスタとマックレーによるNEO-PI-R性格検査

**NEO-PI**(ネオ性格検査)は、現在使われているビッグファイブ性格質問紙のなかで最も広く利用されている。これまで、日本語を含む40の言語に翻訳され、多言語において5つの因子が再現されることが報告されている。NEOは、米国国立老年学研究所でパーソナリティの加齢発達の研究を行っていたコスタとマックレーによって開発された。名前の由来は、NEOが当初3つの次元、すなわち神経症傾向(N)、外向性(E)、開放性(O)から構成されていたことに由来する。NEOは、初期のバージョンとしてNEO-I、およびNEO-PIが存在するが、完成版は1992年に心理検査の販売会社PARから発売されたNEO-PI-Rである[8]。NEO-PI-Rは、神経症傾向、外向性、開放性、誠実性、親和性の5つの因子と各次元に6つの下位次元が存在する。NEOでは上位次元を**ドメイン**(domain)とよび、下位次元を**ファセット**(facet)とよぶ。各ファセットは8項目からなり、全240個の質問項目文で構成される。完成版とそれ以前のバージョンの違いは、完成版では5次元すべてに6つのファセットが整備されているのに対して、NEO-PIでは、誠実性と親和性2つ、親密性2つの次元に関して、下位次元が整備されてい

[8] 下仲順子・中里克治・権藤恭之・高山緑1998「日本版NEO-PI-Rの作成とその因子的妥当性の検討」『性格心理学研究』6, 138–147.

ない点である。なお、NEOには、自己評価用の項目からなるForm Sと他者評価用のForm Rが存在し、よく相手のことを知る夫婦では両者の一致率は高いことが報告されている。また、60項目からなる5つの次元のみ評価可能なNEO-FFIも並行して開発されている。NEOはその後、項目文の理解が難しいことなどから、38項目を入れ替え、子どもなど読解力が低い対象にも適用できるように改良されたNEO-PI-3、およびその短縮版のNEO-FFI-3[9]が開発されている。

**NEO性格検査における因子の構造**

NEOには、5ドメイン×6ファセット合計で30のファセットレベルでの評価次元が存在する。それらは神経症傾向（不安、敵意、抑うつ、自意識、衝動性、傷つきやすさ）、外向性（温かさ、群居性、断行性、活動性、刺激希求性、よい感情）、開放性（空想、審美性、感情、行為、アイデア、価値）、調和性（信頼、実直さ、利他性、応諾、慎み深さ、優しさ）、誠実性（コンピテンス、秩序、良心性、達成追求、自己鍛錬、慎重さ）、である。これらのファセットを見ると5因子に集約されてはいるが、それらの軸にはある程度広がりがあることがわかるだろう。

## ■具体的な研究における知見

性格特性を5つの次元で包括的に把握できるようになったこと、大規模調査や縦断調査において性格傾向が職業での成功、円滑な社会生活の遂行、健康や長寿など

[9] NEO-PI-R & NEO-PI-3 (PPM & NPM Scales) (Costa Jr., P. T., & McCrae, R. R. 2010 Bridging the gap with the five-factor model. *Personality Disorders: Theory, Research, and Treatment*, *1*, 127-130.)

# 通信用カード

■このはがきを，小社への通信または小社刊行書の御注文に御利用下さい。このはがきを御利用になれば，より早く，より確実に御入手できると存じます。
■お名前は早速，読者名簿に登録，折にふれて新刊のお知らせ・配本の御案内などをさしあげたいと存じます。

お読み下さった本の書名

通 信 欄

## 新規購入申込書

お買いつけの小売書店名を必ず御記入下さい。

| | | |
|---|---|---|
| (書名) | (定価) ¥ | (部数) 部 |
| (書名) | (定価) ¥ | (部数) 部 |

(ふりがな)
ご 氏 名　　ご職業　　(　　歳)

〒　　Tel.
ご 住 所

e-mail アドレス

| | | |
|---|---|---|
| ご指定書店名 | 取次 | この欄は書店又は当社で記入します。 |
| 書店の住　所 | | |

郵 便 は が き

恐縮ですが、
切手をお貼り
下さい。

101-0051

（受取人）

東京都千代田区神田神保町三—九
幸保ビル

新曜社営業部 行

通信欄

さまざまなアウトカムと関係することが相次いで報告されたことなどから、ビッグファイブ性格検査は多くの疫学研究でも利用されるようになっている。**Power of personality**と題された論文[10]では、個人の社会経済的状態、知能、といったよく知られた要因と性格特性のアウトカムに対する予測力は同等であると報告されている。

ただし、5つの因子を評価することで、アウトカムに至る詳細な経路を把握しきれないことがある。NEO性格検査を例に挙げると、簡便性の観点から多くの研究で、短縮版のNEO-FFIが利用される。しかし、ファセットを含めて評価するほうが性格特性と具体的な行動との関連が明確になる。ルイズ（Ruiz, M. A.）らの飲酒との関係を検討した研究[11]では、ドメインレベルでは、神経症傾向が高い、誠実性が低いと飲酒の頻度が増えるという結果が得られた。さらにその関係は、神経症傾向よりもファセットレベルの衝動性で強かった。さらにドメインレベルでは外向性との関係は見られなかったが、ファセットレベルでは群居性、刺激希求性が関連していた。

長寿との関係では、神経症傾向は一貫した結果が得られない。その背景として神経症傾向には、健康への気遣いと負の関係にある不安と、飲酒や喫煙[12]と正の関係が見られる衝動性という相反する行動を誘発すると考えられる2つの下位側面がある。これらを神経症傾向として一つの次元で捉えると、両者の効果が相殺され、明確な関係が見いだせない可能性もある。ビッグファイブを用いた研究では、アウトカムとその背景に存在する下位因子との関係も想定して考察する必要があるだろう。〔権藤恭之〕

[10] Roberts, B. W., Kuncel, N. R., Shiner, R., Caspi, A., & Goldberg, L. R. 2007 The power of personality: The comparative validity of personality traits, socioeconomic status, and cognitive ability for predicting important life outcomes. *Perspectives on Psychological Science, 2*, 313–345.

[11] Ruiz, M. A., Pincus, A. L., & Dickinson, K. A. 2003 NEO PI-R predictors of alcohol use and alcohol-related problems. *Journal of Personality Assessment, 81*, 226–236.

[12] Terracciano, A. & Costa Jr., P. T. 2004 Smoking and the Five-Factor Model of personality. *Addiction, 99*, 472–481.

# 3章　自然×集団に個人を位置付ける
## ――発達

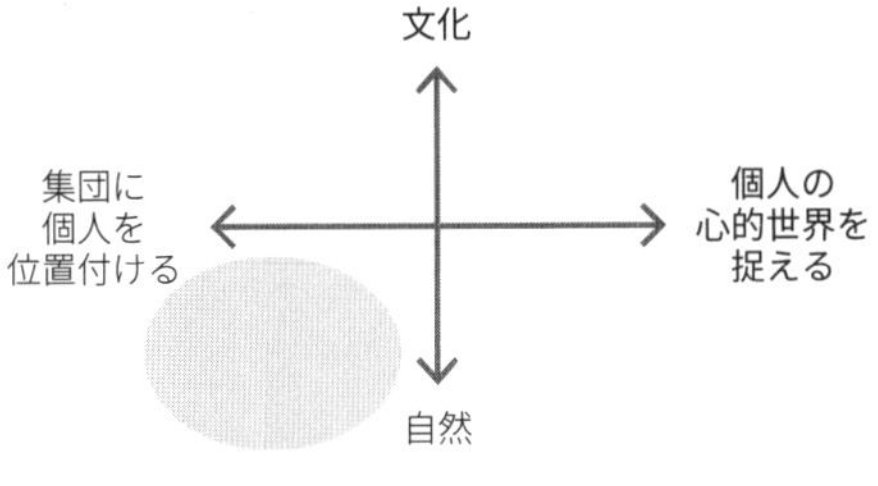

3-1

# 田中ビネー知能検査

## ■田中ビネー知能検査の歴史

### 開発の経緯

1937年のスタンフォード・ビネー法（第2版）を参考にしながら、1947年に田《た》中《なか》寛《かん》一《いち》[1]により開発・発刊されたのが「田中びねー式智能検査法」である。標準化作業は、1938年9月から着手された。予備調査を何度も重ねた末、本調査等すべてが終了したのは、5年後の1943年4月であった。しかし、第二次世界大戦の影響などもあり、この検査法が正式に発刊されたのは1947年であった。

最初の発刊の時点では、田中ビネー知能検査はいくつかある知能検査の一つに過ぎなかった。しかし、1954年に初めての改訂が行われ、田中の死後は、田中教育研究所[2]によって1970年、1987年、2003年と改訂が行われ、問題も適宜、削除、追加がなされ、日本独自のビネー式検査へと育っていった。そして、現在、日本において広く使われている個別式知能検査の一つとして数えられるに至っている。

[1] 田中寛一（1882-1962）。東京文理科大学（現筑波大学）教授。知能検査の開発や教育評価の研究の権威であり、集団式知能検査である田中A式知能検査、田中B式知能検査等を開発。

[2] 田中教育研究所は1948年、教育の科学化の貢献を目的として田中寛一を初代所長として設立された。1959年財団法人として認可され、2012年一般財団法人として新たにスタート。日本における民間の教育研究所としては、最も古い歴史を持つ。

[3] 世界中の30国余の知能検査のデータ（1950～2004年）を分析し、多くの国で時代が新し

## 改訂の必要性

知能検査は定期的な改訂が必要で、それには大きく2つの理由がある。時代の変化とそのことに伴う受検者の変化である。このことをよく表す研究として、フリンの研究[3]が有名である。時代によって同じ年齢域における受検者の得点の変動が見られるとすれば、その時代に生きる人を対象としてデータを収集し、そのデータに基づき、物差しのメモリづけを行うという「標準化の作業」を適宜行う必要がある。そうでないと、例えば、30年前の子どものデータに基づいてつけたメモリを持つ物差しで今の子どもの知能の発達状況を測定することになる。

また、時代の変化は、それまで適切であった問題そのものを使えなくすることがある。例えば、田中ビネー知能検査の1987年版に図1に示されるような絵カードを示し、「どこがどのように変なのか」答えてもらう「絵の不合理」の問題があった。正答は「ノコギリの刃を逆にして切っている」であるが、2003年版ではこの絵カードは別の絵カードとなった。多くの家庭からノコギリが消え、子どもにとって知らない、馴染みがなくなったことによる。このように検査問題を「物差し」に例えるならば、物差しの一部を時代の変化に伴って、変えていく必要がある。

田中ビネー知能検査は、その発刊以来、問題の内容、絵カードや図版、正答基準、合格基準等を見直し、適宜、新作問題も含めて問題の入れ替えを行い、その時々で大規模な標準化を行い続けている。

**図1　「絵の不合理（ノコギリ）」問題の絵カード**（1987年版）

くなるにつれてテスト問題の達成率が上がり、結果として、ＩＱの値が上昇していることが見出された。J.R.フリン／水田賢政（訳）、斎藤環（解説）2015『なぜ人類のＩＱは上がり続けるのか？：人種、性別、老化と知能指数』太田出版 ／ Flynn, J. R. 1984 The mean IQ of Americans: Massive gains 1932 to 1978. *Psychological Bulletin, 95*(1), 29–51. / Flynn, J. R. 1987 Massive IQ gains in 14 nations: What IQ tests really measure. *Psychological Bulletin, 101*(2), 171–191. フリン効果については本書３－２も参照。

## ■田中ビネー式知能検査V（2003年版）の特徴

　ここでは、最新版である田中ビネー式知能検査V（2003年版）に基づき、その特徴について説明していく。

### 検査の特徴

　田中ビネー知能検査Vの特徴は、①2歳～成人の幅広い年齢を対象、②現代の子どもの発達に適した尺度、③1987年版をほぼ踏襲、④2～13歳の受検者は従来どおりの知能指数（IQ）および精神年齢（MA）を算出、⑤14歳以上は原則として偏差知能指数（DIQ）を算出（精神年齢は原則として算出しない）、⑥成人の知能を分析的に測定、⑦検査用具の一新（図版のカラー化・用具の大型化）、⑧アセスメントシートの採用、⑨1歳級以下の発達を捉える指標の作成、に集約される。[4]

### 検査の構造

　検査は大きくは、1～13歳級の問題群と成人級の問題群の2つに分かれる。基本的に、2～13歳を対象とする場合、一般知能の測定を行うために、1～13歳級の問題群では「論理的思考」「言語」「記憶」「数」「知覚」など、多面的な96問よりなる問題が準備されている。14歳以上の場合、知能の分化が明確であるため、「結晶性」「流動性」「記憶」「論理推理」という4つの領域から分析的に知能の測定が行われる。そのため、成人級の問題群ではそれぞれの領域を構成する17の問題が準備されている。[5]

［4］一般財団法人田中教育研究所（編）、杉原一昭・杉原隆（監修）、中村淳子・大川一郎・野原理恵・芹沢奈菜美（編著）2003『田中ビネー知能検査V：理論マニュアル・実施マニュアル・採点マニュアル・記録用紙』田研出版

［5］具体的な検査問題の構成については、田中教育研究所 2003 前掲注［4］、大川一郎・中村淳子「田中ビネー」下山晴彦（編集主幹）2019『公認心理師技法ガイド』文光堂を参照されたい。

## ■実施の方法

検査を実施するにあたっては、「検査用具」「マニュアル（理論・実施・採点）」「記録用紙」他が必須となる。これらを用いて検査を実施することになるが、田中ビネー知能検査の一般的な実施方法は、以下の通りである。[6]

### ①検査の開始と打ち切り

生活年齢2歳0か月～13歳11か月の場合：受検者の生活年齢に等しい年齢級から開始し、1つでも合格できない問題があったら、下の年齢級へ下がって、全問題を合格する年齢級（基底年齢とする）まで行う。基底年齢が確定できたら、上の年齢級に進み、全問題が不合格になる年齢級（上限年齢とする）まで問題を実施していく。全問題が不合格になった時点で、検査を終了する。13歳級の問題までいき、1問でも合格があった場合、成人級の問題を全て実施する。

生活年齢14歳0月以上の場合：原則として成人級の17問の問題を全て実施する。通常は下の年齢級に下がって実施することはしない。

### ②「精神年齢・IQ」の算出

検査終了後は、各問題の採点基準に従って合否を判断し、適宜、以下の規定に従い精神年齢（Mental Age：MA）、知能指数を算出することになる。

1～13歳級までで下限年齢級が押さえられた場合：その年齢級プラス1を基底年齢とする。つまり、ある年齢級の問題が全て合格できたならば、その年齢級にはすでに

[6] 田中教育研究所 2003 前掲注[4]、大川・中村 2019 前掲注[5]

達していると考え、1をプラスするのである（例えば、3歳級の問題が全問合格だった場合、ここが下限年齢級となり、基底年齢は4歳0か月になる）。これに加算月数を加える。加算月数は、1歳級から3歳級の問題は、それぞれ12問あるため一問合格するごとに1月を加算する。

4～13歳級はそれぞれ6問の問題があるため、1問合格するごとに2月を加算する。例えば、3歳級の問題が5問、4歳級の問題が3問、5歳級の問題が1問合格であれば、1月×5か月＋2月×4か月＝13か月を基底年齢に加算することになる。知能指数は公式に基づき、月齢に計算し直した生活年齢を精神年齢で除して、小数点以下を四捨五入して算出する。また必要に応じて、ＤＩＱも公式に基づき算出される。

14歳以上の場合（成人級）：基本的には成人級の問題だけでの結果の集計となる。成人級の場合、精神年齢は算出されず、下位検査の得点に基づき評価点を算出し、さらに4領域ごとの評価点合計に基づき領域別のＤＩＱおよび総合ＤＩＱが算出される。

実施が1～13歳級と成人級にまたがった場合：1～13歳級における基底年齢と加算月数に成人級における評価点合計から算出された加算月数を加えて、精神年齢を算出することになる。知能指数の算出は、1～13歳級に準じる。

## ■まとめ：検査結果をどう活かしていくのか

筆者らは、田中ビネー知能検査の改訂に１９８７年版から関わってきている。検査の実施や、また、改訂にあたり常に念頭にあるのは、ビネーが述べている「自分の作った尺度の意図はレッテルを貼るためではなく、手を差しのべ、改善するために特定すること」であるという知能検査開発の目的である[7]。

個別式知能検査を何のために実施するのか。田中ビネー知能検査に限らず、知能検査の実施には時として1時間以上の時間を要する。その間、検査者と受検者は知能検査を介して一対一で向かい合うことになる。検査者は、検査中は問題に対する回答はもちろんのこと、それ以外にも受検者の反応を観察し、気になる反応があれば記録用紙に逐次記録をとることが重要となる。

合否の情報だけではなく、それぞれの問題に対してどのような回答をしたのか、その時の様子はどうだったのか等、検査中の受検者の様子全てが、その理解のための重要な情報となる。田中ビネー知能検査においては、これらの情報の分析を大きく「知能指数ＩＱ・精神年齢ＭＡに基づく分析」「合格問題・不合格問題に基づく全体的分析」「各問題に対する分析」「行動観察の記録等からの分析」の4つの観点から行っていく。受検者と向かい合って得られた多面的な情報を分析し、個人の知能の発達状態の特徴を理解し、その理解の上に立って、どのような対応を具体的に行っていったらいいのか、そのヒントを検査結果から得ていくのである。個別式知能検査をただ数値を出すためにだけ使うのは、あまりにもったいない。

（大川一郎）

[7] 中村淳子・大川一郎 2003「田中ビネー知能検査の歴史」『立命館人間科学研究』6, 93–111.

# 3-2 ウェクスラー式知能検査（WAIS、WISC、WPPSI）

## ■ウェクスラー式知能検査とは

米国の心理学者ウェクスラー（Wechsler, D.）によって開発された知能検査の総称。検査者一名に対し受検者も一名で個別に実施し、検査者が出題した問題に受検者が回答する。日本国内のみならず世界的にみても代表的な知能検査であり、30以上の国や地域で使用されている。

現在は、対象年齢の異なる3種類の検査が存在する。すなわち、幼児から小学校低学年にかけて用いられるWPPSI《ウィプシ》[1]、就学前後から高校生にかけて用いられるWISC《ウィスク》[2]、青年期以降に用いられるWAIS《ウェイス》[3]である。

## ■歴史と理論的背景

### 開発および改訂の歴史

最初に刊行されたのは、1939年のウェクスラー・ベルヴュー知能検査であり、ウェクスラーがベルヴュー精神病院の主任サイコロジストであった時期に開発され

[1] Wechsler Preschool and Primary Scale of Intelligence

[2] Wechsler Intelligence Scale for Children

[3] Wechsler Adult Intelligence Scale

た。その後、1949年にWISC、1955年にWAIS、1967年にWPPSIが刊行され、現在と同じ3検査体制が調った。

一般的に知能検査では、古くなると多くの検査問題で難易度が変化し、それに伴って信頼性、妥当性が低下してくることから、定期的に改訂される必要がある。ウェクスラー式知能検査の場合その改訂は、図1に示した通り、WISC、WAIS、WPPSIの順で進められてきた。世の中の変化が速くなるにつれ、最近では検査改訂の間隔も短くなっている。

2022年現在、WISCは第5版WISC-Ⅴ《ファイブ》が最新であり、WAISおよびWPPSIは第4版WAIS-Ⅳ《フォー》、WPPSI-Ⅳが最新版である。なお、WPPSI-RおよびWPPSI-Ⅳは米国版のみであり、日本版は刊行されていない。

## 個人内差の測定と標準得点の採用

ウェクスラー式知能検査が登場した1939年当時、米国における代表的な個別実施式知能検査はスタンフォード・ビネー知能検査であり、これは全体的な知的水準をIQという単一指標で表す検査であった。これに対しウェクスラー・ベルヴュー知能検査では、下位検査と呼ばれる十数種類の課題のバッテリーという形式が採用された。これにより、全体的な知的水準を示すIQだけでなく、領域別の能力水準、すなわち知能の個人内差を知ることができるようになった。

下位検査の得点（評価点[4]という）における個人内差以上に注目されたのは、そ

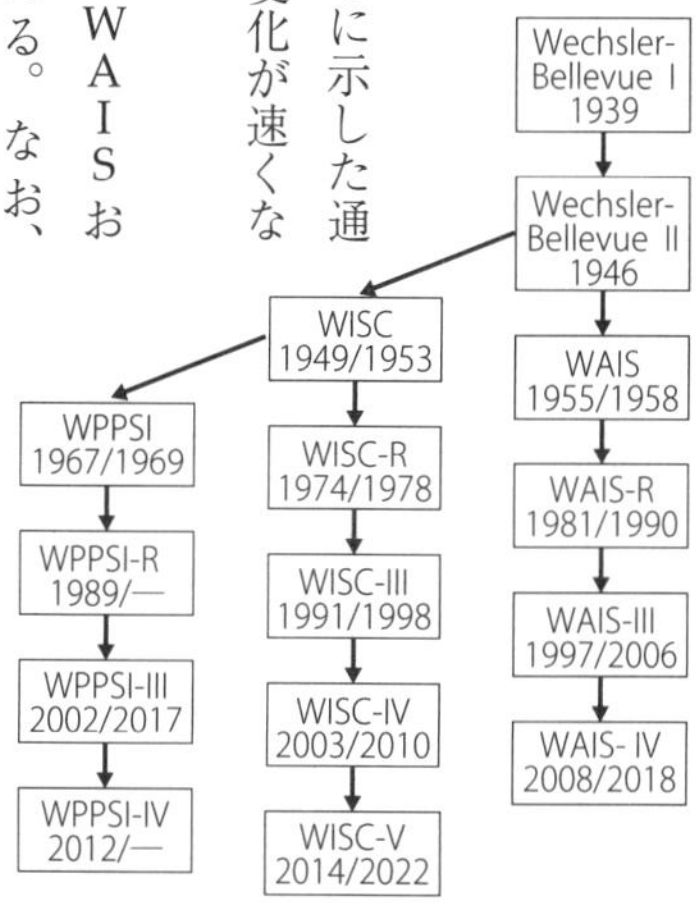


**図1 ウェクスラー式知能検査改訂の歴史**

左列は幼児～小学校低学年用のWPPSI、中央は就学前後～高校生用のWISC、右列は青年期以降用のWAIS。年号の左は米国版刊行年、右は日本版刊行年、〝—〟は刊行されていないことを示す。

[4] Scaled Score

れらを集計して算出される言語性ＩＱ、動作性ＩＱという得点であった。これはＷＰＰＳＩ－Ⅲまで使用されたが、ＷＩＳＣ－Ⅳ以降廃止になっている。[5]

統計技術とコンピュータの発展に伴い、下位検査を集計した得点として、因子分析を根拠とした指標得点[6]が登場した。これはＷＩＳＣ－Ⅲから導入され、ＷＩＳＣ－Ⅳ以降は言語性ＩＱ、動作性ＩＱに代わって、検査結果解釈の中心になっている。日本版ＷＰＰＳＩ－Ⅲ、ＷＩＳＣ－Ⅳ、ＷＡＩＳ－Ⅳで用いられている指標得点は、言語理解指標[7]、知覚推理指標[8]、ワーキングメモリー指標[9]、処理速度指標[10]である。ＷＩＳＣ－Ⅴでは知覚推理指標が分割され、視空間指標[11]、および流動性推理指標[12]になっている。

個人内差を示すためには、下位検査の評価点どうし、あるいは言語性ＩＱと動作性ＩＱ、あるいは指標得点どうしを比較する必要がある。そのため、ウェクスラー式知能検査の得点では、正規分布を仮定した標準得点が採用されている。すなわち、下位検査の評価点は平均10、標準偏差３で統一されており、また、全検査ＩＱ、言語性ＩＱ、動作性ＩＱ、指標得点は、平均１００、標準偏差15で統一されている。

## 知能検査の役割の変化

20世紀における知能検査の主たる役割は、知的障害や学習障害の判定であった。すなわち、ＤＳＭ－ⅣやＩＣＤ－10といった診断基準では、知的障害の診断や程度の目安としてＩＱの数字が明示されていた。また、学習障害の場合は、知能と学力の乖

[5] 日本版ではＷＡＩＳ－Ⅲまで使用され、ＷＰＰＳＩ－Ⅲ以降廃止。

[6] Index Score; 日本版ＷＩＳＣ－Ⅲ、ＷＡＩＳ－Ⅲでは群指数と訳された。

[7] Verbal Comprehension Index : VCI

[8] Perceptual Reasoning Index : PRI

[9] Working Memory Index : WMI

[10] Processing Speed Index : PRI

[11] Visual Spatial Index : VSI

[12] Fluid Reasoning Index : FRI

離によって判定するディスクレパンシー・モデルが主流であり、このうち知能はＩＱによって示された。

これに対し、21世紀になると、知能検査は判定道具ではなくなった。すなわち、知的障害の診断や程度の判断には適応が重視されるようになり、もちろん知能も適応のための重要な要素の１つではあるが、ＤＳＭ‐５などの診断基準ではＩＱの数字は明示されなくなった。また、学習障害の場合は、知能と学力に乖離が生じるより前に早期発見することが求められる時代になった。

今日の知能検査に求められる役割とは、学習障害（ＤＳＭ‐５では限局性学習症）などの問題の原因メカニズムを明らかにするとともに、受検者の能力特性に基づいて的確な支援を導き出すことである。そして、それを実現するためには、理論とエビデンスが重要である。そのためウェクスラー式知能検査では、ＷＰＰＳＩ‐ⅣやＷＩＳＣ‐Ｖ以降、ウェクスラーによる知能理論のみならず、より普遍的な新しい知能理論を取り入れることになり、次に述べるＣＨＣ理論に準拠するようになった。また、従来の下位検査に代わってエビデンスのある下位検査が採用されるとともに、障害種別の得点パターンがエビデンスとしてマニュアルに示されるようになった。

### ＣＨＣ理論への準拠

20世紀の終わりに**ＣＨＣ理論**[13]が登場すると、知能検査の多くはこの理論に準拠して作られるようになった。ＣＨＣ理論とは知能因子理論の集大成である。この理論に

［13］Cattell–Horn–Carroll theory of cognitive abilities : McGrew, K. S. 1997 Analysis of the major intelligence batteries according to a proposed comprehensive CHC framework. In D. P. Flanagan, J. L. Genshaft, & P. L. Harrison (Eds.) *Contemporary intellectual assessment: Theories, tests and issues* (pp.151–180). Guilford Press.

準拠することにより、各知能検査が測定する知能領域と測定できない知能領域が明確になり、また、測定できない知能領域を測定する他の検査を見つけるのが容易になることが期待できる。さらに、検査結果を解釈する際に、複数の検査を共通の理論的基盤で解釈できるというメリットもある。ウェクスラー式知能検査では、WPPSI-Ⅳ以降、このCHC理論に準拠して検査が作成されるようになっている。すなわち、CHCにおける10種類の広域能力[14]のうち5つに対応するよう指標得点が整備された。

[14] broad abilities

## ■各検査の概要

### WPPSI

日本版の最新版は、第3版WPPSI-Ⅲ。2歳6か月～3歳11か月は5つの下位検査で構成され、うち4つが実施必須の基本検査である。基本検査の所要時間は40分。一方、4歳0か月～7歳3か月は14の下位検査で構成され、うち全検査IQの算出に必要な下位検査が7つ、指標得点の算出に必要なのが8つである。8つの下位検査の所要時間は50～70分。2歳6か月～3歳11か月では、全検査IQの他に言語理解指標、知覚推理指標が算出され、4歳0か月～7歳3か月ではこれに加えて処理速度指標が算出される。

### WISC

米国版、日本版ともに、最新版は第5版WISC-V。日本版では5歳0か月[15]～16

[15] 米国版は6歳0か月

歳11か月を対象とする。全検査ＩＱの他に、言語理解、視空間、流動性推理、ワーキングメモリー、処理速度という５つの主要指標得点と、量的推理、聴覚ワーキングメモリー、非言語性能力、一般知的能力、認知熟達度という５つの補助指標得点が算出される。主要指標得点は、ＷＩＳＣ-Ⅲ、ＷＩＳＣ-Ⅳの伝統を継承しつつ、ＣＨＣ理論に準拠したものである。

ＷＩＳＣ-Ⅴの中核部分は16の下位検査で構成され、うち７つを実施すれば全検査ＩＱが算出でき、さらに３つ追加して10の下位検査を実施すれば５つの主要指標得点すべてを算出できる。この主要指標算出に必要な10の下位検査を主要下位検査と呼び、実施の所要時間は60～80分である。

中核となる16の下位検査とは別に、「貯蔵と検索」という新しい指標を算出するためのオプションの下位検査が５つあるが、日本版では2022年現在まだ作成中である[16]。この貯蔵と検索指標は、限局性学習症の原因メカニズムを調べるためのもので、受検者が限局性学習症であるか否かを確認するために利用される。

### WAIS

米国版、日本版ともに、最新版は第４版ＷＡＩＳ-Ⅳ。16歳０か月～90歳11か月を対象とする。15の下位検査で構成され、うち10が実施必須の基本検査。基本検査の所要時間は60～80分。全検査ＩＱの他に言語理解、知覚推理、ワーキングメモリー、処理速度という４つの指標得点が算出される。

〔大六一志〕

[16] ＷＩＳＣ-Ｖのもう一つの特徴として、タブレット端末で実施できるようになったことがあげられるが、こちらも日本版では2022年現在まだ作成中である。

# 3-3 グッドイナフ人物画知能検査（DAM）

## ■グッドイナフ人物画知能検査とは

1926年に米国のグッドイナフ（Goodenough, F. L.）は、子どもの人物画について年齢による明細化過程を整理し、標準化を試みた。[1] そして、人物画検査（Draw-A-Man Test）を発表し、子どもの知的発達レベルの測定に利用した。描画を用いた非言語性の検査ではあるが、一般に用いられている知能検査（ビネー知能検査）との相関も高く（.76）、信頼性も.80～.90と高レベルであり、広く用いられることになった。

## ■日本における展開

桐原葆見《きりはらしげみ》は2～14歳までの3347名を受検者として標準化を行い、ビネー・シモン法との相関が8歳頃までは高い水準にあることを明らかにした。[2] しかし、9歳以上となると相関は低下することを示した。

小林重雄《こばやししげお》と小野敬仁《おのよしひと》は桐原の研究を追試し、信頼性・妥当性が低下していることを明らかにし、新しい観点での再標準化の必要性を唱えた。[3] 再検討を進めるにあたっ

[1] Goodenough, F. L. 1926 *Measurement of intelligence by drawings*. New York: World Book Co.

[2] 桐原葆見 1930「児童画による幼児の精神発達測定」『児童研究所紀要』13, 777–818.

[3] 小林重雄・小野敬仁 1965「人物画検査の検討」『日本心理学会第29回大会発表論文集』364–365.

ては、服装などの時代変化、男女差（女児の得点が高い）、採点項目と配列などについて焦点が当てられた。標準化には幼児710名、学齢児1173名（合計1883名）が用いられ、『グッドイナフ人物画知能検査ハンドブック』として公刊され、広く利用されることになった。[4]

当初の研究、木舩憲幸《きふねのりゆき》[5]や真田英進《さなだつねのぶ》[6]のDAMと他の知能検査との相関については、木舩[5]による田中・ビネーとの間で.64、真田[6]によるWISCとの間では言語性で.64、動作性で.73といった高レベルの妥当性が示されていた。ところが、標準化が行われ30年以上も経過すると、加藤寿宏《かとうとしひろ》と山田孝《やまだたかし》[7]、川越奈津子《かわごえなつこ》[8]らにより、他の検査との相関の低下や女児の得点が有意に高いことが報告されることになり、再標準化の要請が強く求められることになった。そこで、3〜10歳の1720名のサンプルを基に再標準化が進められ、小林重雄《こばやししげお》と伊藤健次《いとうけんじ》により『DAMグッドイナフ人物画知能検査ハンドブック新版』として公刊に至った。[9]

## ■検査の内容

### 人物画検査

人物画は子どもが好んで描出するものであり、年齢の増加に伴って明細化が進むことが知られている。人物像の部分が増え、部分の形が整えられ、各部分間のバランスがとれ、さらに明細化が進む。これらの変容は単に微細運動の発達ばかりでなく、ボ


[4] 小林重雄 1977『グッドイナフ人物画知能検査ハンドブック』三京房

[5] 木舩憲幸 1980「精神薄弱児の人物画知能検査の併存的妥当性に関する研究」『特殊教育学研究』17(3), 50–53.

[6] 真田英進 1980「精神薄弱児における人物画（DAM）知能検査の検討」『佐賀大学教育学部研究論文集』28, 209–215.

[7] 加藤寿宏・山田孝 2010「現代の子どもの人物画」『作業療法』29, 743–752.

[8] 川越奈津子ほか 2011「現代の子どもの描画発達についての研究」『小児保健研究』70, 257–261.

[9] 小林重雄・伊藤健次 2017『グッドイナフ人物画知能検査ハンドブック新版』三京房

ディイメージや全般的な認知発達とも呼応するのである。

人物画検査としては採点・評価が必要とされる。1977年版では採点時間の節約と臨床的利用のため、グッドイナフらと異なって通過率の高い項目から低い項目へと変更し、51項目を時代に合わせて50項目に減らした。そして、それまでに指摘されていた男児と比較して女児の得点が高くなる傾向には、「do your best」、「これで十分と思うまでよく描く」を「しっかりやってね」と変更し、男女差を消去することができた。

### 検査の実施と採点

2017年版では、評価項目の配列を1977年版の通過率によるものから原則的には頭部から足部の配列に修正した。そして、インストラクションは「人をひとり描いてください。頭から足の先まで全部ですよ。しっかりやってね」を踏襲したが、男女差を解消することが困難となったため、得点からMAを算出するのに「男児」と「女児」を別表に示すことにした。

検査の施行にあたっては、消しゴムつきの鉛筆と描画用紙を準備し、前述のインストラクションを提示する。個人検査でも集団検査でも描出された人物像について「男（の子）か女（の子）か」を質問し、女子像の場合には「今度は男（の子）を描いてね」と告げる。制限時間は特に設けない。

## 評価法と結果

採点は男（児）像について15領域に分けた50項目について採点される。記録用紙にはそれぞれの採点基準と採点例が例示した形で示されている。基準をパスした項目の総数が確認できたら、男児用または女児用のMA換算表にて描出画のMAレベルを確認する。そこでDAM-IQが算出され、年齢相応の平均的な人物像の描出がなされているかが明らかとなる。4歳の男児[10]と6歳の女児[11]の人物像とDAM-IQの例をあげる。

## ■まとめ

DAMは体の部分への認知、ボディイメージを含めた各部分の比率、より、明細なパースペクティブや知識をチェックしている。そうした特徴から動作性の認知能力を判定するのに有効とされる。

他の発達検査と比較しての特徴としては、①短時間で済む、②結果の評価が容易、③DQ（発達指数）への換算が容易という点があげられる。他の検査を実施する際の導入として用いるのも有効である。

〔小林重雄〕

[10] 4歳5か月（男児）、得点7（MA4：01）、DAM-IQ：93

[11] 5歳11か月（女児）、得点16（MA5：09）、DAM-IQ：97

# 3-4 K-ABC心理・教育アセスメントバッテリー

## ■K-ABCついて

K-ABC[1]心理・教育アセスメントバッテリーは、2歳6か月~12歳の子ども用の個別式知能検査である。K-ABCの翻訳・翻案版はフランスなど12か国で開発され[2]、1993年に日本版K-ABCが刊行された。2004年米国ではKABC-II[3]が刊行され適応年齢が12~18歳になり、日本版KABC-IIは2013年に刊行された。

## ■著者カウフマン博士夫妻とKABC・KABC-II開発の経緯

K-ABCを開発したカウフマン博士夫妻（Kaufman, A. S., & Kaufman, N. L.）は、個別式知能検査・学力検査の開発と結果解釈において、世界的に著名な学校心理学者である。アラン博士の代表作 *Intelligent Testing with WISC-R*[4] はスクールサイコロジストやクリニカルサイコロジスト養成のスタンダードテキストとなった。カウフマンらは知能検査のプロフィールを解釈して、知能の個人内差を把握することにより、一人ひとりの子どもの得意な認知スタイルに基づく「長所活用型」教育の提案を可能に

[1] Kaufman, A. S., & Kaufman, N. L. 1983 *Kaufman assessment battery for children*. Circle Pines, MN: American Guidance Services.

[2] Kaufman, J. C., & Naglieri, J. A. 2009 Alan S. Kaufman: The effects of one man's extraordinary vision. In J. C. Kaufman (Ed.), *Intelligent testing: integrating psychological theory and clinical practice* (pp.220–233). New York: Cambridge University Press.

[3] Kaufman, A. S., & Kaufman, N. L. 2004 *Kaufman assessment battery for children* (2nd ed.). American Guidance Services.

した。[5] カウフマン夫妻は、1970年代の米国ではウェクスラー式などの知能検査が新しい知能理論を取り入れていないのではないかという問題意識から、神経心理学のルリア理論[6]に基づく検査の開発を考案した。加えて米国では特別支援学級には人口比を越えてアフリカ系米国人が措置されており、それは不公平な知能検査のせいだという批判に応じて、多文化の子どもたちにとっても公平な検査の開発をめざした。

### ■K-ABCの理論と構成

K-ABCの特徴は、①認知処理能力と習得度を分けて測定すること、②認知能力をルリア理論[6]（「継次処理：提示された情報を一つずつ、順番に、時間軸に沿って処理する能力」と「同時処理：提示された複数の視覚情報を全体的・空間的に処理する能力」）から測定することである。認知処理能力と習得度を分けることは、キャッテルとホーンの「流動性知能－結晶性知能」[7]の理論の影響を受けている。[1] 学習面で困難さを示す発達障害等のある子どもの認知能力は、習得度（語彙や算数など）と分けることにより学力の影響を受けずに測定できる。また神経心理学のルリア理論に基づき認知処理の個人内差を継次処理－同時処理で捉えたことにより、検査結果の個別の指導計画への活用を促進した。K-ABCは、認知処理過程尺度、継次処理尺度、同時処理尺度、習得度尺度の4つの尺度（平均が100で標準偏差が15の標準得点）から構成されている。

[4] Kaufman, A. S. 1979 *Intelligent testing with the WISC–R.* New York: John Wiley & Sons. カウフマンは以下2点も刊行している。Kaufman, A. S. 1994 *Intelligent testing with the WISC–III.* New York: John Wiley & Sons. / Kaufman, A. S., Raiford, S. E., & Coalson, D. L. 2016 *Intelligent testing with the WISC–V.* Hoboken, NJ: Wiley.

[5] 藤田和弘・青山真二・熊谷恵子 1998『長所活用型指導で子どもが変わる（特殊学級・養護学校用）：認知処理様式を生かす国語・算数・作業学習の指導方略』図書文化

[6] Luria, A. R. 1966 *Higher cortical functions in man.* Basic Books.

[7] Horn, J. L., & Cattel, R. B. 1966 Refinement and test of the theory of fluid and crystalized intelligence. *Journal of Educational Psychology, 57,* 253–270.

## ■KABC-Ⅱの理論と構成

### KABC-Ⅱの開発

KABC-Ⅱは、神経心理学の枠組みであるルリア理論、およびスピアマン[9]による知能の一般因子理論をルーツにもつ**CHC理論**[8](Cattell–Horn–Carroll theory)の2つの理論を基盤にして開発された。CHC理論は、キャッテルとホーンの「流動性知能-結晶性知能」の理論が拡張され9～10因子になる流れとキャロルの知能に関する大規模な因子分析研究が統合されたものである。CHC理論では、知的能力が「一般能力(g因子)」「広域的能力(「結晶性能力」など尺度で測定)」「限定的能力(「言語発達」など下位検査で測定)」の三層に構造化されている。KABC-Ⅱは継次-同時(処理)による認知処理スタイルを把握する理論を継続させながら、2000年前後から米国で知能理論の主流になったCHC理論を取り入れたのである。

### カウフマンモデル

日本版KABC-Ⅱの構成を示す(図1)。日本版KABC-Ⅱは、「ルリアに基づくカウフマンモデル」を基盤としながら、「CHCモデル」でも結果の解釈を可能としている。[10] まずカウフマンモデルを紹介する。KABC-Ⅱでは、認知処理尺度において、ルリア理論に基づき、K-ABCの継次-同時の尺度に、計画尺度(提示された問題を解決するための方略決定や課題遂行のフィードバックに関する能力)と学習尺度(新たな情報を効率的に学習し、保持する能力)が加えられた。

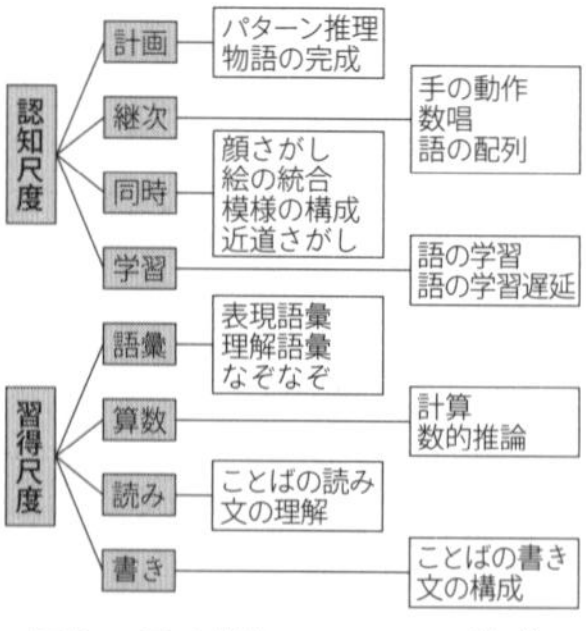


図1　日本版KABC-Ⅱの構成

[8] たとえば、Flanagan, D. P. & Ortiz, S 2001 *Essentials of cross-battery assessment*. New York: Wiley.

[9] Spearman, C. 1904 "General intelligence" objectively determined and measured. *American Journal of Psychology, 15,* 201–293.

ルリアは脳の基本機能を3つのブロックに分類している。[6] ブロックⅠは注意の持続、ブロックⅡは情報のコード化と保持（これが継次処理と同時処理と関係する）、ブロックⅢが行動の計画と組織化である。カウフマンは、心理検査で特別なブロックの機能が測定されるよりも、ブロックの機能の統合が反映された能力が測定されると考えている。[11] 例えば、計画はブロックⅢに関係が強いが、注意スキルの活用（ブロックⅠ）や効果的なワーキングメモリーの適用（ブロックⅡ）も必要とする。同様に学習も視聴覚刺激を符号化し記憶する過程（ブロックⅡ）において、また課題の学習を効率的に行う戦略を立てる過程（ブロックⅢ）において、選択された注意（ブロックⅠ）を必要とする。

米国ではＫＴＥＡ-Ⅲ[12]という個別学力検査があるため、ＫＡＢＣ-Ⅱではk-ＡＢＣの習得度に含まれていた「算数」「言葉の読み」「文の理解」が除かれた。一方日本では個別学力検査がないことから、ＫＡＢＣ-Ⅱの習得度において「語彙、読み、書き、算数（計算・推論）」が含められた。習得度は、認知能力を活用して獲得した基礎的な学力（語彙、読み、書き、算数）とも言える。個別に基礎的な学力を測定する検査としては、日本ではＫＡＢＣ-Ⅱが初めてと言える。文部科学省の指導要領に基づき、算数教育や国語教育の専門家のコンサルテーションを受けながら、検査項目が準備された。

認知能力を測定する4尺度（学習、継次、同時、計画）を総合した認知指標は、総合的な認知能力の指標であり、ウェクスラー式知能検査の全検査ＩＱにあたる。ま

[10] 藤田和弘・石隈利紀・青山真二・服部環・熊谷恵子・小野純平 2011「日本版ＫＡＢＣ-Ⅱの理論的背景と尺度の構成」『Ｋ-ＡＢＣアセスメント研究』13, 89–99.

[11] 日本版ＫＡＢＣ-Ⅱ制作委員会 2013『日本版ＫＡＢＣ-Ⅱマニュアル』丸善出版

[12] Kaufman, A. S., & Kaufman, N. L. 2014 *Kaufman test of educational achievement* (3rd ed.). American Guidance Services.

た習得度を測定する4尺度を総合したものとして、習得指標がある。習得指標は、認知能力を活用して獲得した知識や技能を総合したものであり、基礎的な学力の水準を示すものである。K‐ABCと同様に、認知能力に関する4尺度、習得度に関する4尺度、認知指標、習得指標は、どれも平均100、標準偏差15の標準得点で表される。

## CHCモデル

KABC‐Ⅱでは、CHCモデルの視点から7つの広域的能力を測っている。これらは、カウフマンモデルでの尺度を、CHCモデルからとらえ直したものと言える。その対応は、①長期記憶と探索（学習）、②短期記憶（継次）、③視覚処理（同時）、④流動性推理（計画）、⑤結晶性能力（語彙）、⑥量的知識（算数）、⑦読み書き（読み・書き）となる。7尺度を総合したものとして、CHC指標がある。知的能力を総合的に示すCHC指標は、ウェクスラー式知能検査の全検査IQにあたる。CHCモデルの7尺度もCHC指標も、平均100、標準偏差15の標準得点で表される。

## KABC‐Ⅱの解釈と活用

日本版KABC‐Ⅱの解釈は、まずカウフマンモデルで行い、次にCHCモデルで行う。カウフマンモデルでは、「認知指標と習得指標」→「4つの認知尺度」→「4つの習得尺度」→「認知指標と4習得尺度の比較」と進む。またCHCモデルでも同様に、「CHC指標」→「7CHC尺度」と進む。解釈の際には、子どもの年齢集団と比較する個人間差と、子どもの得意なこと、苦手なことに関する重要なパターンを明らかにするといった個人内差の2つの視点をとっていく。KABC-Ⅱの有用性は、認知能力と基礎的な学力の違いの把握、認知能力の発達の特徴に関する「学習、継次、同時、計画」の視点およびCHC理論の「長期記憶と探索、短期記憶、視覚処理、流動性推理、結晶性能力、量的知識、読み書き」の視点からの把握、そして基礎的な学力（語彙、読み、書き、算数）の把握にある。

## ■最後に：カウフマンの賢いアセスメント哲学

筆者は1895～1990年、アラバマ大学大学院においてカウフマン博士夫妻から、スクールサイコロジストとしての実践と学校心理学研究の訓練を受けた。そのなかで出会った、アラン・カウフマン博士の言葉を紹介する。[13][14]

「知能検査は、子どもの学力を予測し、安楽椅子に座って悪い予測（子どもの失敗）が当たるのを待つために実施するのではない。アセスメントで得られた情報（得意な認知スタイルや望ましい学習環境等）を子どもの援助に活かすことで、予測を覆すためにある！」

つまり、子どもの援助のために知能検査を活用する者は、子どもの学校生活に関する変化の担い手なのである。

〔石隈利紀〕

[13] Lichtenberger, E. O., Mather, N., Kaufman, N. L., & Kaufman, A. S. 2004 *Essentials of assessment report writing*. Hoboken, NJ: John Wiley & Sons.［リヒテンバーガー、マザー、カウフマン、カウフマン／上野一彦・染木史緒（監訳）2008『エッセンシャルズ：心理アセスメントレポートの書き方』日本文化科学社］

[14] 石隈利紀 2021「カウフマン先生と私：賢いアセスメントからの学び」『K-ABCアセスメント研究』23, 1-15.

# 3-5 Vineland-II 適応行動尺度

## ■ Vineland-II《ヴァインランド・ツー》 適応行動尺度[1]とは

適応とは生活体と環境が調和した関係を保つことであり、適応行動は、セルフケア、家事、学業、仕事、余暇、地域生活など多様な側面について、個人が自らのニーズを環境の中で調整しつつ自己実現する力といえる。2001年に採択された国際生活機能分類[2]においても、障害のマネージメントは、個人のよりよい適応と行動変容を目標とすると定義されており、近年、個人の生活の質（QOL）を考える場合、「適応」は最も重要な概念と位置づけられている。Vineland Adaptive Behavior Scale-Second Edition（Vineland-II 適応行動尺度）は、こうした日常生活における適応状態を評価する検査であり、適応行動総合点や領域標準得点など数値で結果が求められる。心理学者スパロー（Sparrow, S.）らによって作成されたもので、対象者の現在の日常生活をよく知る第三者が回答者となる半構造化面接による行動評価尺度である。

[1] 日本版Vineland-II適応行動尺度は日本文化科学社から刊行されており、マニュアル、検査用紙を入手できる（原版：Sparrow, S. S., Cicchetti, D. V., & Balla, D. A. 2005 Vineland adaptive behavior scales, 2nd ed.: Survey forms manual. Minneapolis: Pearson.）。

[2] International Classification of Functioning, Disability and Health: ICF

**■開発の経緯**

Vinelandの開発は、知的障害の考え方や米国の特別支援教育と深い関係がある。1888年にニュージャージー州のVinelandに知的障害のある人々の生活自立を目的とする私立学校ヴァインランド訓練学校[3]が設立され、1906年に研究所が作られた。そこで、心理学者のドル（Doll, E. A.）が1925年から1949年までリサーチディレクターを務めたが、その間の1935年にVineland Social Maturity Scale（Vineland SMS）を開発した。この開発の背景には、「知的障害」を「社会的コンピテンシーの無さ」と理解し、知能検査で測られる知的水準だけに頼るのでなく、社会的適応状態を多面的・臨床的に精査して判断するべきだという考えがある。ドルは、適応行動の重要性を早くから認識していた。それは彼が、第一次世界大戦時に志願兵の知能検査を行い、後に受刑者の知能検査の結果と比較した際に、両者のＩＱ水準が類似していており、知能だけで正しい適応評価はできないことを認識したからだと考えられる。ドルの開発したVineland SMSを基に、知的障害や発達障害の研究を行っていたスパローらが、1984年にVineland ABS（Vineland Adaptive Behavior Scales）を開発した。この際に、統計学者のシチェッティ（Cicchetti, D. V.）が加わり、適応の状態を示す適応行動総合点等とウェクスラー式知能検査から求められる全検査ＩＱ等を比較できるように作成され、適応行動の水準と知的水準の関係を容易に調べられるようになった。その後、時代の流れで生活様式が変化したことに伴い、質問

[3] Vineland Training School

項目を改訂してVineland–IIが作成された。

日本版Vineland–IIを作成した過程では、質問内容を日本文化や日本語の体系に合わせて変え、それを原著者のスパローより確認を受けたうえで、原版と同じ方法で、0歳から92歳まで約１４００名のデータを収集して標準化を行った。

一方、ドルのVineland SMSは、実はそれ以前から日本に影響を与えている。教育心理学者の三木安正《みきやすまさ》らが１９５３年に「精神薄弱児の実態」調査のために、Vineland SMSを翻案し、１９５９年に翻案を骨子とした検査データを基に、「社会生活能力検査」を刊行していたからである。１９８０年には、「**新版Ｓ-Ｍ社会生活能力検査**」に改訂され、２０１６年に第3版が刊行された。この検査の対象は1~13歳で，評価結果として社会生活年齢と社会生活指数が得られ、特別支援学校等で長く使われている。

## ■検査の内容

Vineland–IIでは、適応行動を「個人的および社会的充足を満たすのに必要な日常活動の遂行」と定義しており、次の4つの考えに基づいて作成されている。①適応行動は年齢に関連するものであり、それぞれの年齢で重要となる適応行動は異なる。②適応行動は他人の期待や基準によって決定され、関わる環境によって適応行動の評価も変化していく。③適応行動は支援などの環境によって変化する。④適応行動は行動自体を評価するものであり、その可能性を評価するものではない。特に④について注意が必要である。適応行動とは「実際に行っていること」であり、「できること（能力）」とは異なるという点である。たとえば、洗濯機を使う能力があっても、実際に洗濯をしなければ、自立的に洗濯ができるとは考えない。このように、実際に行っている行動をとらえることで、支援効果や環境変化を鋭敏に評価できるのである。

Vineland-IIの対象年齢は生後0か月～92歳であり、対象者をよく知る第三者が回答者となって面接式で行い、対象者は検査には同席しない。所要時間は約30分～1時間である。

実施法としては、独特の半構造化面接法をとっている。質問項目を読むのではなく、関連する質問項目を網羅するオープンエンドな質問[4]をして、回答者から自発的な回答を引き出すという方法をとる。この方法により、回答者とのラポール[5]が高まったり、個々の機能水準について得られる情報が奥深いものとなったりして、より現実場面での支援に役立てられる情報を集められることになる。この手法は、Vineland-IIの前のVineland ABSを踏襲したもので、この半構造化面接[6]では**回答バイアス**（答える人が点数を操作しようとして、意識的に現実とは違う回答をしてしまうこと）も低減することができる。この方法で実施してみると、対象が何をしないかよりも何をするかに焦点をあて、自由に語ってもらう会話的なアプローチなので、回答者はよりポジティブに検査に臨めることを実感する。

[4]「はい」「いいえ」というように答えを選択させるのではなく、制約を設けず自由に答えさせる質問方法。

[5] 検査者と回答者の間に信頼関係が成立し、安心して交流できること。

[6] あらかじめ質問は決めてあるが、回答者の状況に応じて、検査者が質問の表現などを変化させることのできる面接方法。

構成は、コミュニケーション・日常生活スキル・社会性・運動スキルの4つの領域からなり、それぞれに下位領域がある（表1）。そこに多くの質問項目が用意されており、適応行動を多面的にとらえることができる。それ以外に、不適応行動領域（表1参照）もあり、児童期以降に顕在化する二次障害等の問題を把握することも可能である。各項目について、常に自立的に行っていれば2点、時々あるいは促されてやる場合は1点をつける。これらの合計点から評価点を算出する。結果であるが、Vineland–IIの標準得点はウェクスラー式知能検査とほぼ同じシステムであり、IQとの比較が容易であると前述したが、全検査IQにあたる全般的指標としての適応行動総合点（平均値100、標準偏差15）が得られる。これは、3つから4つの領域の領域標準得点（平均値100、標準偏差15）から求められる。また、各領域の下にある下位領域では、平均値15、標準偏差3のv評価点が得られる。これ以外に、スタナイン[7]、適応水準、領域内の下位領域間の強みと弱み、対比較などが求められ、個人間差と個人内差を把握できる。

適応行動と知的水準は正比例することがわかっているが、知的障害と自閉スペクトラム症（Autism Spectrum Disorder: ASD）の関係についてVineland–IIを用いた研

**表1　Vineland–II の領域と下位領域**

| | 領域 | 下位領域 | 項目数 | 対象年齢 |
|---|---|---|---|---|
| 適応行動 | コミュニケーション | 受容言語 | 20 | 0歳～ |
| | | 表出言語 | 54 | 0歳～ |
| | | 読み書き | 25 | 3歳～ |
| | 日常生活スキル | 身辺自立 | 43 | 0歳～ |
| | | 家事 | 24 | 1歳～ |
| | | 地域生活 | 44 | 1歳～ |
| | 社会性 | 対人関係 | 38 | 0歳～ |
| | | 遊びと余暇 | 31 | 0歳～ |
| | | コーピング | 30 | 1歳～ |
| | 運動スキル | 粗大運動 | 40 | 0～6歳、50歳～ |
| | | 微細運動 | 36 | 0～6歳、50歳～ |
| 不適応行動 | | 内在化 | 11 | 3歳～ |
| | | 外在化 | 10 | 3歳～ |
| | | その他 | 15 | 3歳～ |
| | | 重要事項 | 14 | 3歳～ |

［7］対象者（評価される人）の全体でのおおまかな位置を9段階の相対評価で示す方法。

究を少し見てみると、ペリー（Perry, A.）ら[8]はＡＳＤ群においてもＩＱによって適応行動に差が出るが、適応行動の水準は、知的水準が平均域・境界域・軽度知的障害ではほぼ同じ水準であり、一定以上の適応行動を獲得できないことを示した。また、カンネ（Kanne, S. M.）ら[9]は、ＡＳＤ群では、ＩＱが低い場合は適応行動総合点が知的水準よりも高いにもかかわらず、ＩＱが高くなるにつれて、逆転することを明らかにした。クリン（Klin, S. M.）ら[10]は、ＩＱが正常域のＡＳＤ男児群の症状の重症度とVineland–IIの得点に相関が認められなかったことを報告した。このように、発達障害において、ＩＱや障害の重症度と適応行動には関連が見られないことから、Vineland–IIなどを使って適応行動を調べることが必須だと考えられる。

## ■まとめ

Vineland–IIでは、生涯のほぼすべての年齢帯をカバーし、自立を求められる高校卒業後や就労時期においての適応状態、その後の成人期・老年期の適応の低下など、多様な年齢帯における重要度が異なる分野の適応状態を調べることができる。支援において、Vineland–IIを用いて適応行動を調べることは支援対象者の豊かな生活につながると考えられる。

〔黒田美保〕

[8] Perry, A., Flanagan, H. E. et al. 2009 Brief report: The Vineland Adaptive Behavior Scales in young children with autism spectrum disorders at different cognitive levels. *Journal of Autism and Developmental Disorders*, 39, 1066–1078.

[9] Kanne, S. M., Gerber, A. J. et al. 2011 The role of adaptive behavior in autism spectrum disorders: implications for functional outcome. *Journal of Autism and Developmental Disorders*, 41, 1007–1018.

[10] Klin, A., Saulnier, C. A. et al. 2007 Social and communication abilities and disabilities in higher functioning individuals with autism spectrum disorders: The Vineland and the ADOS. *Journal of Autism and Developmental Disorders*, 37, 748–759.

# 3-6 ビネ＝シモン尺度

## ■はじめに

心理学が教育場面ひいては世界のあり方に最も大きな影響を与えたものの一つは知能検査であると言っても過言ではない。そして、現在利用されている知能検査の原型を作ったのはフランスの心理学者ビネ[1]（Binet, A.）とその協力者シモン[2]（Simon, Th.）である。

## ■ビネとシモンの生涯

ビネはフランスのニースで医師の家に生まれた。法学を学んだ後に心理学に関心をもち、催眠を用いて名声を得ていたシャルコー[3]（Charcot, J.-M.）のいる有名なサルペトリエール病院の研究室に通い、ヒステリー患者の観察や実験を行ったこともある。ソルボンヌ大学の生理学的心理学研究室の室長となったが大学教授職に就くことはできなかった。ただし彼は専門学術雑誌『心理学年報』を発刊するなど精力的に活動した。二人の娘を対象に組織的な観察を行い認識過程についての仮説をたてていたが、

［1］アルフレッド・ビネ（1857–1911）Binet の表記として、フランス語読みでは「ビネ」となるが、日本では長らく「ビネー」が用いられており、「田中ビネー」など検査の商品名においてもが使用されてきた経緯がある。そこで本書では、主に人物として扱う場合には「ビネ」、検査名として扱う場合には「ビネー」の表記を用いることにする。

［2］テオドール・シモン（1873–1961）

［3］ジャン＝マルタン・シャルコー（1825–1893）

年の近い二人の幼児を観察することが、年齢ごとの知能の違いというアイデアに結びついていったのであろう。また、彼は子どもの被暗示性の研究を行い、証言の曖昧さなどにも関心をもっていた。異常現象にも関心をもっていたことから、フェティシズムについての研究もあり、その命名者とされることもある。

シモンはフランスのディジョン生まれの医師である。精神科医としての活動のみならず教師育成を目的とする師範学校の教授も務めた。シモンはビネと1899年頃に出会い1908年にパリを離れるまで緊密な共同研究者であった。ビネはシモンと出会った頃から教育の分野に関心を持ち始め、シモンの協力を得て知能劣等状態[4]（des états inférieurs de l'intelligence）にある子どもの研究を始めることが可能になり、また、児童の心理学的研究のための自由協会にも参加した[5]。

## ■ビネとシモンによる知能検査

### フランスにおける知能検査の背景

実用的な知能検査は、頭の良さ（優秀さ）ではなく、知能劣等状態を捉える検査として開発されることになった。フランスでは1881年に子どもたち全員が等しく初等教育を受ける機会を与えられることになったが、集団教育についていけない子どもがいることが広く認識されているにもかかわらず、その子どもたちを選ぶための検査が存在していなかった。1904年には文部大臣が知能劣等児たちのために設けるべ

[4] この訳語をはじめとする訳語の多くは、ビネー、シモン／中野善達・大沢正子訳 1982『知能の発達と評価：知能検査の誕生』福村出版から採ったものである。諒とされたい。なお本稿で扱うビネらの論文はすべて本書に所収されており、知能検査に関心をもつ人は必読である。

[5] Wolf, T. H. 1973 *Alfred Binet*. University of Chicago Press. ウルフ／宇津木保訳 1979『ビネの生涯：知能検査のはじまり』誠信書房（p.303）

き教育機関などを検討する委員会を設置した。しかもそうした教育機関には検査を受けた後にしか入れられることはないということも決定した。しかし、その教育機関に入るべき子どもをどのように選定するかの検査は整っていなかった。こうした状況を解決しようとしたのがビネとシモンであった。

1905年にビネは自らが編集長を務める『心理学年報』に、シモンとともに3つの論文を連続して掲載した。まず「知能劣等状態の科学的診断を確立する必要性について」論文[6]において、知能劣等およびその程度についての定義が曖昧であることを指摘した。次に「異常児の知的水準を診断するための新しい方法」論文[7]では30項目の検査項目からなる尺度を用意した。そして3つ目の論文[8]「施設と小学校の正常児および異常児への新しい知的水準診断法の適用」では、この尺度を用いて①正常児、②施設にいる異常児、③小学校の異常児、をそれぞれ測定した結果を記述した。

## 知能の定義と知能検査が目指すこと

現在にまで続く有用な知能測定尺度を紹介したのは第2論文である。この論文でビネは何のために子どもの知能を把握する必要があるのかという目的について以下のように述べている。

「目指していることは、子どもを眼前に置き、子どもの知能の測定基準を作成し、子どもが正常児であるか知的遅滞児であるかを調べることである。そのためには、

[6] Binet, A., & Simon, T. 1905a Sur la nécessité d'établir un diagnostic scientifique des états inférieurs de l'intelligence. *L'Année Psychologique, 11*, 163–190.

[7] Binet, A., & Simon, T. 1905b Méthodes nouvelles pour le diagnostic du niveau intellectuel des anormaux. *L'Année Psychologique, 11*, 191–244.

[8] Binet, A., & Simon, T. 1905c Application des méthodes nouvelles au diagnostic du niveau intellectuel chez des enfants normaux et anormaux d'hospice et d'école primaire. *L'Année Psychologique, 11*, 245–336.

もっぱら、子どもの現在の状態だけを研究しなければならない」。

こうした宣言をする背景には、現在ではなく過去や未来の情報が子どもの姿を見る目を曇らせていることや、親による情報が子どもの姿を見る目を曇らせていることが示唆される。この論文では心理学的な方法のみならず医学的方法、教育学的方法、を併用することが重要だとしている。ここにおいて心理学的方法とは、教育による成果を求めるものではないこと、また、病因を求めたりしないこと、という含意がある。たとえば、読み書きは家庭教育や学校教育の成果であるから、読み書きができない子どもにも適用できる検査を作らなければ心理学的検査とは言えないというのがビネたちの基本的な考えであった。また、原因を追求する必要もないため解剖学的な方法なども採用しないのが心理学的な方法ということになる。

では、知能とは何か。ビネは知能の基本は判断力であり、「ちゃんと判断すること、よく理解すること、良く推理すること、これらが知能の本質的活動なのである」としている。さらにはヘレン・ケラー[9]をひきあいにだし、盲聾など感覚器官の欠陥は知能と関係しないということも指摘している。

### 最初の知能検査の項目と知能検査施行上の留意点

こうした説明の後、心理学的方法として30の項目が紹介されることになる。「1 凝視　燃えているマッチを目の前で動かしたとき、それを目で追えるか」から「30

[9] ヘレン・アダムス・ケラー(Helen Adams Keller; 1880–1968)。米国生まれ。1歳半で高熱により視覚・聴覚を失う重複障害者となるが、家庭教師(サリヴァン)により話し言葉を獲得し大学に進学。以後、教育、社会福祉、著述で活躍した。

抽象語の定義　たとえば　尊敬と友情の違いを尋ねる」まで、さまざまなレベルを理解する項目が用意されていた一方で、最初の発表において項目間の構造化などは全くなされていなかった。[10]

なお、ビネは実施方法についても注意を喚起している。検査は静かな個室で行われるべきでたいていは一対一であるべきだが、検査者と子どもが初対面のときには子どもの知り合いが立ち会うことで安心させる必要があることや検査を行うときに子どもの臆病さを引き出さないように親愛の情で接することが重要だと指摘している。

### ■ビネとシモンによる知能検査の改訂版

1905年に発表した一連の論文は大きな反響を得てビネ自身は次の段階に進んだ。1908年版[11]では、自身のデータに基づき、3～13歳児の標準的な発達の姿を描いた。そして各年齢にふさわしい項目を提示することができた。[12]

たとえば3歳児用の項目としては、「目、耳、口の指示[11]」「2数字の反唱」などがあり、8歳児の項目には「4つの色の名」「20から0まで逆に数える」などがあり、12歳児の項目には「7数字の反唱」「絵の内容の解釈」があった。

知能劣等児の判別もより明確になっていった。それまで定義が曖昧に用いられていた白痴、痴愚、軽愚[13]について、それぞれ正常児でいえば2歳児程度であるもの、7歳児程度であるもの、10歳児程度であるもの、と定義したのである。結果として、白

[10] 全30項目はネット上で参照可能。佐藤達哉 1996「IQという概念の生成に関する研究ノート」『生涯学習教育研究センター年報』(1), 25–42. https://www.lib.fukushima-u.ac.jp/repo/repository/fukuro/R000002268/20-3.pdf

[11] Binet, A., & Simon, T. 1908 Le développement de l'intelligence chez les enfants. *L'Année Psychologique, 17,* 1–94.

[12] 前掲[11]（pp.58–59）によれば、3歳児用5項目、4歳児用4項目、5歳児用5項目、6歳児用6項目、7歳児用8項目、8歳児用6項目、9歳児用6項目、10歳児用5項目、11歳児用5項目、12歳児用5項目、13歳児用3項目の合計58項目である（原著の明らかな誤りは正してカウント）。ただし、年齢ごとに構造化されているため、それぞれの子どもが受ける項目数はかなり限定される。

[13] フランス語の原語は idiotie, imbécilité, débilite mentale であ

痴の子どもは3歳児の検査項目（前述の2数字の反唱）などを通過できないことになる。また、白痴と痴愚の判別は7・8歳児用の項目を用いてその結果を見ればよいことになる。

さらに1911年版では、学校で習った知識のような項目は削除され、15歳児用や成人用の項目も用意された。[14] ビネは同年10月、脳卒中で死去した。

## ■知能指数（ＩＱ）はビネとシモンの考えとは無縁である

以上、ビネがシモンと共に開発した知能検査について紹介したが、最後に知能指数（Intelligence Quotient：IQ）の問題について略述しておく。

最も重要なことは、知能を一つの数値で指標化するＩＱというアイデアはビネが考えたわけではないということである。ＩＱは精神年齢÷実年齢×１００で表されるものである。精神年齢は知能検査で把握した水準、実年齢は実際の年齢である。この指標を考えたのはドイツの心理学者シュテルン[15]（Stern, W.）である。

米国の心理学者ターマン[16]（Terman, L. M.）が知能検査（スタンフォード＝ビネと呼ばれる）の結果の表記にＩＱを取り入れると、ＩＱは個人の能力を示すものとして受け入れられ、移民を拒否する理由として用いられたり、子どもを持つ資格がないとして断種手術を行う根拠として用いられるなど、ビネとシモンの精神とは異なる使い方がなされるようになっていった。

〔サトウタツヤ〕

り、現在は重度知的障害、中度知的障害、軽度知的障害として理解されている。

[14] 前川あさ美 1991「ビネーの知能検査」市川伸一編著『心理測定法への招待：測定からみた心理学入門』（サイエンス社）に整理して紹介されている。また、前掲注［10］の佐藤（1996）が前川（1991）の項目一覧を再紹介している。１９１１年版は３歳児用５項目、４歳児用４項目、５歳児用５項目、６歳児用５項目、７歳児用５項目、８歳児用５項目、９歳児用５項目、10歳児用５項目、12歳児用５項目、15歳児用５項目、成人用５項目の合計54項目である。１９０８年版と同様に年齢ごとに構造化されているため、それぞれの子どもが受ける項目数はかなり限定される。

[15] ウィリアム・シュテルン（1871–1938）

[16] ルイス・マディソン・ターマン（1877–1956）

# 3-7 乳幼児精神発達診断法（津守式）

## ■乳幼児精神発達診断法（津守式）とは

1965年に津守真《つもりまこと》[1]らによって作成された0〜7歳の精神発達に関する総合的な診断法である。前半と後半の二部で構成されており、前半の0〜3歳は1961年に発行され[2]、後半の3〜7歳は1965年に発行された[3]。

この診断法の第一の利点は、子どもの状態に左右されずに診断ができるという点にある。養育者に対して、質問紙に系統的に記載された多数の行動項目について質問をし、その有無を記入するという方法で行う。特別な設備や用具も必要としない。第二の利点は、特定の領域に限定されず、①運動、②探索、③社会、④生活習慣、⑤言語という発達の5側面について総合的に検査できることである。検査結果は、発達輪郭表（発達プロフィール）としてあらわされ、発達の全体像を見ることができ、偏りなどの特徴が把握できる。発達年齢や発達指数も算出できる。欠点としては、1960年代の養育記録に基づいているので、現代には見られなくなった行動項目などが含まれていることである。

[1] 保育学者（1926–2018）。主な著書に、『子ども学のはじまり』（1979）、『保育の体験と思索』（1980）、『自我のめばえ』（1984）、『子どもの世界をどうみるか』（1987）、『保育者の地平』（1997）などがある。

[2] 津守真・稲毛教子 1961『乳幼児精神発達診断法：0才〜3才まで』大日本図書

[3] 津守真・磯部景子 1965『乳幼児精神発達診断法：3才〜7才まで』大日本図書

また、津守はこの診断法の作成を通して、乳幼児の精神発達の過程を側面ごと年齢ごとに整理統合し、「出生から7歳までの精神発達過程[4]」として独自の発達理論をまとめている。

## ■開発の経緯

1951年、25歳の時に津守は、米国ミネソタ州立大学児童研究所大学院に入学した。当時、日本でも乳幼児の具体的な発達を語るときには、ゲゼル（Gesell, A.）の資料が引用されるのが普通であった。風土や文化の違う日本で米国の研究者の作った資料を引用するしかないのは情けないことではないかと考え、日本独自の資料を作成することを決意した。[5] 1953年に帰国すると直ちに、出産前の母親たちに育児日誌の作成を依頼し、定期的な面談を含んだ発達記録の収集に着手し、すでに発表されている育児日誌なども参照した。さまざまな情報の中から乳幼児が日常的に家庭で示す行動に関する発達項目を抽出し、面談用の質問紙原案を作成した。さらに乳幼児1045名に検査を実施し、標準化し、発達質問紙として完成させた。3～7歳については幼稚園での3年間の逸話記録1000枚を基礎資料として、同様のプロセスを経て、0～7歳までの全体の完成まで10年を要した。

ただ後年、津守自身が、自らの保育哲学に基づいて「この診断法は子どもを評価することになりますから、後々まで自己批判をしているんです[6]」と述べ、使用に関して

[4] 前掲書 [3] p.170

[5] 津守真 2012『私が保育学を志した頃』ななみ書房（p.279）

[6] 津守真 2001「津守真先生・津守房江先生ロングインタビュー 人間の学としての保育学への希望 [聞き手] 無藤隆」『発達』88, 69–81.

は否定的であった。しかし療育の現場では、乳幼児の生活の現実に即した扱いやすい診断法として、現在もなお使用されている。[7]

■検査の内容

検査項目はいずれも日常生活で容易に観察できる行動で、0歳133項目、1～3歳131項目、3～7歳174項目、計438項目である。それらの項目が「運動」「探索・操作」「社会」「生活習慣」「理解・言語」の5側面に分類され、発達順に記載されている。実際の面接質問では該当の年齢周辺に絞られてくるので、所要時間は20分程度である。養育者は子どもの日頃の生活の様子に基づいてそれが見られるかどうかを回答するだけでよい。それを発達輪郭表に記入することで、その子どもの発達の全体像がプロフィールとしてあらわされ、生活年齢との比較で、発達年齢や発達指数が算出できる。

実際の検査項目を発達の側面ごとに例示する（カッコ内の数字は月齢を示す）。

【運動】つかまり立ちをして片手におもちゃを持っている（9）／足を交互に出して階段をあがる（36）／なわぶらんこに立ち乗りして、高くこぐ（72）

【探索】ものをなん度もくり返し落とす（8）いろいろなものを紙、布に包んで遊ぶ（21）／顔らしいものをかいて、目、口などをつける（36）

[7] 質問紙は、心理検査販売代理店より購入可能。

【社会】気に入らないことがあると、そっくりかえる（4）かくれんぼをして、みつからないように、ひとりでものかげにかくれる（42）

【生活習慣】コップから、じょうずに飲む（7）／〝おしっこ〟の前に教える（だいたい昼間はぬらさない）（30）／前のボタンをひとりではめる（48）

【理解・言語】父や母のことを問うと、そちらをみる（10）／（集団の中で）名前を呼ばれると、返事をする（36）／父や母の年令に興味を持って、たずねる（78）

## ■まとめ

津守はこの診断法作成のあと、生涯を通じて、障害を持った子どもの保育を自ら実践し、それを研究の中心にし続けた。[8] この診断法は作成者の意向にかかわらず、50年余を経た今もなお療育の現場で使用されている。現実の子どもの生活に即しているという得難い特徴、それゆえに簡便で扱いやすく、発達の全体像把握のためのスクリーニングに使われる。子どもの養育環境が激変を続ける現代にあっても、生活の中で子どもと直接かかわりながら発達を理解するという基本理念は重要であり、時代に即した新しい診断法が要請されている。

〔友定啓子〕

[8] 津守真の業績については、「特集 津守真を読み解く」『発達』22(88), 2001ならびに「特集 いま、津守真に出会う」『発達』160, 2019に詳しい。

## 3-8 新版K式発達検査

### ■児童院

児童院は、1931年の御大典（即位の礼）を記念して設置された母性および児童保護に関する社会事業機関である。建設趣旨によると、「育児に關する知識の不足と婦人の勞務への進出とは、姙産婦の擁護、乳幼兒の哺育及び養護に多大の障害を齎《もたら》し、虚弱兒、異常兒は著しく増加し、死産並びに乳幼兒死亡の如きも驚くべき高率を示しつゝあるのである。」と記されている。その対策として、京都市は産科・産院、小児科、心理科（診断と相談指導）の三科を総合した世界初の施設として児童院を開院した。

**田寺篤雄**《たでらあつお》[1]と**園原太郎**《そのはらたろう》[2]による心理部門では、無料の検査や心理相談が行われた。相談の基礎となる検査として、ビューラー（Bühler, Ch.）とヘッツァー（Hetzer, H.）の検査[3]を第一種乳児発達検査票、ゲゼル（Gesell, A.）の検査を第二種乳児発達検査票[4]（ともに1年半まで）と命名し使用を始めた[5]。日本において、乳幼児に対して心理検査を使用した始まりと考えられる。

[1] 1929年、京都帝国大学（現京都大学）文学部哲学科心理学科専攻卒業。1933年、京都市児童院（後に院長）。定年後、大阪樟蔭女子大学学長。

[2] 1931年、京都帝国大学（現京都大学）文学部哲学科心理学科専攻卒業。同年、京都市児童院に就職。京都帝国大学文学部講師、助教授を経て戦後は京都大学教授。定年後、佛教大学教授。

[3] Bühler, Ch., & Hetzer, H. 1932. *Kleinkindertests.*

[4] 第一種乳児発達発達検査票は作成年不明、第二種乳児発達発達検査票は1933年案。

[5] 中瀬惇 2005『新版K式発達検査にもとづく発達研究の方法：操作的定義による発達測定』ナカニシヤ出版

## ■K式発達検査

第二次世界大戦後、除隊した生澤《いくさわ》雅夫《まさお》が児童院に就職した。戦後、輸入されたゲゼル検査の原本を園原から借り[6]、生澤は発達検査作成に専念した。協力したのは、後の児童院長の嶋津《しまづ》峯眞《ほうしん》と愛媛大学へ転勤した広田《ひろた》実《みのる》である。

大阪市立大学に異動した生澤は、大型計算機室長を兼務した。そこで若手数学者の指導を受けてFortran[7]によるプログラムを作成し、当時は一般的ではなかった大型計算機を使用して児童院時代の発達検査の解析を始めた。生澤は、室長を兼務したことで大型計算機を自由に使用できて、児童院時代に着手したK式検査による知的機能の測定を一層信頼できるものにすることができたと振り返っていた。

1951年に生澤らが作成した発達検査は、満1歳までのK・J式乳幼児発達検査（第1葉・第2葉）、1歳から満10歳までのK式乳幼児発達検査（第3葉・第4葉）に分かれ、後者は運動領域と対人的・社会的領域から構成されていた。被検児が京都の子ども達であることから、京都のKを付けた**K式発達検査**と名付け、簡略化して**K式検査**と呼んだ。現在のK式発達検査の原型である。

保健所で乳幼児健診が始まった時代に、K式発達検査は作成された。乳児の反応を直接調べ判定する道具としてK式検査の有用性が認められ、公刊されなかったにもかかわらず実践現場において人から人へ伝わり世間に広まった。児童院では、その他にもビネー検査をK-B個別知能検査表として使用していた。

[6] Gesell, A. *The mental growth of the pre-school child: A psychological outline of normal development from birth to the sixth years, including a system of developmental diagnosis.* 出版社名・出版年：なし、厚表紙、上製本、全447頁 PYPの刻印。

[7] **Fortran**（フォートラン）は、科学技術計算用プログラム言語。1956年にIBM社で開発され、統計処理に用いられた。

## ■新版K式発達検査、新版K式発達検査2001、新版K式発達検査2020

乳幼児健診が0歳児検診へと早期化するのに伴い[8]、乳児の行動を実際に調べる検査としてK式発達検査の使用希望が殺到するようになった。検査用具や手続、判定基準の誤用も増えたことから、嶋津、生澤、中瀬、児童相談所心理課長であった松下《まつした》裕《ゆう》が中心となりK式検査を再標準化し公刊することが決定した。1562名を検査対象にした標準化作業を経て、1980年に新版K式発達検査が公刊された。この検査は0歳から10歳未満まで、第1葉から第4葉までが連続した一つの検査である。

検査が公刊されたことで、検査の対象年齢の拡張や領域別の発達年齢算出などの要望が寄せられた。それを受けて1983年に、K-B式個別知能検査を取り込んだ第5葉を追加した新版K式発達検査（増補版）が公刊された。2001年、2677名を対象とした再標準化資料にもとづいて検査対象年齢が成人まで拡張された新版K式発達検査が公刊された。2020年、3243名を対象として標準化され、新版K式発達検査2020が公刊された。この最新版では生活年齢および姿勢・運動領域を除いた各領域で発達年齢が14歳を超えた受検者の偏差DQを算出できる。

### 内容と実施

K式検査は対象年齢が幅広いから、子どもが獲得する多方面の領域を調べる為に多くの**検査項目**が必要になる。例示すると、仰臥位検査では、「U1　T-N-R姿勢優位」から「U35　顔を向ける（音がする方角に顔を向ける）」まで、言語検査

[8] 1973（昭和48）年、母子保健法改正により、3～6か月、9～11か月の乳児一般健康診査、いわゆる0歳児検診が制度化された。

では、「V1　2数復唱」から「V54・V55　3語類似（3つの単語について比較基準を尋ねる項目）」までと検査項目が広く用意されている。

実施の際には、受検者の生活年齢級の項目から検査を始め、用紙のすべての行で、通過（＋）と不通過（－）の境界を判定する。検査順序は、0歳児には標準が設定されているが、1歳児以上では定められていない。受検者の興味の持続を考慮しながら検査項目の順序を選びつつ進める。検査施行中、＋と－の境界に青鉛筆で縦線を入れていき、検査終了後にこの境界線を結ぶとプロフィールが完成する。得点を合計し、領域別および全領域の発達年齢・発達指数を計算する。

**検査の構成**

検査項目は通過年齢0歳0か月から始まり、年齢段階を三段階に分けた成人級（成人Ⅰ、成人Ⅱ、成人Ⅲ）まで、発達段階を36に分けて339項目が用意されている。測定する年齢幅が広いから検査用紙[9]は**第1葉**から**第5葉**まで5枚に分けている。検査項目は、姿勢・運動（P-M）、認知・適応（C-A）、言語・社会（L-S）の3領域に分類され検査用紙に配列されている。姿勢・運動領域は、0歳児にとっては知能と密接に関わる重要な検査領域であるが、我々の分析では、3歳6か月を超えると知能との関係はなくなる。

**特徴と課題**

K式検査の特徴は、何よりも、検査が対象とする受検者の年齢幅が広いことであ

[9] 検査用紙は、以下のように構成されている
第1葉　0:0超〜0:6
第2葉　0:6超〜1:0
第3葉　1:0超〜3:0
第4葉　3:0超〜7:0
第5葉　7:0超〜成人Ⅲ

る。極論すれば、生まれてから死ぬまで、すべての年齢を対象として検査が可能になるように造られている。手引き書をみると、単独で記載している項目と、複数項目をグループにしている項目群がある。グループになっている項目は、孤立した検査項目より知能に対する負荷が大きいと考えられる。しかし、これは論理上の話であって現実的ではない。何故なら、特殊な分野で非常に優れた活動をしている成人は、全ての検査項目が同じような割合で人としての能力を支えている訳ではない。このような視点から見ると、個人を一つの数値で表現しようとする知能検査の無理が目立つが、発達遅滞を対象としたときには重要な意味を持っている。人を一つの数値で割り切ろうとする発想こそが、吟味される必要がある。

発達検査で使用する検査項目は、対象者が所属している文化的環境によって通過・不通過[6][10]として測定する発達年齢が変化する。時代によって解決できる課題の年齢が変化する場合もある。検査課題が持つ難易度は、受検者にとっての難易度である。検査の上限問題は、我々発達心理学を研究する者にとって、永遠に続く課題の一つである。

その他にも、心理検査が抱えている課題は数多く存在する。人類は、時代とともに能力が進歩して発達が促進されてきた。どこまで進歩が可能であろうか。検査の作成時点で人類が解決することは不可能である課題も多く存在する。しかし、人類は、各種の経験や教育・訓練を通して不可能と考えられた課題を克服して行く能力を、個人

[10] 発達検査では、回答が検査項目が要求する水準を超えたとき通過と呼ぶ。回答が検査項目が要求する水準に達しなかったとき不通過と呼ぶ。以上は、一般の知能検査で、合格・不合格と呼ぶのに対応している。

の内に秘めている。この問題は、人類の進化を問題として捉えると、究極的な正解には永遠に到達できないと思慮される。

## ■まとめ

心理検査、特に乳幼児を対象とする検査では、検査者のほんの少しの配慮が検査結果に重大な影響を及ぼす。検査を実施するには、検査の内容を理解するだけでなく子どもを見る目と子どもと付き合う技術を養う必要がある。それが発達検査が抱えている本質的な特徴であると理解していただくことを望んでいる。発達検査は、検査自体と子どもの発達、双方について正しく把握している専門的な検査者が使用して始めて正しい結果が得られることを体得してほしい。

〔中瀬 惇〕

## 3-9 発達検査（遠城寺式、デンバー式など）

### ■概要

乳幼児の発達診断の概念を唱えたのは、ゲゼル（Gesell, A.）である。[1][2] 彼は基準規定的・記載的研究（normative-descriptive study）を1900年代初頭に実施し、①特定の年齢の乳幼児に可能になる行動に段階がある、②乳幼児はほぼ同じ順序で発達するが、一方、4大領域（運動行動、適応行動、言語、個人・社会的行動）の行動発達は同時に平行して発達するものではなく、個人に固有な様式があるとした。

その後、60～80年代にリスク児の早期発見・支援に連動する発達スクリーニング検査の開発[3]がある。80年代からは、疾病の第1次予防のためにポピュレーション・アプローチの戦略がローズ（Rose, G.）によって提唱され、[4]「地域に埋もれるリスクを予測されるクライエント」（リスク児・養育者）のためにプレ・アセスメント法と早期支援にむけた種々のアセスメント法が開発された。

[1] アーノルド・ゲゼル（1880–1961）は1940年に生後5年までの発達検査を出版。Gesell, A. et al. 1940 *The first five years of life, the preschool years*. Harpers.

[2] ゲゼルとアマトルーダは1941年に発達診断の書籍を出版。Gesell, A., & Amatruda, C. S. 1941 *Developmental diagnosis: Normal and abnormal child development*. Hoeber.［新井清三郎・佐野保（訳）1958『発達診断学：小児の正常発達と異常発達』日本小児医事出版社］

[3] 1967年、フランケンバーグとドッズはDDSTを小児科雑誌に発表。Frankenburg, W. K., &

## ■遠城寺式・乳幼児分析的発達検査

### 開発の経緯

1958年に九州大学の遠城《えんじょう》寺《じ》宗《むね》徳《のり》の発案で作成し、1960年に発行された。改訂版は1977年に出版されるが、一部を改訂して2009年に改訂新装版初版第1刷が出版された[5]（2020年現在6刷）。

### 検査の内容

対象年齢は0～4歳7か月、6領域（移動運動、手の運動、基本的習慣、対人関係、発語、言語理解）より構成している。福岡市や北九州市など1718人を標準化対象児とし、年齢区分ごとの通過率を算出している。検査項目の選択は通過率が年齢とともに増加し、年齢と相関を示す、年齢特異性の高い検査項目を選んでいる。また、所定の検査用具を用いて簡単に短時間に検査できることが特徴である。

### 検査の実施

所定の検査表があり、左から暦年齢、発達グラフ記入欄、検査問題（6領域）がある。合格、不合格の基準に従って○×でその問題のところに記入し、左側の該当する線の上に点を印し、発達グラフの各点を結ぶことで、発達のプロフィールを把握する[5]。

### まとめ

発達検査は発達遅滞、脳性麻痺その他の小児に対する発達診断や治療・教育の手がかりとなる。また、同一の子どもを対象に検査用紙を継続的に使用することによっ

Dodds, J. B. 1967 The Denver developmental screening test. *Journal of Pediatrics*, 71(2), 181–191.

[4] ローズは英国の疫学者。Rose, G. 1992 *The strategy of preventive medicine*. Oxford University Press.

[5] 発達検査法と検査用具は慶應義塾大学出版会から入手可能。

て、治療教育の効果の判断や保護者の相談にも役立つ。[6]

## ■デンバー式発達スクリーニング検査

### 開発の経緯

20世紀の中頃からフェニルケトン尿症など先天性異常児が早期の治療によって回復するなどの知見から、リスク児の早期発見と治療への関心が高まり数多くの小児スクリーニング検査が生まれた。米国コロラド大学のフランケンバーグ（Frankenburg, W. K.）とドッズ（Dodds, J. B.）は乳幼児の発達の遅滞や歪みなどリスク児を簡便・有効な方法でスクリーニングし、支援する目的でデンバー式発達スクリーニング検査（Denver Developmental Screening Test：ＤＤＳＴ）を発表した。[3] その後１９７０年と１９７５年[7]に改訂を重ね、デンバーⅡを発表するが診断的検査に類似し、発達スクリーニング検査の目的・条件とは異なるものとなった。

ＤＤＳＴの標準化人口はデンバー市の１９６０年の国勢調査資料によるデンバー市民の人種的・父親の職業的グループの比率と一致する１０３６人である。対象児の年月齢は生後1か月～６歳、年月齢によって25段階に区分している。また、対象児の25、50、75、90％がそれぞれの検査項目を通過する年月齢を全対象児、および種々のサブ・グループで算出している。

デンバー市で標準化された検査が人種的、文化・社会的背景の異なる日本の乳幼児

[6] 九州地域で標準化された本検査が、医学的診断の目的に役立つとしても、全国地域の発達的リスク児の早期発見と支援への言及はない。

[7] フランケンバーグとドッズは１９７５年にPediatric Screening Testを出版。Frankenburg, W. K., & Camp, B. W. 1975 *Pediatric screening tests.* Springfield, IL: Thomas.

に翻訳し適応できるか否かは検討を要する課題である。日本が人種的に比較的同質であったため、むしろ地理的条件と社会・経済的条件および生活様式の違いを重視して日本版ＤＤＳＴ（ＪＤＤＳＴ）の標準化を行った。[8] 日本列島の南・中央・北の３地域から年月齢０～６歳の合計２５１０人が標準化対象児となった。

なお、80年代以降は第一次予防を重視したプレ・アセスメント法の開発がある。上田式子どもの発達簡易検査（Ueda's Simplified Developmental Test：**USDT**）[9] と**PACAP**[10]（Pre-Assessment of Child Abuse Prevention）、および**PACAP-B**（Pre-Assessment of Child Abuse Prevention for Baby）は子ども・保護者・支援者の**発達的ニーズ（潜在的／顕在的）**に対応し、支援とコミュニケーションを目的にしている。

### 検査の内容

検査は「個人－社会」「微細運動－適応」「言語」「粗大運動」の**４領域**であり、ＪＤＤＳＴは１０４検査項目で構成している。[11] 検査用具、記録用紙、手引書が１セットである。デイケアや就学前教育を実施している公的・私的な医療保健福祉機関で日常的に使用できる。

### 検査用具と用紙

**所定の検査用具**は赤い毛糸の玉、干しぶどう（そのつど用意）、柄の細いガラガラ、2.5cm³の色のついた積み木８個（赤、青、黄、緑）、口径８分の５インチの小さな透明のガラスびん、小さなベル、テニスボール、鉛筆である。

[8] 上田礼子（日本版著）／フランケンバーグ（原著）『日本版デンバー式発達スクリーニング検査：ＪＤＤＳＴとＪＰＤＱ』第１版第１刷（１刷1980）・増補版（４刷1983）医歯薬出版。ＪＤＤＳＴの標準化対象児は日本列島の中央、南、北の地域。

[9] 上田礼子 2011『上田式子どもの発達簡易検査ＵＳＤＴ』医歯薬出版

[10]「現代子育て環境アセスメント（ＰＡＣＡＰ）」「手引書（2014年改訂第１版）」「ＰＡＣＡＰ－Ｂ（０－２歳児用検査用紙）」は竹井機器工業株式会社から入手可能。

[11] 原版は105項目あるが、日本語に複数はないため、それに関する項目を省いた。

**検査用紙**は横軸が年月齢、縦軸に104の項目が**4領域**に分けて配列されている。検査用紙の上と下には年月齢の尺度があり、検査項目はそれぞれその項目を通過する年月齢に対応して横長の**バー**で示し、バーは正常な子どもの25、50、75、90％がその項目を通過する年月齢に対応して**バーの中に線**がある。また、保護者の報告によって合否を判断してよい項目にはバーの左側に「R（レポートの略）」、裏面に脚注番号を記載している。JDDSTには気候因子と都会性因子の補正版2枚がある。

**評価方法**

検査方法は検査当日の**対象児の年月齢線**を引き、項目は合格P（Pass）、不合格F（Failure）、拒否R（Refusal）、やったことがないN.O.（No Opportunity）と記入するが**評価方法**は年月齢線より左側にあって合格しない「**遅れ**」の項目に注目し、これがどの領域にいくつあるかによって「**普通**」「**疑問**」「**異常**」「**検査不能**」と評価する。「異常」は①2項目以上の「遅れ」が2領域以上にある場合、②2項目以上の「遅れ」が1つの領域にあり、他の領域に1項目の「遅れ」があり、その同じ領域で**年月齢線**と交わる項目で合格がない場合である。「普通」以外の場合には検査中の対象児の行動が他の時と違わないことを保護者に確認し、2～3週間後に再検査するが、その結果から**診断的検査**を実施する。なお**JDDSTの評価**には補正版2枚を活用し評価する。

## ■その他の発達スクリーニング検査など

### 発達簡易検査USDT

国内各地のＪＤＤＳＴ[8]の実証的調査から、情報化・国際化・価値の多様化における乳幼児発達アセスメント・ツールとして簡便・有効な検査を作成し、支援に連動する上田式子どもの発達簡易検査である。簡易化への主な変更は①検査項目数を**54項目**に削減、②ＪＤＤＳＴの各検査項目**75〜90パーセンタイル値**を採用、③発達３領域（社会性、言語、運動）を設定、④評価方法を４種類から「普通」「疑問」「不能」の３種類に変更、⑤所定の検査用具の削減である。検査の有効性は同一事例を対象にＵＳＤＴ[10]とＪＤＤＳＴの評価結果[8]を比較し、妥当性と信頼性を検討している。

### 発達スクリーニング検査のための日本版・乳幼児の家庭環境評価法

乳幼児の発達は個体と環境との力動的相互作用により急速に変化する。発達スクリーニングのために**日本版ホーム・スクリーニング質問法（ＪＨＳＱ）**が養育環境側のスクリーニング検査として出版されている。[12] リスクを予測されるクライエントの早期予測と対応に、いつでも、どこでも、だれにでも使用でき、面接用にも活用できる。

## ■まとめ

子どもの健康と発達的ニーズに対応するプレ・アセスメント、アセスメントの一層の開発を実践・研究・教育分野に期待する。

〔上田礼子〕

［12］上田礼子 1988『発達スクリーニングのための日本版・乳幼児の家庭環境評価法ＪＨＳＱ』医歯薬出版

# 4章　自然×個人の心的世界を捉える
## ―― 認知

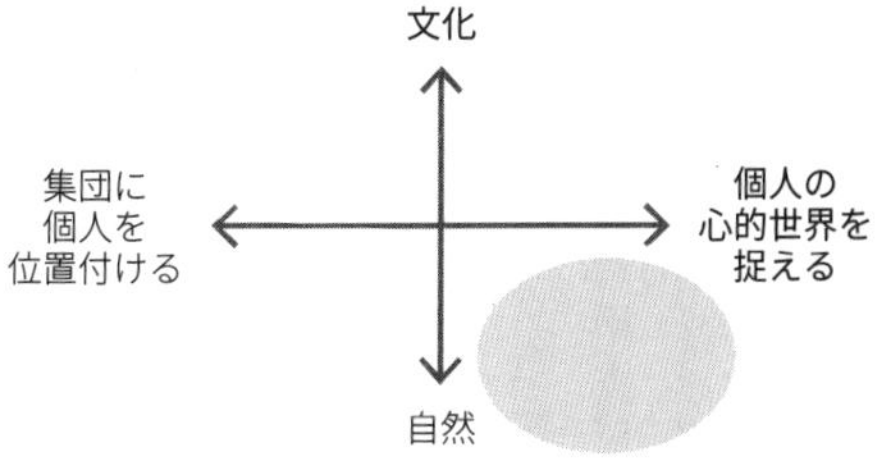

# ＪＡＲＴ（Japanese Adult Reading Test）

## ■ＪＡＲＴでできること

ＪＡＲＴ（Japanese Adult Reading Test）は英国のＮＡＲＴ[1]（National Adult Reading Test）の考え方を日本語に応用したものである。漢字熟語の音読能力が、アルツハイマー病や統合失調症の罹患後であっても比較的保持され、かつ、ＷＡＩＳ-Ｒで測定されるＩＱと相関することを利用して、それらの疾患の罹患後に病前のＩＱを推定する目的を持つ。またコホート研究[2]などの調査研究においてＩＱを大まかに推定する検査としても用いられている。

## ■開発の経緯

ＮＡＲＴはネルソン（Nelson, H. E.）により英国で開発された検査である。[3]
ＮＡＲＴは「HEIR」「AISLE」といった不規則な読みを持つ50英単語の音読成績からＩＱを推定する。不規則な英単語の音読能力がＩＱとよく相関し、かつ認知症の罹患後でも比較的保たれることから、認知症患者のＩＱを罹患後に推定することがで

[1] Nelson, H. E., & O'Connell, A. 1978 Dementia: The estimation of premorbid intelligence levels using the New Adult Reading Test. *Cortex*, *14*, 234–244.

[2] コホート研究とは、ある要因をもつ集団を時間の流れに沿って追跡してゆく前向きデザインの研究である。

[3] Nelson, H. E., & Willison, J. R. 1991 *National Adult Reading Test (NART) 2nd ed.* NFER-NELSON.

きる。パート1は1982年に、パート2は1991年に英国で出版され、数多くの研究および臨床現場で用いられてきた。JARTはNARTのアイデアを日本語に応用した検査である。JARTの目的は、認知症により知的機能が低下した患者の罹患前のIQを、罹患後の音読能力によって推定することである。

JARTを作成するにあたり、筆者らは、日本語で不規則な読みの英単語に相当するのは、「案山子《かかし》」など典型的でない読みをもつ熟語（いわゆる熟字訓）であると考えた。しかし同時に、漢字は表意文字であり複数の読みをもつことからいかなる漢字であってもその音読はNARTで用いられている単語と似た働きを持っているとも考えられる。そこで、国立国語研究所の資料など[4]から「不規則読み熟語」を50熟語選択するとともに、画数および出現頻度が「不規則読み熟語」とほぼ同じで典型的な読みを持つと思われる「規則読み熟語」50熟語を選択し、合計100熟語の音読課題（JART-100）とした。JART-100を幅広い年代の成人健常者および軽度認知症患者に用いた松岡恵子《まつおかけいこ》らの予備調査[5]では JART-100正答数はWAIS-RのIQと相関すること、受検者の年齢に左右されないこと、軽度認知症患者において保持されることが示された。また。「規則読み熟語」と「不規則読み熟語」とで、IQとの相関や認知症患者の読みの傾向について差違はみられなかった。この調査から、漢字熟語の音読を用いたIQ推定の妥当性が示された。

JARTを臨床で用いる検査として出版するにあたり、より簡便に用いられるよ

[4] 国立国語研究所 1963『現代雑誌九十種の用語用字 第二分冊 漢字表』（国立国語研究所報告22）国立国語研究所

[5] 松岡恵子・金吉晴・廣尚典・宮本有紀・藤田久美子・田中邦明・小山恵子・香月菜々子 2002「日本語版 National Adult Reading Test（JART）の作成」『精神医学』44, 503–511.

うに項目を50項目および25項目へと厳選し（ＪＡＲＴ-50およびＪＡＲＴ-25）、健常高齢者１００名を用いた標準化研究を行った。これによりＪＡＲＴ-50もしくはＪＡＲＴ-25の音読成績からＩＱを推定する回帰式を得た。この回帰式によって推定されたアルツハイマー病患者のＩＱは健常者と差がみられなかったことからＪＡＲＴ-50およびＪＡＲＴ-25の妥当性が示された。[6] また同年、統合失調症のＩＱ推定においてもＪＡＲＴの妥当性が示されている。[7]

現在、ＪＡＲＴは、認知症や高齢者に限らず、幅広い疾患や障害を持つ方々、幅広い世代に対して用いられている。たとえば、２０２０年にＪＡＲＴを用いた研究を概観すると、統合失調症をはじめ発達障害や双極性障害をもつ方々、あるいは健常者など、多岐にわたる対象に用いられている。その用途も、罹患前のＩＱを推定するという目的のみならず、ある群と健常者群との間にＩＱ差がないことを示す目的であったり、研究対象となった健常者が一定以上の知的機能を有することを示す目的であったり、研究対象者の基礎属性を知るために用いられていることが多い。

漢字熟語の音読能力が意味するものは何だろうか。福榮《ふくえ》太郎《たろう》らによれば、ＪＡＲＴ-25の成績と関連の高かった認知機能は、注意、言語機能、数概念など、より複雑で高度な認知機能であった。[8] これはＪＡＲＴが知能の一つの目安として用いられることを支持する結果である。漢字熟語の音読という単純で施行しやすい課題が、ある程度知能の目安となりうるという点が、多くの研究や臨床場面で用いられる理由

[6] Matsuoka, K., Uno, M., Kasai, K., Koyama, K., & Kim, Y. 2006 Estimation of premorbid IQ in individuals with Alzheimer's disease using Japanese ideographic script (Kanji) compound words: A Japanese version of NART. *Psychiatry and Clinical Neurosciences, 60,* 332–339. ／松岡恵子・金吉晴 2006『知的機能の簡易評価実施マニュアル：Japanese Adult Reading Test (JART)』新興医学出版社

[7] 植月美希・松岡恵子・金吉晴・荒木剛・菅心・山末英明・前田恵子・山崎修道・古川俊一・岩波明・加藤進昌・笠井清登 2006「日本語版 National Adult Reading Test (JART) を用いた統合失調症患者の発病前知能推定の検討」『精神医学』48 15–22.

[8] 福榮太郎・福榮みか・石東嘉和 2013「Japanese Adult Reading Test (JART) と認知機能障害との関連」『総合病院精神医学』25(1), 55–62.

のひとつであろう。

しかしながら認知症の進行によって漢字音読のパフォーマンスは低下する。筆者らの標準化データにおいて「ごく軽度のAD群[9]（MMSE[10]が24点以上）」「軽度のAD群（MMSEが20〜23点）」「中等度のAD群（MMSEが11〜18点）」の比較を行ったところ、JART-50によって予測されたIQはそれぞれ112.2、103.5、96.0であり、軽度から中等度にかけてきわめて緩やかに低下している可能性が考えられた。[11] 福榮らの大規模調査によれば、MMSEが13点以下になるとJART-25によって推定されるIQが90未満となり、推定IQも低下していることが示唆された。[8] よって、重度の認知症においては漢字音読のパフォーマンス低下による推定IQの低下が予想され、病前IQを推定するというJARTの目的に対しては妥当でないと思われる。

## ■まとめ

JARTは漢字熟語の音読成績からIQを推定する検査である。しかし、漢字熟語音読能力は知能との関連が強い能力であるが知能そのものではない。推定IQ値が独り歩きしないよう、限界を知ったうえでの利用が望ましい。とはいえ、その簡便性から多くの臨床現場や研究において用いられており、ある程度幅を想定した大まかな知的機能の推定という面では有効である。

（松岡恵子・金　吉晴）

[9] アルツハイマー病

[10] 本書4-6参照

[11] Matsuoka, K., & Kim, Y. 2008 *Estimated premorbid IQ using Japanese version of National Adult Reading Test in individuals with Alzheimer's disease. Alzheimer's disease in the middle-aged* (pp.169–190). Nova Science Publishers.

# 言語の検査（WAB失語症検査・標準失語症検査：SLTAほか）

## ■WAB失語症検査

Western Aphasia Battery（WAB失語症検査）は1974年から1980年にかけカーティス（Kertesz, A.）[1][2]らによって作製された失語症の検査で、1982年に公刊された[3]。WAB失語症検査は失語症の症状をとらえる検査で、検査得点からブローカ失語、ウェルニッケ失語、健忘失語、全失語などの失語症の分類を行うことができる。WAB失語症検査は、現在、失語症の検査として、国際的に用いられており、英語圏のデータとの比較も可能である。その内容は①自発話、②話し言葉の理解、③復唱、④呼称、⑤読解、⑥書字、⑦行為、⑧構成行為・視空間行為・計算などを評価する項目からなっている。また、積み木問題、非言語性の知能検査であるレーヴン色彩マトリックス検査もテストの一環としてふくまれている。施行時間は35～45分である。2006年、Western Aphasia Battery の改訂版がピアソン社から出版された[4]。短縮版の適用や、変性疾患による失語症のデータ追加などがおこなわれた。

WAB失語症検査の日本語版は1979年12月、美原記念病院において、杉下《すぎした》守《もり》

[1] Kertesz, A., & Poole, E. 1974 The aphasia quotient: The taxonomic approach to measurement of aphasic disability. *The Canadian Journal of Neurological Sciences*, 1(1), 7–16.

[2] Shewan, C. M., & Kertesz, A. 1980 Reliability and validity characteristics of the Western Aphasia Battery (WAB). *The Journal of Speech and Hearing Disorders*, 45(3), 308–324.

[3] Kertesz, A. 1982 *The Western Aphasia Battery*. New York: Grune & Stratton.

[4] Kertesz, A. 2006 *Western Aphasia Battery-Revised (WAB-R)*. Pearson.

弘《ひろ》、長田《ながた》乾《けん》および加部《かべ》澄江《すみえ》が日本語版第一試案を作製し、失語症患者に適用し、有用であることを確認した。1982年10月、WAB失語症検査（日本語版）作製委員会を組織し、第二試案を作成した。1983年1月、第三試案を50例の失語症患者に施行し、1984年、その結果から1984年8月に最終案（第四試案）を完成した。WAB失語症検査の日本語版は1986年に杉下らによって公刊された[5]。

### WAB失語症検査の標準化の成績[6]

WAB失語症検査（日本語版）の最終案（第四試案）をもとに、左大脳半球のみに損傷のある失語症203例（男165名、女38名）と健常者32例（男17名、女15名）を対象として1984年8月から1985年9月まで、標準化をおこなった。失語症の患者は医師、言語病理学者あるいは神経心理学者によって失語症と診断された。

**内部一貫性**：検査項目間の難易度が異なっていたり、検査目的とは懸け離れた項目を含んでいないかどうか、すなわち、内部一貫性を検討するため、35の下位検査についてクロンバック（Cronbach）のアルファ係数を算出した。35の下位検査のうち「話し言葉の単語と漢字単語の対応」という下位検査ではアルファ係数が0.7658であったが、他の34の下位検査は0.80以上であった。したがって、検査項目間の内部一貫性は高い。

**再検査信頼性**：再検査をした場合、1回目の得点と2回目の得点はどのくらい同

[5] WAB失語症検査（日本語版）作製委員会 代表 杉下守弘 1986『WAB失語症検査（日本語版）』医学書院

[6] 小俣文子・杉下守弘・牧下英夫・田川皓一・本村暁 1989「短縮版WAB失語症検査」『神経内科』30(2), 164–173.

じであるかを検討した。発症後1年以上経過し、回復がほとんどみられなくなった失語症患者20名を対象とした。発症後3年1か月に第1回検査を施行し、第2回検査（再検査）を発症後3年3か月で施行し、38の下位検査の第1回検査得点と第2回検査得点のピアソン相関係数を算出し再検査信頼性を検討した。38の下位検査のうち、言語課題である33項目はピアソン相関係数0.80以上（0.80～0.97）であり、残りの5つの非言語性課題の下位検査で0.79以下（0.57～0.79）であった。したがって、大部分の下位検査項目の再検査信頼性は高いといえる。

**検査者間信頼性**：患者の答えを正か誤で採点する下位検査では、検査者間の採点の差異は小さく、段階的尺度で評定する下位検査や患者の反応を評定しにくい下位検査において、大きい。検査者間の採点の差異が大きいと思われる、流暢性、継時的命令、書字表現、行為および描画など5つの下位検査について、5人の検査者の相関の平均は0.91以上であった。したがって、WAB失語症検査（日本語版）の検査者間信頼性は高いといえる。

**WAB失語症検査の短縮版**

WAB失語症検査（日本語版）は標準化がなされているだけでなく、失語症の分類ができる検査であるが、短時間（20～30分）で失語症が検査ができる検査の要望があった。WAB失語症検査（日本語版）の標準化データに因子分析とクラスター分析を行い、その結果を基に、1989年、WAB失語症検査（日本語版）の一部を用いた短縮版が作製された。[6]

## ■標準失語症検査（SLTA）

標準失語症検査（Standard Language Test of Aphasia：略称SLTA）のはじまりは、昭和40年から43年にかけて、失語症コンピュータ・研究グループ（代表 神山五郎《かみやまごろう》）が「シュール・笹沼 失語症簡易検査日本語版」のデータを検討し、失語症検査の試案Ⅰ、Ⅱ、Ⅲを作成したことである。その後、1969年には検査法作成委員会によって試案Ⅲの実施がおこなわれ、1971年に検査法作成委員会と失語症研究会により試案Ⅳが作成され、失語症200例に施行された。その結果から、1973年に試案Ⅴが作成された。施行時間は40分から1時間以上である。1973年から1974年にかけて、失語症200例と非失語症150例を対象として標準化がおこなわれた。標準失語症検査は長谷川恒雄《はせがわつねお》らによって1975年に公刊された。[7]

### 標準失語症検査の標準化の成績[8]

**内部一貫性**：検査項目間の難易度が異なっていたり、検査目的とは懸け離れた項目を含んでいないかどうか、すなわち、内部一貫性を検討するため、26の下位検査についてクロンバック（Cronbach）のアルファ係数を算出した。26の下位検査のうち

[7] 標準失語症検査作製委員会代表 長谷川恒雄ほか 1975『標準失語症検査手引』鳳鳴堂書店

[8] 日本高次脳機能障害学会（編）・日本高次脳機能障害学会 Brain Function Test 委員会（著） 2003『標準失語症検査マニュアル 改訂第2版』新興医学出版社

24の下位検査ではアルファ係数が0.80以上であった。残りの2つの下位検査はいずれも0.79であった。したがって、検査項目間の内部一貫性は高い。

**再検査信頼性**：再検査をした場合、1回目の得点と2回目の得点は同じであることが望ましい。発症後3年1か月経過し、回復がほとんどみられなくなった失語症患者45名を対象とした。発症後3年1か月に第1回検査を施行し、第2回検査（再検査）を発症後3年3か月で施行し、29の下位検査の第1回検査得点と第2回検査得点のピアソン相関係数を算出し再検査信頼性を検討した。29の下位検査のうち20項目はピアソン相関係数0.80以上（0.81～0.96）であり、残りの9つの下位検査でのみ0.79以下（0.10～0.79）であった。したがって、大部分の下位検査項目の再検査信頼性は高いといえる。

## ■ITPA言語学習能力診断検査（1993年改訂版）について

ITPA言語学習能力診断検査は1961年、カーク（Kirk, S. A.）、マッカーシー（McCarthy, J. J.）、カーク（Kirk, W. D.）[9]らによって作製され、1968年に改訂された精神発達障害児の検査である。単に精神発達障害児の能力を測定するだけでなく、検査の結果から、どのように教育したらよいかを示してくれる画期的な検査として登場した。日本語版は「原版1973年の改訂版」を日本で改訂したものが上野《うえの》一彦《かずひこ》、越智《おち》啓子《けいこ》、服部《はっとり》美佳子《みかこ》[10]らによって1993年に出版された。ITPA言語学習能力診

[9] Kirk, S. A., & McCarthy, J. J. 1961 The Illinois Test of Psycholinguistic Abilities: An approach to differential diagnosis. *American Journal of Mental Deficiency*, 66, 399–412.

[10] S. A. カーク、J. J. マッカーシー、W. D. カーク（原著）／上野一彦・越智啓子・服部美佳子（日本版著）1993『ITPA言語学習能力診断検査手引 1993年改訂版』日本文化科学社

断検査はその特徴である、検査結果に基づきどのように精神発達障害児を教育すべきかという点に関して、見るべき業績がないという批判がある。ＩＴＰＡ言語学習能力診断検査の原版は、原著者が変わり存続しているが、１９９３年出版の日本版はすでに出版が中止され、記録用紙が２０２２年３月で発売中止の予定である。しかし、ＩＴＰＡ言語学習能力診断検査のように、教育を目指した検査の発展と継続が望まれる。

〔杉下守弘〕

4-3

# ウィスコンシンカード分類検査（WCST、KWCST）

## ■ウィスコンシンカード分類検査（WCST）とは

概念や構え（セット）の転換（セットシフティング）を評価する神経心理学検査で、前頭葉機能の検査として用いられる。概念や構え（セット）の転換の障害とは、一旦抱かれたり操作されたりした概念や心の構えから他の概念や心の構えに移ることができなくなったり困難になったりする症状で、前頭葉損傷[1]、特に前頭葉穹窿《きゅうりゅう》部の損傷でしばしば認められる。高次の水準での保続[2]といえる。検査として、最もよく使用されるのが、分類・変換検査に属するウィスコンシンカード分類検査（Wisconsin Card Sorting Test：WCST）である。

## ■慶應版ウィスコンシンカード分類検査（KWCST）の開発の経緯

WCSTは1948年にグラント（Grant, D. A.）とバーグ[3]（Berg, E. A.）により考案され、1980年にThe Wisconsin Card Sort Test Random Layout[4]が、1993年にヒートン（Heaton, R. K.）らによりWisconsin Card Sorting Test[5]が出版されている。

［1］前頭葉損傷による症状全般については、加藤敏ほか（編）2011『現代精神医学事典』（弘文堂）を参照。

［2］一旦始めた行動や言葉が繰り返される現象。認知症などの脳障害、特に前頭葉損傷で出現することが多い。

［3］Grant, D. A., & Berg, E. A. 1948 A behavioral analysis of degree of reinforcement and ease of shifting to new responses in a Weigl-type card sorting problem. *Journal of Experimental Psychology*, 38, 404-411.

［4］出版社はWells Printing.

鹿島《かしま》晴雄《はるお》と加藤《かとう》元一郎《もといちろう》らは1985年に、ネルソン[6]（Nelson, H. E.）のA Modified Card Sorting Test に変更、追加を行った簡便なWisconsin Card Sorting Test 新修正法を作成した[7]。以後、現在まで日本において同新修正法は広く使われてきており、慶應版ウィスコンシンカード分類検査[8]（KWCST）として出版されている。ここではKWCSTを紹介する。

## ■KWCSTの内容[9]

### 実施法

赤、緑、黄、青の1〜4個の三角形、星型、十字形、円からなる図形の印刷されたカードを用い、受検者は色、形、数の3つの分類カテゴリーのいずれかに従って刺激カードの下に反応カードを置くことが求められる。刺激カードは、「1つの赤の三角形」「2つの緑の星形」「3つの黄の十字形」「4つの青の丸」の4枚を用いる。「2つの緑の星形」の刺激カードの下に、「2つの青の三角形」の反応カードが置かれた場合は、〝2つ〟という数の分類カテゴリーに従った反応と評価される。検査者は、検査者の分類カテゴリーと受検者のそれとの一致、不一致を正否の形で答える。検査者が、数の分類カテゴリーを考えていれば〝正〟となり、色や形を考えていれば〝否〟となる。受検者は検査者の正否の返答のみを手がかりとして、検査者の考えている分類カテゴリーを推測し反応カードを置いていかねばならない。正反応が6枚続いた後

[5] 出版社はPAR.

[6] Nelson, H. E. 1976 A modified card sorting test sensitive to frontal lobe defects. *Cortex*, 12, 313–324.

[7] 鹿島晴雄・加藤元一郎・半田貴士 1985「慢性分裂病の前頭葉機能に関する神経心理学的検討:Wisconsin Card Sorting Test 新修正法による結果」『臨床精神医学』14, 1479–1489.

[8] 鹿島晴雄・加藤元一郎（編著）2013『慶應版ウィスコンシンカード分類検査（KWCST）』三京房

[9] 鹿島晴雄・加藤元一郎 1997「ウィスコンシン・カード分類検査：慶應版」『臨床検査』41, 1584–1588.

に検査者は分類カテゴリーを受検者に予告なく変えていく。このようにして、分類カテゴリーの転換の程度や保続の程度等が評価される。施行時間は通常、20〜30分である。

## KWCSTにおける変更、修正点

従来のWCSTは、反応カード数が64枚[3]、128枚[10]と多く、疲労性亢進等のためにしばしば検査の施行が困難となることがある。また分類カテゴリーの重複するカードが半数以上あり、受検者の分類カテゴリーを同定しえない場合がある。例えば、「2つの赤の三角」の反応カードが含まれているが、このカードが刺激カード「1つの赤の三角」の下に置かれた場合、受検者の分類カテゴリーが色なのか形なのか判断できない。そのため、KWCSTでは、ネルソン[6]に従い分類カテゴリーの重複するカードを除いた24枚の反応カードを用いている（2シリーズ実施するため、使用する反応カードは48枚）。また反応カードの提示順を、同一の分類カテゴリーが連続して出現しないように配慮してある。すなわち、1つ前のカードとは色、形、数が全て異なるように反応カードを配列し、この検査の本質を理解した場合、最大2回の誤反応の後には必ず正反応が得られるようにした。これらの変更により、ほとんどの脳損傷者に施行が可能となり、受検者の分類カテゴリーの同定も確実に行えるようになった。さらにKWCSTでは、課題遂行がより容易となるように教示の与え方を二段階としてある。第一段階の教示は従来のWCSTと同じであるが、第二段階では〝検査者は正

[10] Milner, B. 1963 Effects of different brain lesions on card sorting. *Archives of Neurology*, 9, 90–100.

答がある程度続くと分類カテゴリーを変えている〟ことが教示される。この第二段階の教示はWCSTの本質に関わる教示であるが、前頭葉損傷ではこの教示が他の脳領域の損傷に比べ有効でないことがあり、前頭葉機能障害の評価に重要な情報となる。

**評価法**

達成カテゴリー数、ネルソン型の保続数等を評価する。達成カテゴリー数とは、連続6正答が達成された分類カテゴリーの数であり、概念の変換の程度を総体として表わす指標である。最大値は6、健常者は4～5である。ネルソン型の保続数は直前の誤反応と同じカテゴリーに分類された誤反応数である。また前頭葉症状とされる言語による行為の制御障害[11]（Impaired Verbal Regulation：IVR）の評価も行う。前頭葉損傷では、しばしば達成カテゴリー数は低下し、保続数が増加する。

## ■まとめと評価における留意点

前頭葉機能検査は複雑なものが多く、自発性欠乏や情動変化の強い場合はしばしば施行不能である。前頭葉機能検査はより要素的な機能の保持を前提とするものであり、前頭葉以外の損傷でも成績は低下する。[12] 前頭葉損傷では成績低下がより特異的であるということであり、KWCSTの成績の評価にあたっては、常に他の検査成績（例えばWAIS-Ⅳ）との比較、検討が必要であることを強調しておきたい。

〔鹿島晴雄〕

[11] 鹿島晴雄 1995「前頭葉損傷とawarenessの障害：特にimpaired verbal regulationとの関連について」『失語症研究』15, 181-187.

[12] 統合失調症においても、第一段階の教示ではKWCSTの成績低下が認められることがあるが、第二段階の教示により成績の改善の見られる場合があり、鑑別に役立つことがある。

# 4-4 コース立方体組み合わせテスト

## ■コース立方体組み合わせテストとは

コース立方体組み合わせテストとは、コース（Kohs, S. C.）が考案した個別式知能検査である。赤、白、青、黄の4色に塗り分けられた立方体のブロックを組み合わせて、手本として示された図版と同じ模様を作らせるものであり、正答数や反応時間から割り出された総得点と受検者の年齢からIQ[1]を算出する。なお、手引書[2]には「問題を分析したり、統合したりする能力を測定する検査である」とあり、本検査により算出されたIQには、空間認知、視覚的抽象処理、問題解決力といった側面が反映されるものと考えられる。

適用年齢は6歳以上、所要時間は20～50分程度である。教示には練習用模様図を用い、身振りで説明するなど、言語を用いずに実施可能なことが大きな特徴である。

## ■検査の成り立ち

本検査は、1920年、米国においてコースがKohs Block Design Testsを発表

[1] 知能指数。コース立方体組み合わせテストでは、次の式で算出される。

IQ（知能指数）＝精神年齢÷生活年齢（修正年齢）×100

[2] コース／大脇義一（編）2016『コース立方体組み合わせテスト使用手引（改訂新版）』三京房

し、1922年にThe Block–Design Testsとして出版されたことに始まる。その後、1939年のWechsler–Belvue Intelligence Scaleに「積み木問題」として組み込まれ、WAIS-Ⅳ、WISC-Ⅳ[3]においても下位検査「積木模様」として引き継がれている。

日本には、心理学者であった大脇《おおわき》義一《よしかず》[4]が紹介した。もともとのねらいは、聴覚障害をもつ児童の知能を測定するための検査としての位置づけであり、ろう学校の聴覚障害児約500名（6～16歳）を対象に標準化され[2]、1966年、三京房から出版された。その後、日本でもコース立方体組み合わせテストの研究が盛んに行われることとなり、同検査が脳障害者や高齢者にも適用しやすい知能検査であることが示された[5]。また、本検査で測定した高齢者の知能とウェクスラー式知能検査でかつて「動作性」と呼ばれていた検査との相関が高いことが示されるなど[6]、知能検査としての妥当性も検討されている。

## ■利点・注意点

本検査は、実施方法が簡単であり、検査者の熟練を要さない上、採点も短時間で行うことができるほか、ウェクスラー式知能検査やKABC-Ⅱ[7]などと比較して所要時間も短いなど、その利用しやすさが魅力の一つである。また、所要時間が短いということは、受検者にとっても比較的負担の少ない検査であるといえる。さらに、木製の

[3] 本書3－2参照

[4] 京都帝大文学部心理学科卒業。心理学およびアイヌ、東北地方の民族性について研究を行った。

[5] 長谷川和夫 1996「資料3 老人の知能測定」『コース立方体組み合わせテスト使用手引き（改訂増補版）』三京房（p.27）

[6] 石田絢子・斉藤千佐子・長谷川和夫「資料3 老人の知能測定」『コース立方体組み合わせテスト使用手引き（改訂増補版）』三京房（pp.27–29）

[7] 本書3－4参照

積木は手作りで、手になじみやすい大きさであることから、低年齢児にも親しみやすい。低年齢児や知的障害者であっても興味を持ちやすく、楽しみながら受検できるため、測定不能になってしまう可能性が低いことも大きな特長である。

一方で、13歳2か月以上の生活年齢の受検者に対しては修正年齢を使用し、特に18歳以上の者は一律の修正年齢となるため、解釈に当たっては妥当性の面で注意が必要となる。また、算出できるＩＱの上限が124であり、高い知能の者ほどウェクスラー式知能検査などと比べて細やかな数値が得られにくいところは難点といえる。

## ■用いられている領域

もともとは聴覚障害児の知能を測定することを目的として作成された本検査であるが、前述のように、適用年齢が広いこと、教示の際に言語を必要とせず、聴覚障害のみならず言語機能障害等を抱える対象者にも実施できることから、日本においては、特別支援教育の分野に限らず、幅広い領域で使用されている。たとえば、高齢の認知症患者に対しても実施が容易なことから、認知症のスクリーニングに用いられているほか、比較的に負担の軽い検査であるため、リハビリテーション領域においても広く使用されている。外国籍の者など日本語を母語としない者の知能を測定することも可能である。このように、本検査は、非常に利便性の高い検査であるといえる。

## ■コース立方体組み合わせテストから派生した知能検査

先述の大脇義一は、本検査を作成したのち、これを基に「大脇式精薄児用知能検査器[8]（正常幼児兼用）」や「大脇式盲人用知能検査器[9]」も作成している。前者は、適用年齢を引き下げて1歳10か月から6歳までとしたものであり、幼児や知能の発達に遅れのある児童に実施できるようになっている。後者は、色が塗り分けられたブロックの代わりに、触り心地の異なる布を張り付けたブロックと、同じ布を張り付けた図版を使用するといった工夫がなされた、触覚を使う珍しい検査であり、点字を用いずとも視覚障害者に実施することができる。

[8] 大脇義一 1968『大脇式精薄児用知能検査器（正常幼児兼用）使用手引き』三京房

[9] 大脇義一 1965『大脇式盲人用知能検査器 使用手引き』三京房

## ■まとめ

コース立方体組み合わせテストとは、4色に塗り分けられた立方体のブロックを組み合わせて、手本として示された図版と同じ模様を作らせる知能検査であり、空間認知、視覚的抽象処理、問題解決力といった能力を捉えることができる。適用年齢が広いことに加え、手作りの木製の積木は手になじみやすいことから低年齢児でも親しみやすく、言語を用いずに実施可能なことや受検者の負担が比較的小さく済むことから、聴覚障害者や認知症患者、肢体不自由を抱えた人、日本語を母国語としない人など幅広い対象者に実施できることが特徴である。

〔小野寺良枝〕

# 4-5 高次脳機能障害の心理検査

## ■高次脳機能障害とは

学術用語としての高次脳機能障害とは、一般に大脳の器質的病因により、失語、失行、失認など比較的局在の明確な大脳の巣症状、注意障害、記憶障害などの欠落症状、判断・問題解決能力の障害、行動異常などを呈する状態像とされている。一方、行政用語としての高次脳機能障害は、2001年より開始された厚生労働省による「高次脳機能障害支援モデル事業」において定義された診断基準であり、「脳の器質的病変の原因となる事故による受傷や疾病の発症の事実が確認されている」および「現在、日常生活または生活に制約があり、その主たる原因が記憶障害、注意障害、遂行機能障害、社会的行動障害などの認知障害である」（ただし、先天性疾患、周産期の脳損傷、発達障害、および認知症などの進行性疾患を原因とする場合は除外する）とされている。そこで本稿では、記憶障害、注意障害、遂行機能障害、社会的行動障害を測定する代表的な検査を解説する。

[1] Wechsler, D. 1945 A standardized memory scale for clinical use. *The Journal of Psychology, 19*, 87–95.

[2] Wechsler, D. 1987 *Manual for the Wechsler Memory Scale–Revised*. The Psychological Corporation.［ウェクスラー／杉下守弘（訳）2001『日本版ウェクスラー記憶検査法（WMS－R）』日本文化科学社］

## ■ウェクスラー記憶検査（ＷＭＳ-Ｒ）

### 開発の経緯

ウェクスラー（Wechsler, D.）によって総合的な記憶機能を評価する目的で開発されたテストバッテリーであり、１９４５年にＷＭＳ[1]、および１９８７年に改訂版であるＷＭＳ-Ｒが作成され、日本版ＷＭＳ-Ｒは、２００１年に杉下《すぎした》守《もり》弘《ひろ》により標準化されている[2]。

### 検査の内容

ＷＭＳ-Ｒの構成は、図１に示すとおりである。まず、指標には換算しない情報と見当識に関する１つの下位検査があり、これらが低得点である場合は、指標解釈に留意する必要性があるとされる。そして、言語性記憶指標が論理的記憶Ⅰ、言語性対連合Ⅰの２つの下位検査、視覚性記憶指標が図形の記憶、視覚性対連合Ⅰ、視覚性再生Ⅰの３つの下位検査、およびその合成得点による一般的記憶指標、また、注意・集中力指標が精神統制、数唱、視覚性記憶範囲の３つの下位検査、遅延再生指標が論理的記憶Ⅱ、視覚性対連合Ⅱ、言語性対連合Ⅱ、視覚性再生Ⅱの４つの下位検査の計13下位検査から構成されている。適用年齢は16～74歳で、基準年齢群における平均１００、１標準偏差15とした偏差指標であらわされ、指標50未満はスケールアウトとなる。したがって、ＷＡＩＳ-Ⅲ同様の評価基準および重症度評価が可能であり、１３０以上が「特に高い」、１２０～１２９が「高い」、１１０～１１９が「平均の上」、

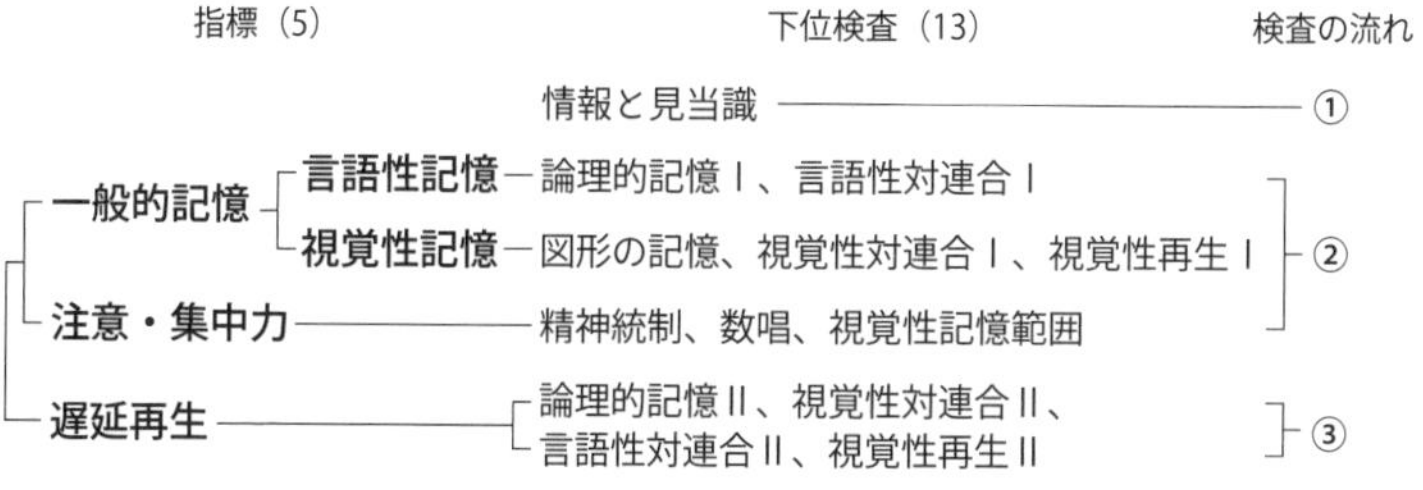


図１　ウェクスラー記憶検査（WMS–R）の構成

90～１０９が「平均」、80～89が「平均の下」、70～79が「境界線」、69以下が「特に低い」と判定される。なお、75歳以上の高齢者にＷＭＳ－Ｒを施行した場合は適用年齢外で解釈に留意が必要となる。そこで、すでに適用年齢が16～89歳であるＷＭＳ－Ⅲ[3]および16～90歳であるＷＭＳ－Ⅳ[4]が開発されており、日本版の標準化が待たれる。

## ■標準注意検査法・標準意欲評価法（ＣＡＴＳ[5]）

### 開発の経緯

２００６年に日本高次脳機能障害学会Brain Function Test委員会により、成人の脳損傷者にしばしば認められる注意の障害や意欲・自発性の低下を臨床的かつ定量的に評価することを目的に開発されたものである。[6] 標準注意検査法ＣＡＴ[7]と標準意欲評価法ＣＡＳ[8]で構成され、合わせてＣＡＴＳと略される。

### 検査の内容

ＣＡＴは、①記憶範囲［数唱と視覚性スパンからなる］（Digit Span と Tapping Span）、②抹消・検出検査［視覚性抹消課題と聴覚性検出課題からなる］（Cancellation and Detection Test）、③ＳＤＭＴ（Symbol Digit Modalities Test）、④記憶更新検査（Memory Updating Test）、⑤ＰＡＳＡＴ（Paced Auditory Serial Addition Test）、⑥上中下検査（Position Stroop Test）、⑦ＣＰＴ（Continuous Performance Test）の７つの下位検査で構成されている。また、ＣＡＳは、①面接による意欲評価スケール、②質

［3］Wechsler, D. 1997 *Wechsler Memory Scale (3rd ed.): WMS–III.* Harcourt Assessment.

［4］Wechsler, D. 2009 *Wechsler Memory Scale (4th ed.): WMS–IV.* Pearson.

［5］Clinical Assessment for Attention and Spontaneity

［6］日本高次脳機能障害学会（編）、日本高次脳機能障害学会 Brain Function Test 委員会（著）2006『標準注意検査法・標準意欲評価法』新興医学出版社

［7］Clinical Assessment for Attention

［8］Clinical Assessment for Spontaneity

問紙法による意欲評価スケール、③日常生活行動の意欲評価スケール、④自由時間の日常行動観察、⑤臨床的総合評価の5つの評価項目で構成されている。適用年齢は20～79歳で、各下位検査のプロフィールについて基準年齢群における平均±標準偏差と比較検討できるようになっている。

## ■遂行機能障害症候群の行動評価（BADS）[9]

### 開発の経緯

1996年にウィルソン（Wilson, B. A.）らによって、生態学的妥当性を意識した日常生活上の遂行機能に関する問題点を検出することを企図して考案された評価法であり、日本版は2003年に鹿《か》島《しま》晴《はる》雄《お》らにより標準化されている。[10]

### 検査の内容

下位検査には、①規則変換カード検査、②行為計画検査、③鍵探し検査、④時間判断検査、⑤動物園地図検査、⑥修正6要素検査、の6つがあり、それぞれ0～4点の5段階によるプロフィール得点が算出され、総プロフィール得点（範囲：0～24点）の得点分布のパーセンタイル値は、平均100、1標準偏差15の標準化された得点に変換され、障害あり、境界域、平均の下、平均、平均の上、優秀、きわめて優秀に判定可能となっている。

また、これらとは別に遂行機能障害の質問表（Dysexecutive Questionnaire：DEX）

[9] Behavioural Assessment of the Dysexecutive Syndrome

[10] Wilson, B. A., Alderman, N., Burgess, P. W. et al. 1996 *Behavioural Assessment of the Dysexecutive Syndrome.* Thames Valley Test Company. ／鹿島晴雄（監訳）2003「BADS遂行機能障害症候群の行動評価：日本版：Behavioural Assessment of the Dysexecutive Syndrome」新興医学出版社

として本人用と家族・介護者用がいずれも20問ずつ用意されている。スタス（Stuss, D. T.）とベンソン（Benson, B. F.）によると、遂行機能障害と関連して生じやすい行動上の変化として、①気分の変化ないし人格変化、②動機づけの変化、③行動の変化、④認知の変化の4領域が問題点となりやすいことが指摘されている。[11] DEXは、これらの行動上の変化を検出するために開発された質問表である。

## ■前頭葉機能検査（FAB）[12]

### 開発の経緯

2000年にデュボイス（Dubois, B.）らによって前頭葉機能を評価する目的で開発されたテストバッテリーである。[13]

### 検査の内容

類似性（概念化）、語の流暢性（心の柔軟性）、運動系列（運動プログラミング）、葛藤指示（干渉刺激に対する敏感性）、Go–No Go課題（抑制コントロール）、把握行動（環境に対する非影響性）の6下位検査で構成されている。

日本版に関しては複数あるが、2002年に高木理恵子《たかぎりえこ》らが訳出したもの、[14] およびそれを一部改変したものと各臨床群におけるカットオフ値に関する代表的な研究知見をまとめたものが入手しやすく参考となろう。[15] なお、FABの下位検査項目は、前頭葉機能に含まれる注意・概念の転換（保続と反応抑制）、流暢性・発散的思考などの

[11] Stuss, D. T., & Benson, D. F. 1984 Neuropsychological studies of the frontal lobes. *Psychological Bulletin, 95*, 3–28. / Stuss, D. T. & Benson, D. F. 1985 *The frontal lobes*. Raven Press Books.［融道男・本橋伸高（訳）1990『前頭葉』共立出版］

[12] Frontal Assessment Battery

[13] Dubois, B., Slachevsky, A., Litvan, I. et al. 2000 The FAB: A frontal assessment battery at bedside. *Neurology, 55*, 1621–1626.

[14] 高木理恵子・梶本賀義・神吉しづか・三輪英人・近藤智善 2002「前頭葉簡易機能検査（FAB）：パーキンソン病患者における検討」『脳と神経』54, 897–902.

[15] 小海宏之 2019『神経心理学的アセスメント・ハンドブック（第2版）』金剛出版

機能と関連するが、問題解決機能や意思決定能力、社会的な行動障害などを測定する項目は含まれていない。したがって、前頭葉機能障害患者において頻度の高い行動障害（例：脱抑制、多幸性）なども評価する必要があると指摘されていること[16]に留意すべきであろう。

## ■まとめ

高次脳機能障害の主たる原因である記憶障害は本稿で概説したWMS-Rのほか、三宅式記銘力検査[17]、標準言語性対連合学習検査（S-PA）[17]、ベントン視覚記銘検査[18]などで定量化できる。また、注意障害は本稿で概説したCATSのほか、行動性無視検査（BIT）[19]などで、遂行機能障害は本稿で概説したBADSのほか、TMT[20]、標準高次動作性検査（SPTA）[21]などでそれぞれ定量化できる。しかし、社会的行動障害については、前頭葉機能との関連が強く、本稿で概説したFABのほか、WCST[22]などで一定の機能を定量化することができる。とくに問題解決機能や意思決定能力、脱抑制や多幸性などの社会的な行動障害を測定することができないため、例えばWAIS-Ⅳ[23]の「理解」やCOGNISTAT認知機能検査の「推理」の下位検査により問題解決機能としての社会的理解や推理の側面を、MacCAT-T[24]により意思決定能力としての医療同意能力の側面を、DEXやNPI[25]により社会的な行動障害を評価することも大切となろう。

〔小海宏之〕

[16] 仲秋秀太郎・佐藤順子・山田峻寛・佐藤博文 2018「Frontal Assessment Battery（FAB）の有用性」『老年精神医学雑誌』29, 1167–1174.

[17] 本書4－8参照

[18] 本書4－9参照

[19] Behavioural Inattention Test

[20] Trail Making Test

[21] Standard Performance Test of Apraxia

[22] 本書4－3参照

[23] 本書3－2参照

[24] MacArthur Competence Assessment Tool-Treatment

[25] Neuropsychiatric Inventory

4-6
# 認知機能の検査（ＭＭＳＥ、改訂長谷川式簡易知能評価スケール）

## ■ＭＭＳＥ（Mini Mental State Examination）

### ＭＭＳＥとは

Mini Mental State Examination（略称ＭＭＳＥ）は1975年、フォルスタイン（Folstein, M. F.）らによって作成され、[1] 2001年に改訂がなされた。[2] ＭＭＳＥは5〜10分で認知機能を検査することを目的とした検査で、11のカテゴリーに分けられる一連の課題から成り立っている。すなわち、時に関する見当識、場所に関する見当識、記銘、注意と計算、再生、呼称、復唱、理解、読字、書字、描画の11カテゴリーである。すべての問題が正答されれば、最高得点30点が得られる。この検査は、認知障害を見つけたり、時間を追って一人の患者の認知機能上の変化の経過を追跡したりするために使用することができる。

ＭＭＳＥの日本語版は、1985年、森《もり》悦《えつ》郎《ろう》らによって作成されたもの[3]をはじめとして、3つあった。[3][4][5] これら3つの日本語版は「短時間に測れる認知機能検査」としては良くできている。しかし、小海ら[4]が述べているようにＭＭＳＥ原版[2]と異なる点が

[1] Folstein, M. F., Folstein, S. E., & McHugh, P. R. 1975 "Mini-Mental State": A practical method for grading the cognitive state of patients for the clinician. *Journal of Psychiatric Research*, 12, 189–198.

[2] Folstein, M. F., Folstein, S. E., McHugh, P. R., & Fanjiang, G. 2001 *Mini-Mental State Examination User's Guide*. PAR, Inc.

[3] 森悦郎・三谷洋子・山鳥重 1985「神経疾患患者における日本語版 Mini-Mental State テストの有用性」『神経心理学』1, 82–90.

[4] 小海宏之・朝比奈恭子・岡村香織・石井辰二・東真一郎・吉田祥・津田清重 2000「日本語版 Mini-Mental State Examination-Aino の重症度判別基準」『藍野学院紀要』14, 59–66.

あるのが難点であった。

　2000年代以降、MMSE原版[2]は、短時間に測れる認知機能検査としてよりも、認知症の症状を測定する検査として注目されるようになった。このため、日本のデータと世界の他の国のデータの比較を可能にする必要があり、MMSE日本語版はMMSE原版と同じになるように翻訳と文化適応をおこない、原版MMSEと等価な日本語版を作成することが、急務となった。そのような日本語版として、2006年、杉《すぎ》下《した》守《もり》弘《ひろ》によりMMSE-J（精神状態短時間検査-日本版）が作成され、2010年、日本のADNI（J-ADNI）のデータを基に標準化が行われた[7]（なお、2012年3月、日本の国際研究「アルツハイマー病神経画像戦略（略称ADNI）の日本支部（略称J-ADNI）」データの改ざんが指摘され、2014年3月には東京大学調査委員会に改ざんやプロトコル違反など問題例が報告された。その後、第三者委員会報告書はこれらの問題例を問題ないとしたが、この判断は誤りであることが明らかにされた[8][9]）。

　2018年、MMSE-Jの2回目の標準化がおこなわれた[10]。この標準化では、新らたに被験者として軽度認知障害（MCI）の患者を加え、健常者、MCI、およびアルツハイマー病患者を対象とした。この結果に基づき、2019年、改訂日本版[11]が出版された。MMSE-Jは、MMSEの原版出版社Psychological Assessment Resources, INC.との契約に基づいて作成されたMMSEの正規日本版である。

[5] 北村俊則 1991「Mini-Mental State」大塚敏男・本間昭（監修）『高齢者のための知的機能検査の手引き』ワールドプランニング（pp.35–58）

[6] 杉下守弘 2006『MMSE-J（精神状態短時間検査-日本版）』

[7] 杉下守弘・逸見功・JADNI研究 2010「MMSE-J（精神状態短時間検査-日本版）の妥当性と信頼性について：A preliminary report」『認知神経科学』12, 186–190.

[8] 杉下守弘・逸見功・竹内具子 2016「精神状態短時間検査-日本版（MMSE-J）の妥当性と信頼性に関する再検討」『認知神経科学』18, 168–183. ※本論文中の引用文献6～11のURLは変更となり、現在はhttps://sites.google.com/view/j-adni/ホーム?authuser=0参照。

[9]「J-ADNI問題について」https://sites.google.com/view/j-adni/ホーム?authuser=0

## ＭＭＳＥ－Ｊの標準化の成績[10]

Ｊ－ＡＤＮＩのデータを使わず、新たに３８１例のデータを集め、標準化を行った。妥当性の検討では、外的基準としてＤＳＭ－５とFunctional assessment staging（略称ＦＡＳＴ）を用いた。注意・計算課題は、２００１年ＭＭＳＥ[2]の施行法の課題をもちいた。すなわち「被験者が１００－７課題を行うことを拒否した場合、被験者に『世界地図』という単語の順唱を言うように求め、それから、逆唱を求める。という課題」である。妥当性の検討は３３１名を対象とした。その内訳は、健常者１２７名、ＭＣＩ例１３７名、軽度アルツハイマー病患者（ＡＤ）67名である。ＲＯＣ分析で、ＭＣＩ群と軽度ＡＤの最適カットオフ値は23／24（感度68.7%、特異度78.8%）、健常者群とＭＣＩ群の最適カットオフ値は27／28（感度83.9%、特異度83.5%）であった。ＭＭＳＥ－Ｊの最適カットオフ値の弁別力は健常者とＭＣＩとの弁別には満足のいくものであった（なお、ＭＣＩ群とＡＤ群との弁別は満足できる程度より低い）。これらの結果は、ＭＭＳＥ－Ｊが健常者、ＭＣＩ例１３７名、軽度ＡＤを対象としたスクリーニング検査として妥当性があることを示している。信頼性は再検査を行った67例（健常者37名、ＭＣＩ 22名、軽度ＡＤ８名）について検討した。検査－再検査の相関係数は0.77であり、再検査信頼性は高かった。

[10] 杉下守弘・腰塚洋介・須藤慎治・杉下和行・逸見功・唐澤秀治・猪原匡史・朝田隆・美原盤 2018「ＭＭＳＥ－Ｊ（精神状態短時間検査－日本版）原法の妥当性と信頼性」『認知神経科学』20, 91–110.

[11] 杉下守弘 2019「精神状態短時間検査－改訂日本版：ＭＭＳＥ－Ｊ．使用者の手引」日本文化科学社

## ■改訂長谷川式簡易知能評価スケール

長谷川式簡易知能評価スケール（Revised Hasegawa Dementia Scale：HDS-R）は長谷《はせ》川《がわ》和《かず》夫《お》ら[12]よって1974年に作成され、その後、質問項目と採点基準を改訂し、1991年に改訂長谷川式簡易知能評価スケール（HDS-R）が作成された[13]。長谷川式スケールとも呼ばれる。改訂長谷川式簡易知能評価スケールは短時間（10〜15分）で認知機能を測定することを目指した検査で、認知症のスクリーニング検査として使用されている。検査項目は、見当識（日時）、見当識（場所）、3単語の記銘、計算、数字の逆唱、3単語の遅延再生、物品の記銘と即時再生、語想起に関するものなど9項目である[13]。30点満点で、得点が高いほど認知機能が良好であることを示し、20点以下である場合は認知症が疑われる[12]。20点以上で軽度、11〜19点の場合は中等度、10点以下で高度と推定される。認知症の検査で行われる場合は10〜15分を要する。

### 改訂長谷川式簡易知能評価スケールの標準化の成績

痴呆群95名、非痴呆群62名を対象として、クロンバック（Cronback）のアルファ係数は0.90であり、高い信頼性が認められた。MMSE（森ら版[3]）とHDS-Rの相関係数は0.94で、併存的妥当性は高かった。痴呆群と非痴呆群のカットオフ値を20／21に設定すると感度83.9%、特異度83.5%となり高い検出力があった。痴呆群と非痴呆群を区別する検査として妥当性があるといえる。

〔杉下守弘〕

[12] 長谷川和夫・井上勝也・守屋国光 1974「老人の痴呆診査スケールの一検討」『精神医学』16, 965–969.

[13] 加藤伸司・下垣光・小野寺敦志・植田宏樹・老川賢三・池田一彦・小坂敦二・今井幸充・長谷川和夫 1991「改訂長谷川式簡易知能評価スケール（HDS-R）の作成」『老年精神医学雑誌』2, 1339–1347.

# 4-7 内田クレペリン検査

## ■内田クレペリン検査[1]とは

内田クレペリン検査は、一桁の加算を作業負荷とした作業検査である。検査用紙には無作為に並んだ数字が印刷されており、となりあった印刷数字を加算し、その答の下一桁を鉛筆で記入していく（図1）。この加算作業を1分間ごとに改行しながら連続して15分間行い、5分間の休憩をはさんで、また連続15分間行う。その結果から受検者の知的水準、心的エネルギー水準、作業障害の傾向、パーソナリティなどを予測する検査である。

作業検査法は、モデル化した作業への反応から受検者の特徴を判定するので、質問紙法のように言語を介した認知レベルでの操作を経由しない。そのため、**回答バイアス**や作為的な操作を（完全とはいわないまでも）抑制することができる。

**検査の由来**

ドイツの精神医学者クレペリン（Kraepelin, E.）による「連続加算法による作業心理の実験的研究」が着想の源流となる。この研究に関心をもった内田勇三郎《うちだゆうざぶろう》は、

［1］2020（令和2）年度の診療報酬で、「認知機能検査その他の心理検査（D285）」として指定されており、心理検査販売代理店より購入可能。

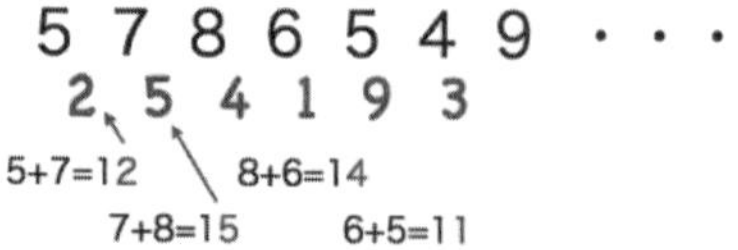


図1　一桁の加算

1923年ころ、当時勤務していた都立松澤病院において追試を開始した。その過程で、もっとも効果的に作業因子（作業の傾向に影響を与えると仮定された心理的因子）を抽出できる時間条件を吟味すると同時に、さまざまな集団のデータから、この作業負荷に対する定型的な反応パターン（**健康者常態定型**）を発見し、徐々に心理検査としての形式を整えていった。クレペリンの研究をベースとしながらも、心理検査としては日本で確立した検査である。[2]

## ■検査の判定法

内田クレペリン検査の判定には、おもに3つの指標を用いる。①作業量（加算のできた量）、②作業曲線（1分ごとの加算の出来高を結んだ折れ線グラフの形）、③誤答（加算の答の誤り）である（図2）。これらの指標を総合して判定していくわけだが、これまでの歴史で、いくつかの手法が提唱されてきた。ここでは代表的な2つの判定法について概要を紹介する。

### 曲線類型判定[3]

もっとも最初に確立された判定法であり、前述の健康者常態定型をいわば「お手本」に置き、個々の検査結果と「お手本」との乖離を評価する方法である。健康者常態定型との共通点が多い検査結果は「定型」とされ、共通点が少なくなるにしたがって「非定型」の度合いが強まるとされる。一般的に、健常者の集団では「定

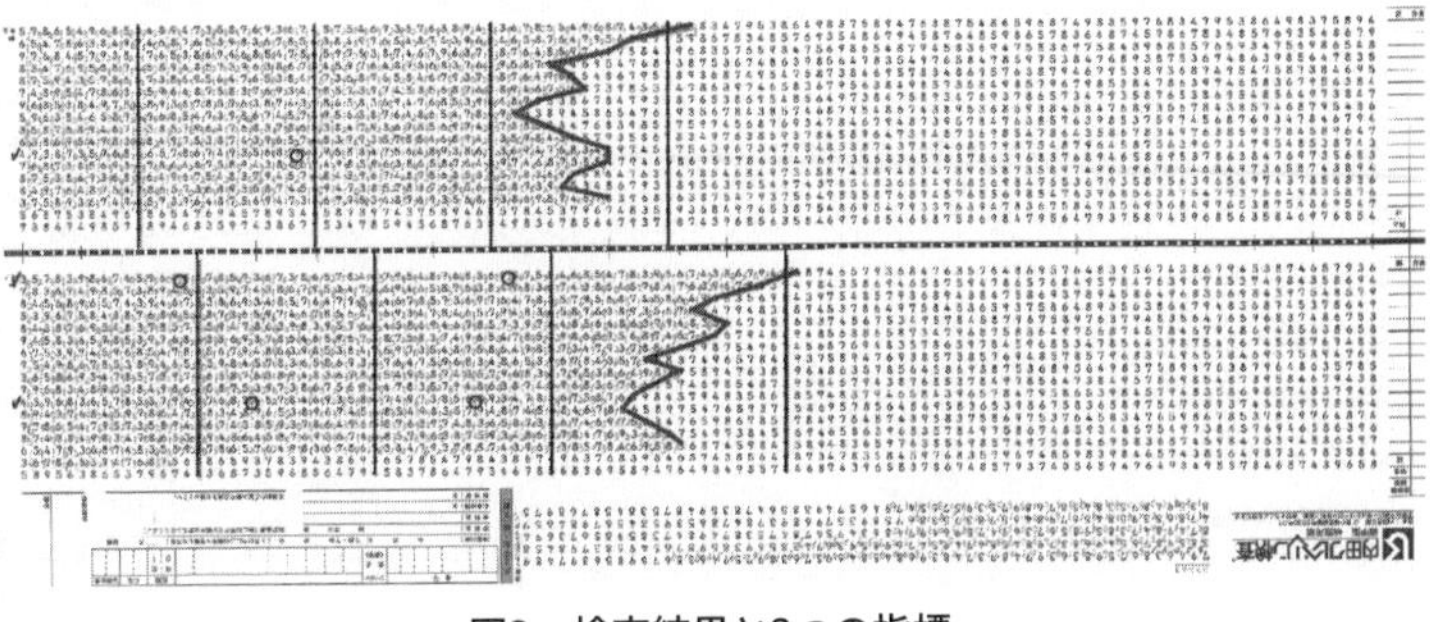

図2　検査結果と3つの指標

型」の出現頻度が高く、精神疾患を抱える人たちの集団では「非定型」の出現頻度が高くなる傾向がある。その他にも、「非定型」には事故発生との相関など、問題行動との結びつきを示す特徴が指摘されている。そういった点から、曲線類型判定は、安全管理や労務管理といった目的で産業分野において普及している。

**人柄類型判定**[4]

クレッチマー（Kretschmer, E.）の**気質類型**[5]に着想を得て、作業曲線からおもに人柄＝パーソナリティを判定することを目指した判定法である。曲線類型判定が、「定型／非定型」の一軸にそって序列的に評価する手法であるのに対して、人柄類型判定は並列的な複数の人柄類型（循環型、分裂型、粘着型など）に分類していく判定法といえる。曲線類型判定がおもに医療や産業分野で使用されるのに対して、人柄類型判定は教育分野で使用されることが多い。

## ■まとめ

多くの作業検査では作業量（もしくは定められた総作業を処理する時間）とエラーが主たる指標となっているが、内田クレペリン検査は、作業曲線という指標によってパフォーマンスの経時変化を評価できる点がユニークな特徴といえる。作業障害の有無やパーソナリティの判定は、この作業曲線という指標に依るところが大きい。

一方、作業曲線の判定は、作業量や誤答の判定に比べて手順が複雑で、習得するの

［2］日本・精神技術研究所（編）・外岡豊彦（監修）2005『内田クレペリン精神検査・基礎テキスト（増補改訂版）』日本・精神技術研究所

［3］曲線類型判定は具体的な手法は、前掲注［2］『内田クレペリン精神検査・基礎テキスト』に詳しい。

［4］小林晃夫 1970『人間の理解：内田クレペリン精神検査法による』東京心理技術研究会

［5］クレッチマー（Kretschmer, E.）は、人の人格や気質を体格とも関連するいくつかのタイプ（類型）に分類する説を提唱した。『体格と性格』といった著書において、循環気質（躁鬱気質）の人には肥満型が多く、分裂気質の人にはやせ型が多いといった複数の類型が提示されている。

に一定の経験を要する。そのことが、臨床現場での普及の障壁になっている点も否めない。そのため最近では、コンピュータを使って数量的に処理する評価法も普及しつつある。また前述の2つの判定法を統合し、より簡便な判定方法を提唱しようという動きも出てきている。[6]

内田クレペリン検査は、医療分野や教育分野よりもむしろ産業分野での利用が中心的である点も他の検査と異なる特徴といえるだろう。これまで産業分野では、主に安全管理や労務管理の目的で使用されてきたが、近年は、メンタルヘルス不調で休職中の従業員の復職にあたって、評価基準の一つとして用いる機関も増えつつある。

こういった目的での使用は、外的な現象(たとえば交通事故や精神疾患など)との基準関連妥当性に基づくもの[7]であるが、一方で、どうして連続加算の結果が受検者の心理的な傾向を反映するのか、という構成概念的な妥当性については未解明なところも多い。連続加算という作業負荷がどのような意味を持っているのか。今後、脳科学や神経科学的なアプローチによる調査も期待される。

〔内田桃人〕

[6] 黒川淳一 2020「内田クレペリン精神検査 標準型検査用紙の見直しについて」『内田クレペリン精神検査研究』9, 2–8.

[7] 検査結果の基準関連妥当性については、日本・精神技術研究所(編)・山田耕嗣(監修)1990『内田クレペリン精神検査 データブック』日本・精神技術研究所(発売:金子書房)などに詳しい。また、鉄道事故との相関から電車の運転免許(正確には、動力車操縦者運転免許)の要件として、省令で義務付けられている。

# 4-8 三宅式記銘力検査、標準言語性対連合学習検査（S-PA）

## ■三宅式記銘力検査とは

三宅式記銘力検査は簡易な聴覚性の言語性記憶検査であり、三宅鑛一《みやけこういち》と内田勇三郎《うちだゆうざぶろう》の対語《ついご》リスト[1]を改変した東大脳研式記銘力検査の対語[2]が長年にわたって広く用いられてきた。

対語リストは有関係対語試験と無関係対語試験それぞれ10個の単語対で構成される。まず、検査者が受検者に対して10個の単語対を読み上げる。その後に単語対の先の単語のみを検査者が読み上げ、受検者は対となっていた後の単語を答えるよう求められる。10対語中で正答した単語対の個数が成績となる。1回目の施行を終えると2回目、3回目の施行を同様の手順で行う。有関係対語試験は無関係対語試験よりも難易度が低い。検査要項では有関係対語試験は受検者が慣れるためのもので、記銘力の判定には無関係対語試験を重視することが記載されている。しかし、高度の記憶障害を有する患者では無関係対語試験の実施が困難であり、有関係対語試験の成績をもと

[1] 三宅鑛一・内田勇三郎 1923「記憶ニ関スル臨牀的実験成績（上）」『神経学雑誌』73, 458–488.

[2] 東京大学脳研究所（編）発行年不明『東大脳研式記銘力テスト』医学出版社

にした判定を行わざるをえない場合も少なくない。

### 三宅式記銘力検査の問題点

三宅式記銘力検査は診療・研究に大きな役割を果たしてきた実績があるものの、近年は以下に述べるいくつかの問題点が認識され、その解決が望まれていた。

まず、発表からの年月を経て、提示される語句のいくつかは日常的には用いられなくなった（例：停車場、真綿など）。そのため、現在の患者、特に若年者に実施する際に適切でない可能性があった。また、成績判定にあたり検査要項に平均値と範囲の記載があるものの、その受検者について年齢その他の特性が不明であった。高齢者[3]や青年の標準値[4]に関する報告も散見されるが、各年代にわたる成績の標準化が大きな課題であった。さらに、対語リストが有関係対語、無関係対語それぞれ1セットであり、病状の経過観察や治療介入の効果判定のために検査を繰り返す場合に、練習効果を排除しえなかった。

## ■標準言語性対連合学習検査（S－PA）

### 標準言語性対連合学習検査（S－PA）とは

前項で述べた三宅式記銘力検査の問題点に対応した標準言語性対連合学習検査（Standard verbal paired-associate learning test：S-PA）が2014年に発表された[5]。S－PAはマニュアルとスコアリングシート、検査用紙3種（セットA・B・C）で構成

[3] Ishiai, S. et. al 2000 Unilateral spatial neglect in AD: Significance of line bisection performance. *Neurology, 55*, 364–370. ／石合純夫「記憶障害・痴呆」石合純夫（編）2003『高次脳機能障害学』医歯薬出版（pp.159–201）. ／稲山靖弘ほか 1997「症状の軽度な精神分裂病患者の前頭葉機能および記憶機能」『精神医学』39, 975–977.

[4] 岡崎哲也ほか 2013「高次脳機能障害に使用される簡易な神経心理学的検査の青年標準値：Mini-Mental State Examination、Trail Making Test、Wisconsin Card Sorting Test パソコン版、三宅式記銘力検査」*Japanese Journal of Rehabilitation Medicine, 50*, 962–970.

[5] 高次脳機能障害学会（編）2014『標準言語性対連合学習検査』新興医学出版社

される。検査に使用する単語対は親密さや覚えやすさなどについて配慮された選出基準にもとづいて作成された。成績の標準化は、すべての年齢群において各セット20名以上、合計60名以上のデータを収集して行われている。S－PAでは練習効果への対応として健常者において受検者間、受検者内の平行性が担保された3セットの検査が用意されていることが特徴である。

**適応基準**

S－PAを施行して成績判定が可能な対象年齢は16～84歳である。実施にあたっては軽症例を含めた失語症の有無、検査過程での注意持続の可否、聴力などに注意する。

**実施方法**

有関係対語試験より開始し、単語対を読み上げる際に先の単語と後の単語の区別を明確にして、単語対の読み上げ約2秒、単語対間の間隔は約2秒とする。10個の単語対を読み上げ、続いて先の単語のみを言って後の単語を答えさせる。無反応の場合には5秒間経過したら次へ進む。回答に正誤のフィードバックは与えない。2回目、3回目は単語対の組み合わせは1回目と同じであるが、提示の順番はそれぞれ異なる。1回目もしくは2回目で10個正答した場合にも3回目まで施行する点は三宅式記銘力検査と異なる。次いで無関係対語試験を有関係対語試験と同様に行う。全体の所要時間は10分間程度となる。

### 結果の判定

有関係対語試験、無関係対語試験ともに3回目の正答数がスコアリングシート内の基準にしたがい年齢群に応じて「良好」「境界」「低下」のいずれかに判定される。そして、有関係対語試験、無関係対語試験それぞれの3段階の判定結果の組み合わせにより総合判定が「正常」「境界」「異常」のいずれかで示される。無関係対語試験は有関係対語試験に比べて成績のばらつきが大きい。そのため「良好」「境界」「低下」の3段階判定のほかに健常者の成績分布をもとにしたパーセンタイル順位で受検者の成績を評価できるよう、年齢群と検査セット別の換算表がマニュアル内に用意されている。[6] 65歳以上では無関係対語試験の成績が0でも判定は「境界」となり、「低下」の判定はなくなるが、有関係対語試験との総合判定やパーセンタイル順位換算を利用した判断が可能である。

[6] 各年齢群においてセットA、B、Cの正答数は同程度となり、また同一の受検者にセットA、B、Cを行った場合に各セットの正答数は同程度である。

### ■おわりに

臨床現場において病歴や簡易な認知機能検査からエピソード記憶障害を疑うとき、あるいは脳損傷後の認知機能スクリーニング検査の一つとして行う三宅式記銘力検査およびS-PAについて概略を述べた。S-PAの普及にともない、三宅式記銘力検査の役割はごく限られたものになろう。また、S-PAについても数十年を経た将来には提示される単語対を改変する必要性が見込まれる。

〔岡﨑哲也〕

# 4-9 ベントン視覚記銘検査（BVRT）

## ■ベントン視覚記銘検査（BVRT）[1]とは

視覚性認知、視覚性記銘力、視覚構成能力[2]を評価する検査である。図形が描かれた図版を用いて記銘・再生あるいは模写を求める。適用年齢は8歳から成人で、言語障害がある脳損傷患者にも実施が可能である。検査の所要時間は5分程度である。

## ■開発の経緯

1945年にベントン[3]（Benton, A. L.）によって初版が開発され、1955年に第2版、1963年に第3版が出版された。日本では第3版を翻訳したものが1966年に出版され、臨床で広く用いられてきた。2010年にこの日本版をA5版からB5版に拡大した新訂版が出版され、採点基準を示す図がより見やすくなった。[4] 日本版には、附録として、ベントン視覚記銘検査を様々な対象に実施した研究資料が掲載されており、新訂版では研究資料の増補も行われた。

[1] Benton Visual Retention Test

[2] 視覚性認知は対象がどのようなものかを正しく捉える能力、視覚構成能力は対象の構成部分の関係を理解して合成する能力、視覚性記銘力は対象を記銘する能力である。

[3] アーサー・レスター・ベントン（1909–2006）。コロンビア大学で博士号を取得。ルイビル大学医学部教授を経て、アイオワ大学心理学部と神経科の教授を併任した。

[4] Benton, A. L. 1963 *The revised visual retention test: Clinical and experimental applications* (3rd ed.). ／高橋剛夫（訳）2010『視覚記銘検査使用手引新訂版』三京房

## ■検査の内容

### 図版カード[5]

検査に用いる図版カードは形式Ⅰ・Ⅱ・Ⅲの3種類が用意されており、そのうちのいずれかを用いる。図版カードが3種類あるのは、同一の受検者に再検査を行う際に、異なる形式を用いることで練習効果が生じないようにするためである。形式Ⅰ・Ⅱ・Ⅲはいずれも10枚で構成されており、同質である。最初の2枚には大きな図形が1つ配置され、それ以降の8枚には大きな図形2つと周辺図形（大きな図形の右または左に描かれた小さな図形）1つが配置されている。

### 施行方法[6]

図版カードを1枚ずつ提示して模写用紙に描写させる。4種類の施行方法（施行AからD）がある。施行Aは図版カードを10秒間提示し直後に再生を求める方法（即時再生）、施行Bは図版カードを5秒間提示し直後に再生を求める方法（即時再生）、施行Cは図版カードの模写を求める方法、施行Dは図版カードを10秒間提示し15秒後に再生を求める方法（遅延再生）である。いずれも描写時間の制限はない。

### 採点方法[6]

附録の記録用紙を用いて正確数と誤謬《ごびゅう》数を求める。正確数は誤りなく正確に描かれた図版の数である。正しく描かれた場合に1点、誤りがあった場合に0点を与える（10点満点）。誤謬数は描かれた図形に含まれる誤りの総数で、誤謬の型に

[5] ベントン視覚記銘検査は、心理検査販売代理店より購入可能。

[6] ベントン視覚記銘検査使用手引（前掲書［4］）より。

もとづいて数を数える。誤謬の型は省略（omissions）、ゆがみ（distortions）、保続（perseverations）、回転（rotation）、置き違い（misplacements）、大きさの誤り（size errors）の6種類に分けられ、さらに63種類に細分化されている。

**解釈方法**[6]

**施行A・施行B**：施行A（10秒間提示・直後再生）・施行B（5秒間提示・直後再生）は提示時間が異なるが、どちらも視覚性記銘力（即時記憶）をみる課題である。施行Aが最もよく用いられており、健常者の成績は知能水準および年齢と関連することが確かめられている。検査の「使用手引」には、年齢範囲ごとに、施行Aの正答数、誤謬数の解釈の基準が示されている。施行B（5秒間提示・直後再生）については、「使用手引」にもとづき、施行Aの基準に1点の補正を加えて解釈する。

**施行C**：施行Cは模写を求める課題であり、記銘力を評価することはできない。施行Cは、視覚性記銘力を評価する際の前提となる視覚性認知、視覚構成能力の評価に用いる。施行Cにおいて成績低下が明らかな受検者については、施行A・B・Dにおいて成績低下がみられたとしても、その原因を視覚性記銘力のみに求めることは困難である。施行Cの成績解釈には誤謬数が提案されており、「使用手引」には、評価の基準が示されている。

**施行D**：施行D（10秒間提示・15秒後に再生）については、診断的な基準は提供されていない。脳損傷患者では、施行Aで成績低下が明らかでないにもかかわらず、施行D（遅延再生）で成績低下がみられる場合がある。[7] ただし、遅延再生を評価する課題としては、提示から再生までが15秒という時間は十分ではないと考えられている。[8]

## ■脳損傷患者の成績

ベントン視覚記銘検査は、所要時間が短く、脳損傷患者にも実施できることから、臨床において古くからよく用いられてきた。脳損傷患者の中でも、頭頂－後頭葉に損傷を有する患者において、検査成績が低下する可能性が示されている。[6] また、右半球損傷患者と左半球損傷患者では、誤りの内容が異なることが知られている。[9] 特に、左半側空間無視を呈する患者においては、左側の図形の省略が特徴的である。[7]

## ■注意点

本検査の結果は対象者の構成能力や視空間性能力を強く反映する。そのため、脳損傷患者の記憶機能の評価に用いる場合には、構成障害や半側空間無視など合併症の有無を把握しておく必要がある。[10]

〔阿部晶子〕

[7] 田川皓一・佐藤睦子（編著）2004『神経心理学を理解するための10章』新興医学出版社

[8] 石合純夫 1997『高次神経機能障害』新興医学出版社／田中康文・橋本律夫 1999「エピソード記憶」浅井昌弘・鹿島晴雄（責任編集）『記憶の臨床（臨床精神医学講座S2）』中山書店

[9] 渡辺俊三ほか 1978「左右片麻痺患者における Benton 視覚記銘検査について：左右半球損傷、視野異常の有無、脳波異常の程度、他の心理検査との相関の検討」『脳と神経』30, 377–382.

[10] 鈴木麻希・藤井俊勝 2003「Benton 視覚記銘検査」『日本臨牀』61(9), 291–295.

# 4-10 ストループテスト

## ■ストループ干渉とストループテスト[1]

ストループ干渉とは、インクの色と単語の読みが不一致の色名単語のインクの色名を読むことが求められるとき（例えば、「あお」と言う単語が赤色で印刷されているとき、インクの色を「あか」と読む場合）、認知的葛藤が生じ、単なる色の色名呼称よりも反応時間が長くなる現象である。ストループ干渉は反復練習によって消失せず、色名単語を学習済みならば年齢・人種にかかわらず普遍的に生じる頑強な現象であることから、認知・生理・発達・人格・言語・など幅広い分野で研究対象となってきた。[1]

## ■開発の経緯と検査内容

ストループテストの原型は単語カード（W）と色カード（C）と色-文字不一致カード（CW）の3つのカードからなる。[2] 単語カードは黒インクで印字された色名単語リスト（あか、みどり、あお、など）であり、単語を読み上げることが求められる。色カードは単語カードの表す色がつけられた無意味なパターン（×××や○など）が

[1] ストループが1935年に色と文字の干渉課題の研究成果を発表した後、この現象は彼の名をとってストループ効果と名付けられた。Stroop, J. R. 1935 Studies of interference in serial verbal reactions. *Journal of Experimental Psychology, 18*, 643–662.

[2] 原盤では赤、青、緑、茶、紫色が白い背景上に書かれていた。サーストン（Thurstone, L. L.）による改変版では赤、青、緑、黄色の4色のみを使っている。

印刷されていて、パターンの印字された色を呼称することが求められる。色－文字不一致カードは、いわゆるストループ課題と呼ばれるもので、単語カードと同じ色名単語リストが文字の意味とは不一致のインクの色で印字されており、インクの色を呼称することが求められる。日本で初めてこのテストを紹介したのは当時、同志社大学の教員であった濱治世《はまはるよ》である。濱はサーストンのストループテストを参考に、1枚のカードにつき100単語が描かれたカード形式のストループテストの標準版を作成している。[3] 濱はそれぞれのカードを読み始めてから読み終わるまでの反応時間を指標としたが、欧米で広く使われているゴールデン（Golden, C. J.）版は、45秒間で読み上げられた単語数を指標としている。[4] ストループテストは指標の取り方だけでなく、干渉の求め方もさまざまなバリエーションがあり、世界的標準版はない。[5] 色カードの反応時間（あるいは正答数）と色－文字不一致カードの反応時間（あるいは正答数）との差を算出するのが最もシンプルだが、他にもさまざまな算出方法があるため、[6] ストループ干渉を測定している文献を読むときには、試行リストがカードで提示されるのか、1試行ずつモニターに提示されるのか、などの刺激提示方法と口頭反応かキー押しかなどの反応形式、何を指標に取り、どのような計算式でストループ干渉を算出するのかなどを精査して、結果を考察する必要がある。実験方法が異なるストループ干渉を比較するときには注意が必要である。

[3] 濱治世 1969『実験異常心理学』誠信書房

[4] Golden, C. J. 1978 *Stroop color and word test: A manual for clinical and experimental uses.* Stoelting Co.

[5] Scarpina, F., & Tagini, S. 2017 The stroop color and word test. *Frontiers in Psychology, 8*, 557.

[6] Jensen, A. R., & Rohwer, W. D. 1966. The Stroop color-word test. A review. *Acta Psychologica, 25*, 36–93.

## 個人差評価・神経心理学検査としてのストループテスト

色と単語の情報処理プロセスの研究からスタートしたストループテストは、知覚、表象、反応、各プロセスでの干渉が論じられる中、発達変化や個人差が注目されるようになった。1950～60年代には、差異心理学的アプローチが盛んとなり、70年代以降は、言語発達の個人差、などさまざまな個人差との関連が検討されるようになった。[7] 神経心理学検査として注目されるようになったのは、ペレット[8]（Perret, E.）が脳損傷患者にテストを実施し、干渉の大きさが前頭葉機能を反映することを明らかにしてからである。[9] 90年代以降になると、脳画像、脳血流、脳波などの測定技術を用いて、注意制御、遂行機能に関連するサブプロセスである競合モニタリング、干渉抑制、競合解決などの認知プロセスと神経生理学的成分を対応づける研究のパラダイムとして、ストループ課題が使われた。[10] 精神科臨床領域では、統合失調症、うつ病、[11] 認知症[12]など精神疾患の患者群に強くストループ干渉がでることが明らかとなり、精神疾患の注意機能評価にも有効な指標となっている。ストループテストは2020年度の日本の診療報酬では、〝認知機能検査その他の心理検査、操作が容易なもの〟の分類で80点の保険点数となっている。診療報酬が適応される検査は、個人検査用として標準化され、かつ、確立された検査方法により行えるものであり、日本ではマッチング反応形式の新ストループ検査Ⅰ・Ⅱ[13]が販売されている。健常者を対象に実施する場合、検査Ⅰであれば練習も含めた実施時間は7～8分である。

[7] 詳細は嶋田博行 1994『ストループ効果』（培風館）にまとめられている。

[8] Perret, E. 1974 The left frontal lobe of man and the suppression of habitual responses in verbal categorical behaviour. *Neuropsychologia, 12*, 323–330.

[9] 鹿島晴雄 1993「精神分裂病の認知障害は前頭葉機能で説明できるか」小島卓也・大熊輝雄（編）『認知機能からみた精神分裂病』学会出版センター (p.119, p.135)

[10] Heidlmayr, K. et al. 2020 A review on the electroencephalography markers of Stroop executive control processes. *Brain and Cognition*,

## ■検査の解釈

ゴールデン版のストループテストを用いた場合の詳細な解釈方法は『高次脳機能検査の解釈過程』[14]に記載されているが、検査様式が異なる場合には注意が必要である。注意機能評価として利用する場合には、干渉が大きいほど注意機能が低下していることを示し、言語発達の評価では、干渉が大きいほど、言語獲得が進んでいると評価される。

## ■逆ストループ干渉と個人差

色―色名不一致語の読みが求められる場合には、読みに必要な時間は黒インクで書かれた色名語の場合とほとんど変わらない。[15] しかし、色・色名不一致語の語に対応する色パッチを色パッチ群の中から選択するマッチング法を用いると、色―色名不一致語は黒インクの色名語よりもマッチングに多くの時間を要することが観察されている。[16] この現象は、ストループ干渉が言語属性から色の命名に対する干渉であるのに対して、色情報が文字情報への反応に干渉していることから逆ストループ干渉と呼ばれる。ストループ干渉よりも逆ストループ干渉においてＡＤＨＤ児童と健常児との差異や不安症患者のコルチゾールの分泌量、統合失調症の衝動制御、などとの関連が深いことがわかっている。[16] 逆ストループ干渉は新ストループ検査Ｉ・Ⅱで求めることができる。

〔渡辺めぐみ〕

146, 105637.

［11］岡本泰昌・山脇成人 2005「うつ病と前頭前野」*Clinical Neuroscience*, 23, 679–681.

［12］渡辺めぐみ・鯨岡裕司 2020「注意機能検査と長谷川式簡易知能評価スケールとの関連」『日本認知症学会誌』34, 156.

［13］箱田裕司・渡辺めぐみ・松本亜紀 2020『新ストループ検査で何がわかるか』トーヨーフィジカル

［14］Golden, C. J. et al. 2000 *Neuropsychological interpretations of objective psychological tests.* Plenum Publishers.（ゴールデンほか／櫻井正人（訳）2004『高次脳機能検査の解釈過程』協同医書出版社）

［15］前掲書［1］［6］参照

［16］詳細は前掲書［13］参照

# 5章　心理検査の周辺

5-1

# テストバッテリー

## ■テストバッテリーとは

心理アセスメントの目的にふさわしい複数の心理検査を一組のセットとみなして活用することをテストバッテリーという。[1] 世界的には1928年に適性検査におけるテストバッテリーの技法が取り上げられ、[2] 1946年にラパポート（Rapaport, D.）らの臨床活動で知能検査、ロールシャッハ・テスト、TATなどを用いたテストバッテリー論が発表された。[3] 日本では1955年にパーソナリティ検査においてテストバッテリーが紹介され、[4] 以後さらに多くの臨床家らによって論じられてきた。

しかし、実はテストバッテリーは特に決まった理論はない。むしろ、テストバッテリーを考える前提として、検査者がどのような人格理解の方法を持ち、それをどのような形で活用するかに関わってくる。[5] しかし、これまでの臨床心理学における心理アセスメントの実践をとおして経験的にわかってきたテストバッテリーのポイントがある。ここでは、時代によってテストバッテリーの組み方が変化している点[5]にも留意しながら各臨床家の提言を紹介し、現代の臨床心理学の視点からまとめていく。

[1] 田中富士夫 1996「臨床査定とは」田中富士夫（編著）『新版臨床心理学概説』北樹出版（p.39）

[2] Hull, C. L. (1928) *Aptitude testing*. Yonkers-on-Hudson: World Books.

[3] Rapaport, D., Gill, M. ,& Schafer, R. 1946 *Diagnostic psychological testing*. Year Book.

[4] 佐野勝男・槇田仁 1955「臨床心理に於けるテスト・バッテリーの構成：基礎的問題に関する二三の考察」『精神医学研究所業績集』(2), 61-81.

[5] 空井健三 1990「投影技法のテスト・バッテリー」安香宏（編）『性格心理学4 新講座 性格の理解』金子書房（pp.169-184）

## ■テストバッテリーの利点

テストバッテリーとは自分の得意な心理検査をただ組み合わせるのではなく、対象者の理解を深めることが目的であり、次のような利点がある。[6] ①どの心理検査も構造や水準が異なり、長所と短所があって、一つの心理検査が明らかにできる範囲は限られている。テストバッテリーはこれらの点を補うことができる。②心理検査では反応やサインとその意味が必ずしも一対一で結びついているのではなく、いくつかの可能性を含んでいる場合や心理検査間で結果にズレが生じることがある。そこでバッテリーで他の心理検査の結果と照らし合わせるとより確実な解釈が選択できる。③検査目的が最初は単純であっても、背後に予想外の複雑で重大な要因が潜んでいることもあり、テストバッテリーの使用によってクライエントの重要な情報が発見される確率が高くなる点である。

## ■テストバッテリーの留意点

### （1）心理検査実施の必要性と目的の設定[7][8]

検査依頼者または検査者は何を知りたいと思っているのか？ 臨床診断の補助なのか、心理療法の可否等の情報が必要なのだろうか。[7] 菊池《きくち》道子《みちこ》は対象者への心理的影響や心理検査の有用性を考慮した上で、心理検査が必要な事例のみに、適切な時期を選んで実施するのが望ましいこと、心理検査実施前に依頼者と査定依頼目的について話

[6] 菊池道子 2000「テスト・バッテリーについて」氏原寛・成田善弘（編）『臨床心理学 2 診断と見立て：心理アセスメント』培風館（pp.121–132）

[7] 細木照敏 1963「テストバッテリー」井村恒郎（編）『臨床心理検査法（第 2 版）』医学書院（pp.398–406）

[8] 菊池道子 1990「心理テストのまとめ方・私論」『精神研心理臨床研究』1, 10–21.

し合うことの2点について述べている。[8] このように査定目的に応じて適切な心理検査を選択していく作業が必要になる。

心理検査の目的は、①性格特性や生活史上の行動特徴など情報収集的な静的理解、②対象者の対人関係や家族関係における適応・不適応の背景としての力動的理解、③鑑別診断の補助としての臨床診断的理解の3つが考えられる。[9]

### （2）対象者の特徴を多角的に捉えること[10]

対象者の抱える心理的問題の発生要因、持続要因は実に多様な可能性が想定される。その多様な要因が複雑に絡み合い、対象者の主訴を形成されていることが多いためである。

ここで参考になるのは丹野義彦《たんのよしひこ》の心理アセスメントの分類スキーマである。[11] パーソナリティを精神症状・パーソナリティ障害・認知特性・知的能力・行動特性・性格・その他の7領域に分けている。丹野はこの7領域から治療の仮説を立てるのに必要な領域を選び、その領域において水準の異なる心理検査を組み合わせることを提案している。[11] 現代では、これらに**発達障害特性**と**神経心理学**の視点が加わることになる。

### （3）対象者の特徴を多層的に捉えること[10]

**パーソナリティ検査**中心のテストバッテリーを組むときに重要になる視点である。対象者のパーソナリティを考えたときに、自覚的な意識が関与した側面だけでなく、対象者自身があまり自覚していない無意識の層をも想定して多層的に捉えていくこと

［9］小川俊樹 1988「性格テストの組み合わせ」森温理・長谷川和夫（編）『精神科 Q＆A 2』金原出版（pp.297–299）

［10］高瀬由嗣 2020「心理アセスメント総論」高瀬由嗣・関山徹・武藤翔太（編著）『心理アセスメントの理論と実践－テスト・観察・面接の基礎から治療的活用まで』岩崎学術出版（pp.2–3）

［11］丹野義彦 1998「臨床心理アセスメントの新しいスキーマ－分類論・実施手順論・バッテリ論」『精神診断学』9, 447–455.

が心理職に求められる。

この視点は、力動的視点によるテストバッテリー理論として取り上げられてきた。しかし、単に意識－無意識という次元と各心理検査（**質問紙法**と**投映法**）を機械的に対応させるのではないことに注意が必要である。パーソナリティ検査としての質問紙法と各種投映法があれば当然解釈のズレがみられる。そのズレを各種心理検査の特質（構造や刺激価）を踏まえて考察していくことで、対象者の不適応に至ったメカニズムや現実なつながりが見えてくる[8]。菊池は、テストバッテリーにおける質問紙法の役割として次のことを紹介している[8]。①対象者自身が自分自身をどう考えているか（どのように表したいか）の表現としてとらえる。②解釈およびフィードバックを想定するときにブラックボックスのような投映法の解釈では対象者は納得しにくいが、質問紙の結果は自我親和的でわかりやすいため、投映法と対照させて不適応状態を説明すると洞察が得やすくなる[12]。③質問紙は一般人の心理検査のイメージと合致することもあり、最初に行うと抵抗が少なく、その後の心理検査の導入もスムーズになる。そして質問紙への対象者の対応によってその後の予定しているテストバッテリーの再検討も可能になる。

### （4）対象者の負担に配慮すること[10]

心理検査を複数実施するということは、対象者が心理的、時間的、経済的負担をより抱えるということになる。また対象者は心理検査に不安を感じていることが常にあ

[12] 遠山尚孝 1989「心理テストによる診断」『精神科MOOK（23）神経症の発症機制と診断』金原出版（pp.233–239）

り、上記の負担も考慮して必要最小限の心理検査を選択すべきである。[13] 検査時間の目安は、集中力の持続を踏まえて1時間半〜2時間を超えないようにし、長時間を要する場合は2〜3回に分けて実施するのが一般的である。[6]

心理的負担という点では、実施順序も考慮すべき点になる。高橋依子《たかはしよりこ》によれば、[14] ①まず不安や緊張をあまり生じない心理検査から行う。実施目的がはっきりしている心理検査の方が、目的が明確でない心理検査よりも不安が生じないので先に実施する。②刺激が明確に構成され、反応が容易な心理検査を、刺激があいまいな心理検査よりも先に行う。③あらかじめある心理検査の結果があると、その後の検査が実施しやすい心理検査から行う。これらは上記の質問紙の活用（子どもであれば**描画法**）にほぼ一致する。

### （5）心理検査に習熟していること[7][13]

テスターの姿勢として、一つの心理検査に徹底的に習熟して、そこから可能な限り対象者の豊富な情報を取り出そうという姿勢[13]は今も変わらず重要である。特に投映法を選択の際にはこの項目が重要な位置を占める。投映法は実施および解釈に習熟を要するため、理論的にテストバッテリーを組めても、それらが有効であるかどうかは検査者の習熟度に関わってくるからである。[5] 例えば、佐藤忠司《さとうちゅうじ》[15]はテストバッテリーの中心的検査法として採用できるものとして**ロールシャッハ・テスト**、**TAT**、**SCT**、**MMPI**、**WAIS（WISC）**を挙げており、まずこれらの心理検

[13] 片口安史 1969「テスト・バッテリー」片口安史・秋山誠一郎・空井健三（編）『臨床心理学講座 第2巻 人格診断』誠信書房（pp.226–249）

[14] 高橋依子 2015「臨床心理検査バッテリーに関する考え方」高橋依子・津川律子（編著）『臨床心理検査バッテリーの実際』遠見書房（pp.26–39）

[15] 佐藤忠司 1993「心理テストによる臨床心理査定」岡堂哲雄（編）『心理テスト入門』日本評論社（pp.8–13）

査の習得を勧めている。

一つの心理検査を深く究めることも重要であるが馴染んでいる心理検査のレパートリーの広さも重要である。[8] そのためには各種心理検査の特徴と査定範囲を把握しておく必要がある。最近出版されている心理検査は、施行法が標準化されており、比較的容易に習得できるものが中心となっている。現代は心理検査のレパートリーが広くなったということが大きな特徴である。

### (6) 各種の検査を統合していく視点

テストバッテリーは当然ならば複数の心理検査を組み合わせることになる。各心理検査資料からの情報をいかに統合し、諸情報にまとまりを持たせることができるかで対象者心性の立体的な全体像の記述が可能になる。[16] そのためにテスターのパーソナリティ理論ないし精神病理学が必要になる。[16] 現代では精神力動論(例、自我心理学)、発達理論(ピアジェ心理学)、認知行動理論、精神病理学(各種精神疾患、発達障害の精神病理)が心理アセスメントの学習項目に入ってくる。

## ■おわりに

心理検査の真価とは、面接や日常行動から推測しにくい対象者の「心の中に隠された仕組み」を発見することにあり、テストバッテリーを組むのはテスターの義務であり、権利でもあるということを忘れないでおきたい。[8]

〔明翫光宜〕

[16] 細木照敏 1985「心理テストの選択と適用」野上芳美(編)『精神科 MOOK 心理検査法』金原出版(pp.1–6)

## 5-2 心理検査の所見

### ■対象者や支援者にとって役に立つ所見

心理検査はさまざまな視点からクライエントを理解する有用な手法であるが、対象者にとって物理的・心理的負担や侵襲をもたらす可能性も含んでいる。心理検査の所見は分析者や専門家の理解に終わることなく、少なからずの不安とともに受検した本人にとって役立つものでなければならない。しかし実際には、「専門用語と意味のない説明文だらけの長々とした紋切り型」の所見が散見されることが指摘されているのも事実である。[1] つまり、対象者や支援者に役立つ好ましい所見とは、読み手が理解できる言葉で、本人および読み手に意味をもつ内容を簡潔にまとめ、本人像が浮かび上がるような個別のものであるべきだと言える。

また、心理検査は他の医学的検査等とは違い、人間関係の中で行う検査であり検査者と対象者の関係性によって結果に影響が生じる。検査者は客観的な観察者であることを求められる一方で、完全な客観性はあり得ないため、検査者自身が対象者の反応を決める状況の一部になっていることに気づき、意識できていなければならない。[2] さ

[1] S・E・フィン／野田昌道・中村紀子（訳）2014『治療的アセスメントの理論と実践：クライアントの靴を履いて』金剛出版

[2] フィン（Finn, S. E.）は前掲書［1］の中で、「精神科医が面接への自らの関与に気づかず、意識できていなければ、今起きていることもわからなくなる」という精神科医サリヴァン（Sullivan, H. S., 1954）の記述をアセスメントセッションにも適用している。サリヴァン・中井久夫 1986『精神医学的面接』（みすず書房）参照。

らに、制限された状況下で測定された精神機能は、現実場面での表れ方とは異なる場合があることを考慮しつつ、クライエントの主訴や生活において置かれている状況等を照らし合わせながら、所見を作成することが望まれる。

## ■心理検査の所見の構成（様式・項目）

所見報告書はとくに決まった様式はなく、各施設や目的に応じて工夫されている。[3]ここでは、一般的に必要と考えられる項目を挙げ、構成について例を示す。[4]

### 基本情報とテストバッテリー

クライエントの名前、生年月日、年齢、主訴等の基本情報に加え、心理検査実施者、実施日、所要時間等を記載する。医療機関の場合は、主な症状や診断名等を記す場合もある。心理検査を複数組み合わせて実施した場合にはテストバッテリーを記載し、過去にも心理検査を複数回実施している場合はその旨を記載しておくとよい。

### アセスメントの目的

心理検査の実施には目的があり、医師等の他職種から依頼されることも多い。診断の補助、病態水準の把握、知能水準の把握、心理面接の適応可否、定期的な治療評価等の目的を明記し、所見内容は目的に呼応する形で述べられることが望ましい。

### 心理検査状況および観察所見

対象者が心理検査受検に対してどのような動機づけをもっているか（協力的か拒否

[3] 下山晴彦・松澤広和（編）2008『実践心理アセスメント（こころの科学増刊）』日本評論社

[4] 上野一彦 2012『日本版WISC-Ⅳテクニカルレポート#2実施・報告の使用者責任と所見の書き方』日本文化科学社。非専門家向けの報告書の例として、所見レイアウトが掲載されている。

的か、納得しているか否か）、コンディションはどうか（体調、症状、薬物療法の影響）等、検査時の状況によって心理検査の結果に影響が出る可能性がある。また、対象者の受検時の行動観察（集中や疲労の度合い、不安や緊張の様子、特徴的な仕草や応答、検査者との距離間、等）を記録しておくことも重要である。これらは、検査結果を理解するうえで欠かすことのできない要素である。

**総合所見（要約）**

報告書の最初または最後に、アセスメントの結果を総合的に要約して簡潔に記載する。検査数が多い場合や所見が詳細で長文になる場合は、要点を先に読むことで読み手の理解を助けたり、十分に読む込む時間がなかったりする場合にも役に立つ。所見の中で最も影響力のある重要な部分であるとも言える。[5] 的確で効果的な要約を書くことは容易ではないが、目的に対する応答になっていることと、わかったこととわからなかったことを端的に記すことが重要である。

**心理検査の結果・所見**

各種心理検査ごとに結果のまとめ方は異なるが、知能検査や評価尺度等の数量化できる心理検査の場合、結果の数値とその意味について説明し、正常値・異常値やカットオフポイント等を載せておくと読み手には理解しやすい。結果を整理して伝えるために図表を用いると視覚的にもわかりやすい。読み手によってはその心理検査に精通しており、検査者の解釈よりも客観的な数値を必要とする専門家もいる。結果から得

[5] E.O.リヒテンバーガー、N.マザー、N.L.カウフマン、A.S.カウフマン／上野一彦・染木史織（監訳）2008『エッセンシャルズ 心理アセスメントレポートの書き方』日本文化科学社

られた客観的な結果所見と、検査者が心理学的に見立てて考察した解釈所見とを区別して示すとよい。

投映法においても、解釈の根拠となる反応や指標を記載し、それに対応した解釈を論じることは重要である。例えば包括システムによるロールシャッハ・テストのように解釈戦略に沿ったフォーマットが示されているものもある[6]。

**支援の指針**

アセスメントにより導き出された内容を踏まえ、対象者によりよい変化や機能改善をもたらす方法や対応を提案する。冒頭でも述べたが、所見は対象者の困りごとに焦点を当て、対象者および支援者の役に立つものでなければならない。資質や課題がわかれば、資質をどう活かし課題をどう補うのかについて、対象者の置かれた環境を鑑みながら実現可能な支援の指針を示すことが望まれる。

## ■所見作成時の留意点

**所見の長さについて**

長すぎる所見は忙しい現場では読みづらく、コンパクトにまとめることが求められる。しかし、要点を押さえて有益な内容を整理して記述するには経験を要する。短くまとめることを意識するあまり、心理検査を実施しなくてもわかるような簡略的な内容に終始してしまうことは初学者にありがちである。最初の頃は少々長くなっても、

[6] J・E・エクスナー／中村紀子・野田昌道（監訳）2009『ロールシャッハ・テスト：包括システムの基礎と解釈の原理』金剛出版、および本書1－4参照

個々の項目を確認し、結果を全て洗い出し何度も眺めて検討し、人物像を描き出せるように研鑽を積むことが必要である。また、一つひとつの指標を詳細に検討することも大事だが、描画テストでは初見の第一印象も大切にされたい。

**問題点だけでなく、有用な資質や能力を見落とさないこと**

対象者の問題点、苦手領域等の弱みに目が向きがちだが、得意領域、有益な資質、健康さ等の強みも明らかになるはずである。対象者および支援者の役に立つ所見を作成するには、この強みを見落とさないように記述し触れておくことが重要である。[3] 強みについて対象者が知ることは、問題解決の動機づけにもなり得るだろう。

**矛盾するようにみえる結果について注意深く検討する**

心理検査は一貫した結果が示されることもあれば、一見矛盾する結果が示される場合もある。矛盾については注意深く検討し、矛盾が生じた理由について考察する必要がある。[5] 例えば、表層的にみると社交的だが、実は内心は警戒心が強く防衛的である等である。矛盾を見立てるには、表層と深層、状況による影響等、環境を含めた人物像全体として見立てていく視点や人格論に関する知識が助けになる。

矛盾の理由が説明できなければ、矛盾が生じたことを説明し、追加の検査や面接等を用いて検討する提案をしておくとよい。心理検査で明らかになったことと、明らかにできなかったことを誠実に記載することが大切である。

## ■誰に向けての所見（報告書）なのか

心理検査の所見は、その目的によりさまざまな種類がある。例えば、本人や保護者向け、治療・支援プログラム作成者向け、専門家間のカンファレンス向け、司法向けなどが挙げられるが、誰に向けての所見なのかという点では大きく分けて、専門家向けと非専門家向けの2つのレベルが想定される[7]。

本人または保護者や学校関係者など非専門家向けの場合は、結果についてわかりやすく十分に説明する責任があるが、具体的な検査項目や採点内容等を詳しく記載した所見を渡すことについては、検査内容の露出につながる可能性や検査数値が正しく理解されずに独り歩きしてしまう危険性等を含むため、十分に配慮しなければならない[4]。とくにウェクスラー式知能検査[8]では、ローデータや記録用紙等の検査結果をコピーして渡すことは原則として認められない[9]。

心理専門職や医師等の専門家向けの場合は、上記の限りではない。むしろ、正確な検査数値やプロフィールを明記すべきであり、時には解釈の根拠となるローデータを示すこともある。これは検査や検査項目のもつ意味の重要性や倫理規定について十分修練した専門家としてみなされているからである[4][7]。

いずれにせよ共通して求められるのは、心理学の用語や概念を多用し心理検査マニュアルや解説書から切り貼りしたような所見ではなく、読み手を意識し考慮した読みやすい所見であると言えるだろう。

〔吉野真紀〕

[7] 上野一彦 2013『日本版WISC-Ⅶテクニカルレポート#4 保護者など非専門家にWISC-Ⅳの結果をどこまで報告できるか：換算アシスタントの出力レポートに関連して』日本文化科学社

[8] 本書3-2参照

[9] 前掲書[4]の中で、非専門家向けの一般的な報告所見に記載すべき具体的内容が明記されている。

# 5-3 心理検査のフィードバック

## ■検査結果は誰のものか

心理検査を実施した場合、その結果は誰のものだろうか。調査研究の場合、データは個人を特定しない形で統計的に処理されることが多い。しかし、心理支援の現場では、検査は特定の個人に対する支援を目的に行われる。その意味で、検査結果は受検者のものである。かつては支援者側が検査結果を受検者に対する支援に間接的に役立てはするものの、受検者に直接結果を伝えることに関しては消極的な時代があったが、今世紀に入って受検者に結果を直接フィードバックすることが徐々に増えつつある。心理検査の実施は、支援者の受検者理解だけでなく、受検者の自己理解の深化のためのものでもあるという意識が高まってきたのであろう。誰がいつどのような形でどこまでの内容を伝えるかには幅があり、個々の事例の中で慎重に検討する必要があるが、検査結果を受検者に何も伝えないということはあり得ない。

## フィードバックを計画する

心理検査を実施する場合、受検者に検査結果をフィードバックすることは前提であり、心理検査の実施計画を立てる段階で、誰がいつどのような形で行うのかを視野に入れておく必要がある。例えば、医療機関で患者に検査結果を伝える際、検査者である心理士が行うこともあれば、主治医が検査の依頼者であった場合に主治医から行うこともある。受検者が子どもであれば、受検者本人に伝えるのか、家族に伝えるのか、両方なのか、両方だとして同席で行うのか、時間を分けるのかといった選択肢がある。また伝える際、口頭のみで行うのか、文書を見せるのか、文書を見せた場合にその文書をそのあとで手渡すのか否かといったバリエーションがあり、それによってフィードバック文書の作成の仕方も変わってくるだろう。

## ■フィードバックは検査結果の伝達にすぎないか

### 支援に繋ぐフィードバック

受検者への検査結果のフィードバックとは、検査結果としての数値等を伝えることだろうか。もちろんそれも含まれるがそれだけのものではない。検査を実施する目的は支援にあるのだから、その一環であるフィードバックもまた支援を意識したものでなければならない。それは検査結果をその後の支援や治療に繋ぐフィードバックであり、検査を受け、その結果を聞いたことが受検者の利益となるように様々な工夫が求められる。この態度は「**治療的アセスメント**」[1]とも呼ばれ、フィン（Finn, S. E.）によれば「間接的に患者の助けになろうとする伝統的な心理アセスメントとは異な」

[1] 心理臨床の対象者はいわゆる「患者」だけではないため、「治療的」という言葉は「心理療法的」ないし「支援に繋がる」という意に解するべきであろう。

り、「患者の援助に直接結びつけ」、「アセスメントが実りある経験とな」るようにすることを目指す、アセスメントの一形態である。[2]

## 協働的なフィードバック

ではフィードバックをその後の支援に繋ぐためにはどのような態度が求められるだろうか。河合隼雄《かわいはやお》は、[3]「テストの結果の判断をそのまま伝える必要はない。と言って、うそを言ってはならない。どのような表現をするかについての細心の注意が必要である。すぐに『解釈』を伝えるのではなく、クライエントの反応の特徴を指摘したり、治療の前後に行ったときは、両者の反応の差について述べたりして、それについてクライエントはどう考えるかを尋ねたりしながら、治療者と共に『解釈』を見つけ出していくようにすると、それも治療的効果をもつものである」と述べた。最後の治療者と共に解釈を見つけるという点は、「**協働的アセスメント**」という術語で呼ばれる態度と共通している。米国では、フィッシャー[4]（Fischer, C. T.）が1970年に「協働的アセスメント」に関する初めての論文を著しているが、彼女によれば、「協働的アセスメントにおいては、クライエントと専門家は相互に情報を出し合い、両者がともに能動的な参加者となる」。要は、結果を一方的に伝達して終わりにするのではなく、よく話し合って、その場で所見がより正確なもの、あるいは双方の腑に落ちるものとなるように共同作業を行うのである。その話し合いには、感想を尋ねたり、質問を受けてその検査結果から言えることを答えたり、逆に、検査結果を受けて新たに生じて

[2] S・E・フィン／野田昌通・中村紀子（訳）2014『治療的アセスメントの理論と実践：クライアントの靴を履いて』金剛出版

[3] 河合隼雄 1999「心理検査と心理療法」『精神療法』25(1).

[4] Fischer, C. T. 2017 *On the way to collaborative psychological assessement.* Routlegde

きた疑問についてその場で尋ねたりといったことが含まれる。

なお、先に述べたフィンは、治療的で協働的なアセスメントを6つのステップからなる半構造的な手法に体系化し、それに固有名詞として「治療的アセスメント(Therapeutic Assessment)」という名を与えている。[5]

## ■フィードバックの際に配慮すべきこと

### 関係づくり

現場で実際にフィードバックをする際、具体的にどのようなことに留意すべきだろうか。一つ目は、関係づくりである。川畑隆《かわばたたかし》ら[6]は「この人のいうことなら聞いてみようとかやってみようという気持ちになってもらうほうが、助言は有効になります。(中略)発達検査に精通し、的確な所見および助言内容を導き出せる人でも、相手との関係性をおろそかにしていると助言がうまく相手に伝わりません」と述べ、「ねぎらいやいたわりの言葉や気持ちがまずは必要」であるとしている。関係づくりの必要性は、受検者にとって厳しい現実を伝えねばならない際に特に実感されよう。その時、良い関係は受検者にとってもそれを伝える心理士にとっても支えとなる。

検査者がフィードバックする場合、検査の実施段階でもある程度の関係が築けているかもしれないが、フィードバックに当たって改めて関係づくりが求められる。まずは緊張をほぐすような言葉掛けをし、その日のフィードバックの段取りを冒頭に説明

[5] 固有名詞のため頭文字が大文字となる。前掲書[2]

[6] 川畑隆ほか 2005『発達相談と援助:新版K式発達検査2001を用いた心理臨床』ミネルヴァ書房

し、疑問があれば質問してよいことなどをあらかじめ伝えておくとよいだろう。また、受検へのモチベーションの高さ、あるいはフィードバックへのモチベーションの高さは受検者によって異なるので、それについても配慮する。

**受検者が知りたいことに答える**

受検者にとって、検査を受けてよかったと思えるのはどんな時だろうか。自己理解が深まったというのもそうだろう。自分が抱える困りごと、不安なこと、気がかりなことについて何かが明らかになり、気づきが得られ、その後の自分の振る舞いについて方向性が見えてきたというのもそうだろう。検査実施の際にも受検者との間で検査目的について確認しているであろうが、フィードバックの際にも改めて確認し、その目的に沿った形でフィードバックするのがよい。もともと知りたいことがあって自ら検査を望んだ人であれば、その知りたいことに答えるのがメインとなる。「医師から検査を受けるように言われただけ」という受検者であっても、結果を伝えたあとで〈何か聞きたいことはないですか〉と尋ねると質問してくることがある。それは、「そういうことを気にしておられるのか」と検査者側が認識を新たにする機会となる。

**要点をまとめ、伝える順番を考慮して、分かりやすい言葉で伝える**

フィードバックは受検者が知りたいことに答えると同時に、検査者が検査結果を通して受検者に伝えたいことを伝えることでもある。この検査結果を通して受検者に伝えたいことは何か。フィードバックをする人は、それを自分の中で明確にする必要がある。全部でいくつのことを伝えたいのか、要点を箇条書きにしてみるとよい。データからは多くのことが言えるだろうが、伝える情報は多ければ多いほどよいというわけではない。伝わりやすいようにむしろ絞り込むほうがよいだろう。

次に、その要点をどの順番で伝えるのがよいかを考える。受検者の理解しやすさ、情緒的な受け止めやすさ、フィードバックする側の伝えやすさといった要因を考慮して、最適と思われる形を見出だしていく。伝達したいことの要点を一つのストーリーとして繋いで説明することができれば理想的である。

受検者の多くは心理学を学んでいるわけではないから、心理学用語を多用するのではなく分かりやすい言葉で伝えるのが基本である。心理学用語を一般の人に伝わる分かりやすい言葉に「翻訳する」には、それだけ深い理解が必要とされる。

**面接技術を磨いて、個別的な対応をする**

ここに挙げたような配慮をもって話し合い、フィードバック自体を支援に繋がるものとするには、それなりの面接技術が必要とされることが分かるだろう。検査結果のフィードバックは専門的な対人交流の一形態であり、決して型通りに行えばよいものではなく、個別的な対応が求められるものである。その力量を身に着けるには、指導を受けながら自ら実践すること、他の心理士の実践に学ぶこと[7]、そして受検者に教えてもらう謙虚な態度をもつことであろう。

〔竹内健児〕

[7] 筆者の編んだ2冊の事例集もご参照いただきたい。竹内健児（編）2009『事例でわかる心理検査の伝え方・活かし方』金剛出版／竹内健児（編）2016『心理検査を支援に繋ぐフィードバック：事例でわかる心理検査の伝え方・活かし方（第2集）』金剛出版

# 5-4 心理検査のエシックス

## ■エシックスとは

### エシックスの語源と意味

エシックス（英語でethics）は、日本語では**倫理**という訳語になっている。宇都宮《うつのみや》芳明《よしあき》[1]によれば、ethicsはラテン語のethicaに由来し、それはさらにギリシア語のēthikēに由来する。そして、ギリシア語のēthikēは、人間の「性格」を示すēthosから創られたという。「人間のあらゆる活動はその人の『性格』によって定まり、その『性格』はまた、その人が身につけた『道徳』によって規定されるとみれば、『道徳』は人間のあらゆる活動の基本である」[1]。エシックスの語源は意味深い。

このエシックスに割り当てられた日本語の「倫理」は、「道徳」に近い言葉であるが、現在、対人援助職でいえば、専門職者が自分たちで積極的に自己規制するという意味で主として使われている[2]。

### 倫理綱領

さまざまな団体や組織が、その目的に沿って**倫理綱領**を有しているが、心理学

[1] 宇都宮芳明 2019『倫理学入門』筑摩書房（pp.9–13）

[2] 津川律子 2011「心の専門家における倫理」金子和夫（監修）、津川律子・元永拓郎（編）『心の専門家が出会う法律：臨床実践のために（新版）』誠信書房（pp.190–198）

分野で最も有名なのは、アメリカ心理学会（ＡＰＡ）によるEthical Principles of Psychologists and Code of Conduct（2010, 2016改正）であろう。[3] 大分類だけで10あり、さらに細目が述べられている。ＡＰＡのホームページで誰でも読むことができる。

### 倫理と法律の異同

倫理と法律の異同については、学術的な検討がたくさんあるが、どちらも社会規範[4]であるという点は共通している。最も大きな違いは、法律が国家権力を背景として、強制力をもつ点である。[5] この点から、ハードロー（法的な拘束力がある社会規範）とソフトロー（法的な拘束力がない社会規範）という呼び方もされており、前者に法律が入り、後者に倫理が入ることになる。

## ■公認心理師の法的義務及び倫理

### 公認心理師の法的義務

心理検査は、心理アセスメント（psychological assessment）のなかに含まれる。そして、心理アセスメントは、心理専門職に関する日本で唯一の国家資格である**公認心理師**の業務のなかでは、公認心理師法第2条にある「心理に関する支援を要する者の心理状態を観察し、その結果を分析すること」にあたると考えられている。つまり、心理検査を行う者にとって、公認心理師の法的義務を理解しておくことが必要となる。

［3］American Psychological Association 2010/2016 *Ethical principles of psychologists and code of conduct.* https://www.apa.org/ethics/code

［4］一般的には、社会や集団のなかで、ある事項に関してそのメンバーたちに期待されている態度や行動等のことをいう。

［5］日本心理研修センター（監修）2019『公認心理師現任者講習会テキスト（改訂版）』金剛出版（p.12）

なお、公認心理師は名称独占資格であって業務独占ではないため、公認心理師でない者でも心理検査を実施することは法的にできるが、専門知識や技術を有する必要があることは疑う余地がないことである。

公認心理師の法的義務に関しては、公認心理師法の第40条から第43条に定められている。第40条では「信用失墜行為の禁止」[6]が定められ、第41条では「秘密保持義務」が定められている。第42条では「連携等」が定められ、第2項において、「当該支援に係る主治の医師があるときは、その指示を受けなければならない」とある。[7] 第43条では「資質向上の責務」が定められている。

第41条の秘密保持義務には、罰則規定があり、「41条の規定に違反した者は、1年以下の懲役又は30万円以下の罰金に処する」（第46条）となっている。[8] これ以外に、第32条に登録の取り消し等の規定がある。

### 公認心理師の倫理

法律にふれなければ何をしてもよいと考える専門職者はいないであろう。公認心理師にもさまざまな倫理がある。一般社団法人日本公認心理師協会は、倫理綱領を策定しているが、その目的は前文に述べられている。「〜（前略）公認心理師の職能団体として、会員が提供する専門的心理支援業務の質を保つとともに、対象となる人々の基本的人権を守り、自己決定権を尊重し、その心の健康と福祉の増進を目的として倫理綱領を策定する」[9]。このように、対象者の**基本的人権**を守り、**自己決定権**を尊重し、

［6］業務内のみならず、業務外の行為（例えば飲酒運転）も信用失墜行為の対象として取り上げられている。日本心理研修センター 2019 前掲書［5］(p.13)

［7］主治の医師の指示に関しては、「公認心理師法第42条第2項に係る主治の医師の指示に関する運用基準について」が2018年1月31日に出されている。厚生労働省のホームページで全文を読むことができる。

［8］第46条2「前項の罪は、告訴がなければ公訴を提起することができない」とあり、親告罪になっている。親告罪とは、「検察官が公訴するための要件として、被害者その他一定の者の告訴が必要とされる犯罪」のことである。青柳幸一 2004『図解による法律用語辞典』自由国民社 (pp.707-708)

［9］日本公認心理師協会 2020「日本公認心理師協会倫理綱領」https://www.jacpp.or.jp/pdf/jacpp_rinrikoryo20200918.pdf

心の健康と福祉の増進を目的とすることは、公認心理師の基本と考えられる。

## ■心理検査を実施する際に検査者にとって大切な倫理

### インフォームド・コンセント、守秘義務、多重関係

臨床実践を行うときに、どのような場面であれ、**インフォームド・コンセント**、**守秘義務**、対象者との**多重関係**は、倫理としてかかわってくる。

インフォームド・コンセント（informed consent）は、「説明と同意」などと訳されることもあるが、自己決定権を尊重するという観点からいえば、「十分な説明を受けたうえでの（informed）納得・同意・選択[10]（consent）」という考え方が大切になってくる。同意書にサインしてもらえば終わりといった形式的な考えに陥ってしまえば、臨床実践の質が格段に低下することにつながる。インフォームド・コンセントという概念の本質を忘れないようにしたい。

守秘義務（confidentiality）は、「職務上、情報を知りうる立場にある者が、その秘密を漏らさないことを守る義務」のことである。[11] 公認心理師法第41条（秘密保持義務）で法的にも規定されているが、倫理としての守秘義務もある。[12]

対象者との多重関係（multiple relationship）は、専門職としての役割と、別の役割を、重複してとってしまう事態のことである。たとえば、心理専門職として心理支援をしているA公認心理師が、対象者であるBさんと個人的な恋愛関係になるといった

[10] 河合隼雄・柳田邦男 2013『心の深みへ：「うつ社会」脱出のために』新潮社（p.92）

[11] 角田秋 2012「守秘義務」風祭元（監修）、南光進一郎・張賢徳・津川律子・萱間真美（編）『精神医学・心理学・精神看護学辞典』照林社（pp.181-182）

[12] 法的な「秘密保持」と、倫理的な「秘密保持」は違いがある。後者の方が前者よりも厳しくなっている。

場合である。専門家と要支援者という関係と個人的な恋愛関係が重複している。多重関係が、心理支援に影響することは、その程度の違いはあるにせよ、明らかであろう。

### 心理検査のマニュアル・用紙・用具等の取り扱い

一般社団法人日本臨床心理士会の倫理綱領[13]には次のようにある。「心理査定[14]に用いられる用具類及び解説書の出版、頒布に際しては、その査定法を適切に使用するための専門的知識及び技能を有しない者が入手又は実施することのないよう、十分に留意しなければならない。また、心理査定用具類は、学術上必要な範囲を超えてみだりに開示しない」。心理検査のマニュアル・用紙・用具等の取り扱いには、くれぐれも注意する必要がある。

### 心理検査結果の伝達

同倫理綱領には次のようにある。「心理査定の結果及び臨床心理的援助の内容等、会員がその業務において行った事柄に関する情報が、対象者又はそれ以外の人に誤用又は悪用されないよう、細心の注意を払うこと[15]」。

一例として、知能検査の結果、ＦＳＩＱが99であったとして、〝99〟という数値だけが一人歩きして「平均から1つ低い」という誤った理解が対象者や家族に伝わってしまうようなことが起こりえる。ＦＳＩＱの「平均」は90〜109であり、「1つ低い」というのは統計学的にひどく誤った理解である。また、〝99〟という数値には信頼区間[16]が必ず付くので不十分な情報による誤解ともいえる。加えて、「1つ低い」が

[13] 日本臨床心理士会 2009「日本臨床心理士会倫理綱領」http://www.jsccp.jp/about/pdf/sta_5_rinrikouryo20170515.pdf

[14] 心理査定とは、心理アセスメント（psychological assessment）と同じ意味である。これまでは「心理査定」もしくは「心理アセスメント」と訳されていたが、公認心理師の受験資格取得のために必要な科目においては「心理的アセスメント」と、〝的〟が付いた表記になっている。

[15] ＦＳＩＱ（Full Scale IQ）は全検査ＩＱと訳される。すべての下位検査から求められる値である。

[16] 信頼区間とは、受検者の真の得点が位置すると考えられる数値の「幅」のことである。〝99〟の場合、ＷＡＩＳ-Ⅳ（日本版ＷＡＩＳ-Ⅳ知能検査）における信頼区間（90パーセント）は、95〜103という「幅」になる（『日本版ＷＡＩＳ-Ⅳ知能検査 実施・採点マニュアル』2018 日本文化科学社）。

「知的に制限がある」などと対象者を取り巻く人々に誤って伝わってしまえば、対象者や家族にとって適切な環境が保ちにくくなる。このような事態が生じないように、検査結果のフィードバックにあたっては、心理支援の文脈で「全体的には平均水準で心配ありません」といったように、対象者に益するよう、配慮・工夫することも心理専門職の倫理の一つである。そして、これは倫理であると同時に、専門職の臨床実践そのものである。

## ■まとめ

倫理という固い言葉から、倫理綱領などを不自由な拘束と捉えないでほしい。「倫理綱領や倫理規準といったものは、やっかいな縛りことではない。本質的には対人援助職の根幹にかかわる事項であり、いつも自分なりに考え、他の人に問い、振り返りみる、という作業を重ねつつ歩む、心理カウンセリングのプロセスと同じことのようにも思える」[17]。

つまり、倫理は対象者や周囲の人々を守り、専門職である自分自身を守り、そして創造的でダイナミックな専門活動（心理検査も含まれる）を社会のなかで行うことを支えるものともいえる。心理検査は何のためにあるのかといえば、対象者に寄与するためにある。倫理綱領の細かな条文の前に、このことがエシックスの基本としてあることを認識したい。

〔津川律子〕

[17] 津川律子 2011 前掲書［2］(pp.197-198)

## 5-5 心理検査の翻訳と著作権

### ■著作権とは

著作権[1]とは、思想または感情を創作的に表現したもので、著作者等の権利の保護を図り、文化の発展に寄与することを目的として制定された。著作権は、複製権、上演権・演奏権、上映権、公衆送信権等、口述権、展示権、頒布権・譲渡権・貸与権、翻訳権・翻案権、出版権等、二次的著作物の利用権から構成される。著作権は譲渡可能であるが、翻訳権は著作権の一部であるため、著作権者と無関係に翻訳権や出版権を譲渡することはできない。著作権の保護期間は、著作者の死後70年である。日本では、著作権、著作者人格権、著作隣接権は、著作物を創作した時点で発生する。[2]

### ■出版権

出版権は著作権法の第83条に規定があり、特別に存続期間を設定しない限り、最初の出版の日から3年で消滅する。出版権の存続期間を無期限には設定できない。なお、出版権者が出版を6か月以内に行わなければ、著作権者は通知してこれを消滅さ

[1] 著作権法（昭和四十五年法律第四十八号）。著作権法は美術作品や電子情報までを含み、範囲が広く大部なので、ここでは印刷物に限定して説明する。

[2] 文化庁「著作者の権利の発生及び保護期間について」https://www.bunka.go.jp/seisaku/chosakuken/seidokaisetsu/gaiyo/hogokikan.html

せることができる。

## ■著作権侵害

著作権侵害を訴える場合、相手方の著作のどの部分が著作権侵害に当たるのか、明確にする必要がある。[3]

## ■商標権

商標権は「マーク」と「サービス（指定役務）」をセットで登録し、指定役務に関して独占権を与えるものである。

心理検査の名称の商標登録については、特定の検査の名称や、一般的な略語として周知・流通している場合、役務の質や特徴を指して普通に用いられる言葉は、商標としては登録できない、あるいは、取り消される場合がある。[4][5] ＹＧ性格検査はオリジナル商品なので、商標登録しても問題は少ない。

## ■著作権の譲渡

著作権は譲渡可能である。著作権者が変化すると、それに伴って翻訳権や出版権も移動する。したがって、翻訳権や出版権を新規に取得し直す必要がある。

ＭＭＰＩの著作権はハサウェイ（Hathaway, S. R.）が持っていた。ＭＭＰＩは

[3] 心理検査をめぐる裁判事例としては、ＭＭＰＩの翻訳をめぐる差止等請求事件がある。平成29年（ワ）第22922号、著作権に基づく差止等請求事件。https://www.courts.go.jp/app/files/hanrei_jp/142/088142_hanrei.pdf

[4] 裁判事例としては、平成29年（ワ）第38481号、商標権に基づく差止等請求事件（https://ipforce.jp/Hanketsu/jiken/no/12749）、令和元年（ネ）第10069号、商標権に基づく差止等請求控訴事件（https://shohyo.hanrei.jp/hanrei/tm/12823.html）がある。

[5] 特許庁で商標が取り消された事例としては、審判番号2018－890014（https://shohyo.shinketsu.jp/originaltext/tm/1364096.html）がある。

1942年にミネソタ大学出版会から出版され、1943年にサイコロジカル・コーポレーションから出版し直された。1982年、ハサウェイが80歳の時、MMPIの全ての権利はミネソタ大学出版会に委譲された。それ以降はミネソタ大学出版会から翻訳許可を取る必要がある。[6]

## ■著作物の引用

公表された著作物を、自分の著書・論文に、典拠を示し、無断で引用することは許される。その場合、引用部分が本文と比べて少なく、引用部分が本文と明確に区別され、原則として改変などは行わないものとする。

心理検査は、既存の項目を引用して尺度構成される場合が多い。WAIS-Ⅲは、陸軍α、スタンフォード・ビネなどからの引用が全検査の77%に上る。[7] グレゴリ(Gregory, R.J.)はこれを剽窃と呼んだ。[8] このような事が今後許されるか、不明である。

## ■翻訳権と原著出版社の方針の変遷

心理検査の翻訳をして出版する場合、著作権を保持する出版社から許可を得る必要がある。しかし、出版社は心理検査を改訂する場合もあるので、改訂前の検査に翻訳許可を与えるかどうかは出版社側の事情で異なる。

日本では、1950年代からMMPIの翻訳ブームが起こり、15もの翻訳が出現

[6] ミネソタ大学出版会は、MMPI-2(1989年)、MMPI-3(2020年)の開発を主導した。著作権保持者は形式的にはミネソタ大学理事会であるが、ミネソタ大学出版会は理事会のメンバーで、著作権の実質的管理者である。

[7] 村上宣寛・村上千恵子 2019『三訂 臨床心理アセスメントハンドブック』北大路書房

[8] Gregory, R. J. 1992 *Psychological testing: History, principles, and applications.* Boston: Allyn and Bacon.

した。阿部満州《あべみつくに》は１９６２年、サイコロジカル・コーポレーションから翻訳権を取得し、三京房から出版[9]したが、統一されたわけではなかった。ミネソタ大学のブッチャ（Butcher, J. N.）は15種類もの翻訳の多くに瑕疵があり、きちんと研究されていない[10]日本の状況を危惧して、日本語のわかるクラーク（Clark, L. A.）を日本に派遣し、国際会議（ミネソタ大学出版会協賛）を開催した（１９７９年）。阿部を委員長とした翻訳の統一版委員会が組織されたが、統一版は公刊されることはなかった[11]。

筆者らはＭＭＰＩを新訳し、ブッチャの推薦を受けて、１９８８年から3年にわたりミネソタ大学出版会に翻訳許可を願い出たが、明確な返事を得られなかった。その後、出版中止等の連絡もなかった。ＭＭＰＩ-２（１９８９年）への移行前後で、ＭＭＰＩ-２に統一する上でも、ＭＭＰＩの翻訳許可をあえて出さなかったと推測される。

ＭＭＰＩ新日本版研究会によって翻訳・再標準化されたＭＭＰＩ新日本版（１９９３年）は、ミネソタ大学出版会から販売中止を申し入れられていた[12]。三京房は筑摩書房との裁判途上で[4]、２０２０年1月にＭＭＰＩの独占的出版権を獲得した[13]。ミネソタ大学出版会は、２０２０年のＭＭＰＩ-３（ＭＭＰＩ-２-ＲＦ改訂版）から管理者も交代し、方針が変更されたと推測される。

〔村上宣寛〕

［9］日本版ＭＭＰＩ研究会（編）1976『日本版ＭＭＰＩハンドブック』三京房

［10］１９８８年3月28日、ブッチャ（Butcher, J. N.）からの手紙。

［11］Clark, L. A. 1985 A consolidated version of the MMPI in Japan. In J. N. Butcher & C. D. Spielberger (Eds.), *Advances in personality assessment*, 4 (pp.95–130). New Jersey: Lawrence Erlbaum Associates, Publishers.

［12］２０１７年4月7日、ミネソタ大学出版会ブラウン（Brown, T.）からのメール。

［13］２０２０年９月24日、ミネソタ大学出版会ニッカソン（Nickerson, K.）からのメール。

5-6

# 心理検査の自動化

## ■心理検査の自動化とは

心理検査をコンピュータで実施し、採点から解釈まで自動処理した情報を提供することで、専門家による心理学的レポートの作成を客観的、効率的に支援する。個別の場合は、コンピュータで実施すれば、採点、自動解釈までを出力する。多人数の場合は、冊子をマークカードで実施したり、スマートフォンやウェブサイトで実施して、サーバーで集中的に処理して、採点、自動解釈をフィードバックする。[1]

## ■開発の歴史

心理検査の自動化は、１９５０年代に紙で実施し、大型コンピュータにパンチカードで入力して採点する方法から始まった。ＭＭＰＩの自動解釈に可能性を開いたのは、ミール（Meehl, P. E.）のメタ分析である。[2] ミールはＭＭＰＩの経験的、実証的規則を適用する統計記録的方法が、臨床家の個人的経験に基づく臨床的解釈法よりも優れていることを実証し、可能な限り統計記録的方法を適用すべきだと提唱した。ソー

[1] 集計ソフトには、ＷＩＳＣ－Ⅳ換算アシスタント（日本文化科学社）、ＭＭＰＩ新日本版プログラム（三京房）、Rorschach Data System（金子書房）などがある。自動解釈までできていないので省略した。

[2] Meehl, P. E. 1954 *Clinical versus statistical prediction: A theoretical analysis and a review of the evidence*. Minneapolis: University of Minnesota Press (cited from Fowler, R. D., 1985).

[3] Sawyer, J. 1966 Measurement and prediction, clinical and statistical. *Psychological Bulletin, 66*(3), 178–200.

[4] Fowler, R. D. 1968 MMPI computer interpretation for college counseling. *Journal of Psychology, 69*, 201–207.

[5] Lachar, D. 1974 *The MMPI: Clinical assessment and automated interpretation*. LA: Western

ヤ（Sawyer, J.）も、45研究のメタ分析で再確認した。[3]

ＭＭＰＩの自動化は、1960年代にメイヨー・クリニックで始まった。プロファイルと尺度ごとの解釈文が高得点順に出力され、少数の心理学スタッフでも数千名の患者をスクリーニングして、効率の良い心理的援助ができることを証明した。これに触発されて、ファウラ（Fowler, R. D.）は、臨床家が執筆するレポート様式を目指した。[4] ラシャール（Lachar, D.）は、患者1472名に専門家3名が1時間以上面接して、基本尺度とプロファイル・タイプの解釈文の妥当性を確認した。[5] ブッチャ（Butcher, J. N.）らは、ＭＭＰＩ-2で入院患者用など6種類を稼働させた。[6]

## ■ロールシャッハ・テスト

日本では村上宣寛《むらかみよしひろ》と村上千恵子《むらかみちえこ》が片口法による集計ソフトの制作を契機に、標準化の考えを導入することで解釈ルールが確立することに気づいた。小規模エキスパート・システム[7]の考え方に基づき、ロールシャッハ自動診断システム[8]を開発した。[9] 基礎整理票、サイコグラム、要約表などのほか、自動解釈では知的生活の特徴、内的資質と衝動性、環境への情緒的反応性、対人関係の特徴や人格の統合水準を1500～2000字で出力する。病態水準と予後予測の基準関連妥当性を調べると、臨床事例と良く適合し、正常者を精神障害者と誤って診断することはなかった。[10] ただ、ロールシャッハ・テストは信頼性係数が小さく、実施に時間がかかるため、ユーザ数が減少

Psychological Services. 相関係数を用いてはいないが、0.9程度の妥当性係数が見込める。

[6] Butcher, J. N., Graham, J. R., Williams, C. L., & Ben-Porath, Y. S. 1990 *Development and use of the MMPI-2 content scales*. Minneapolis: University of Minnesota Press. ／村上宣寛・村上千恵子 2019『三訂 臨床心理アセスメントハンドブック』北大路書房

[7] エキスパート・システムでは、プロダクション・ルールとメタ・ルールを分離して組み合わせて構成する。ロールシャッハ、ＭＭＰＩ、主要5因子性格検査などはDelphi（Object Pascal）という言語で約1万～1万5000行程度である。数万行なら個人で執筆できる範囲である。大規模エキスパート・システムでは数百万行となり、多くのプログラマーが参加して分担執筆する。

[8]（株）ベクターで販売。実施法は、前掲注[6]参照。

している。

## ■MMPI-1／MINI／MINI-124

日本ではMMPIの翻訳が15も出現し、[11]翻訳の問題が指摘されてきた。村上らはMMPIを翻訳からやり直し、臨床現場で使用できるよう、MMPI-1（550項目+重複16項目）、MINI（250項目）、MINI-124（124項目）を開発した。信頼性の検証や、世代別標準化も行った。[12]

**MMPI-1／MINI／MINI-124自動診断システム**も小規模エキスパート・システムである。個別にはパソコンで、多人数の場合はマークカードで実施する。MMPI-1の出力は、基本尺度と内容尺度のプロファイル、自動解釈では受検態度、主要な精神症状、対人関係の特徴、その他の人格と行動の特徴、診断印象と治療要件が2500字程度、最後に129尺度1指標の素点と標準得点などが出力される。なお、MMPI-1／MINI／MINI-124は、2020年1月に三京房がミネソタ大学出版会からMMPIの独占的出版権を得たことに伴い、商用配布は行われていない。

米国ではMMPIは1989年にMMPI-2に改訂されたが、2020年に再改訂されたMMPI-3（MMPI-2-RF改訂版）で基本尺度は廃止された。社会情勢、治療技法の変化などで、MMPIは法廷用途以外では使用が激減している。

［9］村上宣寛・村上千恵子 1988a『なぞときロールシャッハ：ロールシャッハ・システムの案内と展望』学芸図書／同 1991『ロールシャッハ・テスト：自動診断システムへの招待』日本文化科学社／村上・村上 2019 前掲注［6］

［10］村上宣寛・村上千恵子 1988b「ロールシャッハ・テストの自動診断システム」『行動計量学』*15*(2), 22–31.

［11］Clark, L. A. 1985 A consolidated version of the MMPI in Japan. In J. N. Butcher & C. D. Spielberger (Eds.), *Advances in personality assessment, 4* (pp.95–130). New Jersey: Lawrence Erlbaum Associates, Publishers.

［12］村上千恵子・村上宣寛 1996「MMPI-1, MINI, MINI-124の世代別標準化研究」『性格心理学研究』*4*, 23–37.／同 1992『コンピュータ心理診断法』学芸図書／同 2009『MMPI-1/MINI/MINI-124ハンドブック』学芸図書

## ■主要5因子性格検査

**主要5因子性格検査システム**は、性格の5因子論を元に開発された70項目の性格テストで、小規模エキスパート・システムである。外向性、協調性、良識性、情緒安定性、知的好奇心を測定し、妥当性尺度も装備している。信頼性が高く、基準関連的な妥当性の検証と世代別標準化が行われた。個別にはパソコンで、多人数の場合はマークカードかカーボン用紙で実施する。出力は、プロファイル、受検態度、基本的性格、全体的印象が2500字程度、最後に尺度の素点と標準得点などが出力される。また、新たに51項目の**小学生用主要5因子性格検査**も開発された。保護者による評価と児童の自己評価から基準関連妥当性の高さが確認され、信頼性も高かった[13]。

山形大学では主要5因子性格検査のスマートフォン版を開発し、学生の心の健康管理に利用したり、学業成績との関連を縦断的に調査している[14]。一方、筑摩書房でも**ウェブ・バージョン**を開発し、2022年からパソコンやスマートフォンから商用サービスが利用できるようになった。

## ■まとめ

自動化の対象となる心理検査は、信頼性が高く（0.8以上）ないと妥当性が保証されない[15]。今後は、ウェブ上で心理的援助や人材開発に利用できる妥当性の高い心理検査の自動化が望まれる。

（村上千恵子）

[13] 村上宣寛・村上千恵子 2001『主要5因子性格検査ハンドブック』学芸図書／同 2017『主要5因子性格検査ハンドブック三訂版』筑摩書房

[14] Senyo, K. et al. 2018 Using a smartphone-based integrated data collection system to measure student learning gains. Assessment Institute Handouts.

[15] 妥当性≦$\sqrt{信頼性}$という数学的関係がある。現実的には、妥当性＞信頼性で、信頼性係数を超える妥当性が確認された心理検査は見当たらない（村上宣寛 2006『心理尺度のつくり方』北大路書房）。

# 5-7 心理検査の診療報酬

## ■はじめに

怪我をしたり病気にかかったりすると、私たちは病院や診療所を受診する。[1] 日本の医療制度で、心理検査は「臨床心理・神経心理検査」として**診療報酬**の対象とされてきた。本項目では、診療報酬と、その対象となる心理検査を説明する。

## ■診療報酬と心理検査

### 診療報酬とは

日本の医療制度における公的**医療保険**では、病院や診療所等の保険医療機関が保険診療を行う際の価格が診療報酬として定められている。診療報酬は、1927（昭和2）年の健康保険法施行に伴い、各都道府県医師会が公定料金を規定したのが始まりである。1943（昭和18）年以降は、医療行為ごとに厚生大臣が価格を定める方式になり、1948（昭和23）年には、社会保障診療報酬支払基金法に基づき診療行為の公定価格である診療報酬が医療機関に支払われる方式となった。診療報酬は、中

[1] 日本の医療制度では，保険医療機関で保険証を提示することで1～3割程度の自己負担で医療を受けることができる。

央社会保険医療協議会で原則2年ごとに決定され，「診療報酬の算定方法の一部を改正する件」として告示される。[2]

**「臨床心理・神経心理検査」**

診療報酬の対象とされる「臨床心理・神経心理検査」は，前述の告示によって価格が定められている。全ての心理検査が診療報酬の対象となるのではなく，厚生労働省保険局医療課長による「診療報酬の算定方法の一部改正に伴う実施上の留意事項について」[3]で具体的な心理検査名が通知される。2006（平成18）年の改定で，心理検査は，医師の指示により他の従事者が検査および結果処理を行った場合，つまり公認心理師等が実施した場合も算定可能となった。診療報酬の対象となる心理検査および算定の条件は変わることがあるため，最新の告示と通知を参照する必要がある。次頁に，2022年（令和4年）時点で対象とされた心理検査一覧を示す。

## ■まとめと課題

心理検査が診療報酬の対象として公的に定められたことで，医療機関における公認心理師の貢献が明示され，患者も少ない自己負担で受検が可能となった。一方で，全ての心理検査が対象とされず，入手困難な心理検査や標準化に課題がある心理検査が対象に含まれていることには注意を要する。心理検査を扱う者は，各検査の開発過程を含めた検査の特徴を充分に理解して実施する必要があるだろう。

〔鈴木朋子〕

[2] 土田武史 2015「診療報酬」『日本大百科全書』小学館

[3] 告示「診療報酬の算定方法の一部を改正する件」，通知「診療報酬の算定方法の一部改正に伴う実施上の留意事項について」は，厚生労働省のホームページで確認することができる。

表1　発達及び知能検査，人格検査，認知機能検査その他の心理検査の診療報酬一覧（2022（令和4）年度）

| 区分 | 操作が容易なもの：80点 | 操作が複雑なもの：280点 | 操作と処理が極めて複雑なもの：450点 |
|---|---|---|---|
| D283<br>発達及び<br>知能検査 | ◦ 津守式乳幼児精神発達検査<br>◦ 牛島乳幼児簡易検査<br>◦ 日本版ミラー幼児発達スクリーニング検査<br>◦ 遠城寺式乳幼児分析的発達検査<br>◦ デンバー式発達スクリーニング<br>◦ DAM グッドイナフ人物画知能検査<br>◦ フロスティッグ視知覚発達検査<br>◦ 脳研式知能検査<br>◦ コース立方体組み合わせテスト<br>◦ レーヴン色彩マトリックス<br>◦ JART | ◦ MCC ベビーテスト<br>◦ PBT ピクチュア・ブロック知能検査<br>◦ 新版 K 式発達検査<br>◦ WPPSI-Ⅲ知能診断検査<br>◦ 全訂版田中ビネー知能検査<br>◦ 田中ビネー知能検査Ⅴ<br>◦ 鈴木ビネー式知能検査<br>◦ WISC-R 知能検査<br>◦ WAIS-R 成人知能検査（WAIS を含む。）<br>◦ 大脇式盲人用知能検査<br>◦ ベイリー発達検査<br>◦ Vineland-Ⅱ日本版 | ◦ WISC-Ⅲ知能検査<br>◦ WISC Ⅳ知能検査<br>◦ WAIS-Ⅲ成人知能検査<br>◦ WAIS Ⅳ成人知能検査 |
| D284<br>人格検査 | ◦ パーソナリティイベントリー<br>◦ モーズレイ性格検査<br>◦ Y-G 矢田部ギルフォード性格検査<br>◦ TEG-Ⅱ東大式エゴグラム<br>◦ 新版 TEG<br>◦ 新版 TEG Ⅱ<br>◦ TEG3 | ◦ バウムテスト<br>◦ SCT<br>◦ P-F スタディ<br>◦ MMPI<br>◦ TPI<br>◦ EPPS 性格検査<br>◦ 16P-F 人格検査<br>◦ 描画テスト<br>◦ ゾンディーテスト<br>◦ PIL テスト | ◦ ロールシャッハテスト<br>◦ CAPS<br>◦ TAT 絵画統覚検査<br>◦ CAT 幼児児童用絵画統覚検査 |

（次ページへつづく）

**表1　つづき**

| 区分 | 簡易なもの：80点<br>(原則として3月に1回) | その他のもの：80点 | 操作が複雑なもの：280点 | 操作と処理が極めて複雑なもの：450点 |
|---|---|---|---|---|
| D285<br>認知機能検査<br>その他の<br>心理検査 | ◦ MAS 不安尺度<br>◦ MEDE 多面的初期認知症判定検査<br>◦ AQ 日本語版<br>◦ 日本語版 LSAS–J<br>◦ M–CHAT<br>◦ 長谷川式知能評価スケール<br>◦ MMSE | ◦ CAS 不安測定検査<br>◦ SDS うつ性自己評価尺度<br>◦ CES–D うつ病（抑うつ状態）自己評価尺度<br>◦ HDRS ハミルトンうつ病症状評価尺度<br>◦ STAI 状態・特性不安検査<br>◦ POMS　◦ POMS2<br>◦ IES–R<br>◦ PDS<br>◦ TK 式診断的新親子関係検査<br>◦ CMI 健康調査票<br>◦ GHQ 精神健康評価票<br>◦ ブルドン抹消検査<br>◦ WHO QOL26<br>◦ COGNISTAT<br>◦ SIB<br>◦ Coghealth（医師、看護師又は公認心理師が検査に立ち会った場合に限る。）<br>◦ NPI<br>◦ BEHAVE–AD<br>◦ 音読検査（特異的読字障害を対象にしたものに限る。）<br>◦ WURS<br>◦ MCMI– II<br>◦ MOCI 邦訳版<br>◦ DES– II<br>◦ EAT–26<br>◦ STAI–C 状態・特性不安検査（児童用）<br>◦ DSRS–C<br>◦ 前頭葉評価バッテリー<br>◦ ストループテスト<br>◦ MoCA–J<br>◦ Clinical Dementia Rating（CDR） | ◦ ベントン視覚記銘検査<br>◦ 内田クレペリン精神検査<br>◦ 三宅式記銘力検査<br>◦ 標準言語性対連合学習検査（S-PA）<br>◦ ベンダーゲシュタルトテスト<br>◦ WCST ウイスコンシン・カード分類検査<br>◦ SCID 構造化面接法<br>◦ 遂行機能障害症候群の行動評価（BADS）<br>◦ リバーミード行動記憶検査<br>◦ Ray–Osterrieth Complex Figure Test（ROCFT） | ◦ ITPA<br>◦ 標準失語症検査<br>◦ 標準失語症検査補助テスト<br>◦ 標準高次動作性検査<br>◦ 標準高次視知覚検査<br>◦ 標準注意検査法・標準意欲評価法<br>◦ WAB 失語症検査<br>◦ 老研版失語症検査<br>◦ K–ABC<br>◦ K–ABC II<br>◦ WMS–R<br>◦ ADAS<br>◦ DN–CAS 認知評価システム<br>◦ 小児自閉症評定尺度<br>◦ 発達障害の要支援度評価尺度（MSPA）<br>◦ 親面接式自閉スペクトラム症評定尺度改訂版（P 検査 -70ARS-TR）<br>◦ 子ども版解離評価表 |

注
＊区分番号「D285」認知機能検査その他の心理検査の「簡易なもの」とは、主に疾患（疑いを含む）の早期発見を目的とするものをいう。
＊国立精研式認知症スクリーニングテストの費用は、基本診療料に含まれているものであり、別に算定できない。

※表記は診療報酬一覧（2022）のママとした。

5-8

# 心理検査の統計的基礎

## ■心理検査の理解に必要な心理統計法の基礎

### 測定尺度

測定する属性の強さや量とそれを表す数値との関係を定める規則は尺度と呼ばれ、スティーブンス（Stevens, S. S.）は名義、順序、間隔、比（比率）の4尺度に分類した。[1] 一般的に名義尺度もしくは順序尺度をなす変数は質的変数、間隔尺度もしくは比尺度をなす変数は量的変数として統計的に分析される。

### 記述統計と推測統計

心理統計法は記述統計と推測統計に分類される。

記述統計は1変数には平均値、中央値、分散、標準偏差、歪度、尖度など、2変数には共分散、相関係数などの記述統計量を適用して測定値の特徴を探る。

測定値の集まりは標本と呼ばれ、標本から得られた結論を一般化する集合は母集団と呼ばれる。推測統計には記述統計量を用いて母数を推測する統計的推論と、[2] 標本から得られた結論が偶然によるかどうかを判断する統計的有意性検定がある。[3]

[1] 名義尺度は属性のカテゴリの違い、順序尺度は属性の強さの順を意味する。間隔尺度と比尺度は数値の等しい差が属性の強さや量の差が等しいことを意味するが、間隔尺度は恣意的に0が設定され、比尺度は属性がないことを意味する絶対的な0を持つ。血液型は名義尺度、順位は順序尺度、温度は間隔尺度、身長は比尺度をなす。

[2] 平均値や分散などの分布の形を定める特性値は母集団では母数（パラメータ）、標本では標本統計量と呼ばれる。母数の値を推定する際、標本統計量は推定量と呼ばれ、標本の測定値を用いて算出された値は推定値と呼ばれる。母数の推定方法には、一つの値で推定する点推定と区間を定めて推定する区間推定がある。

[3] 統計的有意性検定は、母数

## ■心理検査の結果を表示する方法

心理検査の生の得点（素点）を絶対的に解釈することはできないので、標準得点、パーセンタイル順位、段階評定値などに変換し、属性の強さを相対的に解釈する。

**標準得点**は

・A×（得点−平均値）／標準偏差＋B

として変換される値であり、A＝1、B＝0とした場合はz得点、A＝10、B＝50とした場合は偏差値（Z得点）と呼ばれる。[4] 得点を偏差値へ変換した場合、例えば、60は得点が平均値よりも得点の1標準偏差分だけ大きいこと、さらに得点分布が正規分布に従うなら、[5] 得点は上位16％に位置することがわかる。

得点を小さい方から累積した度数の割合（パーセンテージ）が、ある値未満となる得点は**パーセンタイル**、それを用いた得点の順位は**パーセンタイル順位**と呼ばれる。例えば、中央値は50パーセンタイルの値、そのパーセンタイル順位は50である。

段階評定値は得点を数段階の評定値に分類したもので、5段階評定やステイナイン（スタナイン）がある。

## ■カットオフ値（診断閾値）

カットオフ値は心理検査の得点を用いて疾患群と非疾患群とを判別するために設定される値である。[6]

がある値に等しいとする帰無仮説とそれを否定する対立仮説を立て、対立仮説を採択できるかどうかを判断する。帰無仮説を真として、実際の結果もしくはそれ以上に帰無仮説に反する極端な結果が得られる確率を*P*値もしくは有意確率と呼び、それが有意水準（一般に5％）未満のときに対立仮説を採択する。これを統計的有意という。

[4] 平均値を50、標準偏差を10とする正規分布に従うように得点を変換した値はT得点と呼ばれる。また、個別式知能検査では得点を平均値が100、標準偏差が15の正規分布に従うように変換することもある。

[5] 数式を用いて分布の形を表現できる分布を理論分布という。正規分布は理論分布の一つであり、平均値と分散によって分布の形が決まる。正規分布の歪度は0、尖度は0（3とする定義もある）であるから、正規分布を基準として測定値の分布の歪みや尖りを評価することができる。

### 陽性的中率と陰性的中率

得点がカットオフ値c以上の対象を陽性（疾患群）、c未満の対象を陰性（非疾患群）と判別すると、判別結果は次の4つに分類される。[7]

- 真陽性　疾患群で正しく陽性と判別される（TP）
- 偽陰性　疾患群で誤って陰性と判別される（FN）
- 偽陽性　非疾患群で誤って陽性と判別される（FP）
- 真陰性　非疾患群で正しく陰性と判別される（TN）

陽性的中率と陰性的中率は、括弧内に示す該当数を用いて次式により定義される。

- 陽性的中率＝TP／（TP＋FP）
- 陰性的中率＝TN／（TN＋PN）

### 感度と特異度

感度と特異度は次式で定義され、感度は疾患群で正しく陽性と判別された対象の割合、特異度は非疾患群で正しく陰性と判別された対象の割合である。

- 感度＝TP／（TP＋FN）
- 特異度＝TN／（TN＋FP）

### ROC曲線

感度と特異度の大きさはカットオフ値cで決まるので、cを心理検査の得点が取り得る範囲で変えて2つの値を算出できる。このとき、1－特異度を横軸の座標値、感

[6] カットオフ値は治療閾値、予防学的閾値と合わせて臨床判断値と呼ばれる。臨床診断値は非疾患群の得点分布に基づいて設定される基準範囲の上・下限値とは異なる。日本臨床検査医学会ガイドライン作成委員会 2018『臨床検査のガイドライン JSLM2018：検査値アプローチ／症候／疾患』宇宙堂八木書店

[7] 真陽性は信号検出理論におけるヒット（hit）、偽陰性はミス（miss）、偽陽性は誤警報（false alarm）、真陰性は正棄却（correct rejection）に相当する。

度を縦軸の座標値として特異度と感度の関係を示す曲線がROC曲線である[8]。最適なカットオフ値は心理検査を実施する目的により異なり、偽陽性と偽陰性の重要度が同等であるときは感度と特異度の和を最大とする値や［（1－感度）の2乗＋（1－特異度）の2乗］を最小にする値などが利用される。一方、偽陽性と偽陰性の重要度が異なる場合は偽陽性、偽陰性、有病率を考慮してカットオフ値を定める。

## ■信頼性と妥当性

心理検査が必要とする条件は高い信頼性と妥当性である。

### 信頼性

信頼性は同一の条件で心理検査を繰り返し実施したとき、受検者から一貫した結果が得られる程度である。

得点を真の得点と誤差に分解し、真の得点と誤差が無相関であると仮定すると、得点の分散は真の得点の分散と誤差の分散に分解される。信頼性の高さを表す**信頼性係数**は、3つの分散により

- 真の得点の分散／得点の分散（＝1－誤差の分散／得点の分散）

として定義され、得点の信頼性が高いほど信頼性係数は大きな値をとる。信頼性係数を推定する代表的な方法としてクロンバック（Cronbach, L. J.）のアルファ係数とマクドナルド（McDonald, R. P.）のオメガ係数がある[9]。得点を構成する項目の相関関係

[8] ROC曲線（receiver operating characteristic curve）よりも下側の面積はAUC（area under the curve）と呼ばれる。AUCの最小値は0.5、最大値は1であり、値が大きいほど心理検査は有用とされる。また、定性的な結果が得られる検査では陽性尤度比を感度／（1－特異度）と定義し、標本を層別化して算出される層別尤度比から検査の有用性が評価される。日本臨床検査医学会ガイドライン作成委員会2018前掲書［6］

[9] アルファ係数はタウ等価（因子分析の結果、項目因子負荷量が等しい）、オメガ係数は同族測定（項目因子負荷量は等しくない）と呼ばれる測定モデルを仮定して導出されている。タウ等価測定モデルを満たすことは難しいので、実際の心理検査にはアルファ係数よりもオメガ係数が適している。

が強いほど2つの係数は高くなるので、内的一貫性に基づく信頼性係数の推定値である。

安定性の観点からは、一定期間を置いて心理検査を同一の受検者に2回実施して、その相関係数の値を信頼性係数の推定値とする。この値は再検査信頼性係数と呼ばれるが、学習効果の大きさや実施間隔に依存して高さが変化する。

投映法の心理検査では採点に高い信頼性が必要である。同一の回答に対する採点者間の整合性は**採点者間信頼性**と呼ばれ、採点の絶対的な一致度を表す係数と、採点傾向の一貫性を表す係数がある。一致度の高さを表す係数として名義・順序尺度をなす採点結果に適用するカッパ係数、一貫性の高さを表す係数として間隔・比尺度に適用する相関係数がある。また、級内相関係数には一致度の高さを表す係数と一貫性の高さを表す係数があり、使用目的に応じて使い分けをする。[10]

同一の採点者が複数の回答を採点した場合の信頼性は**採点者内信頼性**と呼ばれ、相関係数や級内相関係数を用いて高さが評価される。

### 妥当性

心理検査の妥当性は得点から導かれる解釈の正当性の程度であり、1970年代まで妥当性は主に**内容的妥当性**、**基準関連妥当性**（併存的妥当性と予測的妥当性）、**構成概念妥当性**から検討されてきた。[11] その後、妥当性は構成概念妥当性を中心とする単一の概念とされ、内容的妥当性と基準関連妥当性は構成概念妥当性の高さを示す証拠

[10] McGraw, K. O., & Wong, S. P. 1996. Forming inferences about some intraclass correlation coefficients. *Psychological Methods, 1*(1), 30-46.、Shrout, P. E., & Fleiss, J. L. 1979. Intraclass correlations : Uses in assessing rater reliability. *Psychological Bulletin, 86*, 420-428.

[11] 容的妥当性は測定する範囲を検査問題が適切に代表している程度、基準関連妥当性は同一の属性の強さを測定する他の検査との相関関係の強さ、構成概念妥当性は構成概念としての属性の強さを得点が適切に反映している程度である。

と見なされた。さらに、1980年代後半に入り、妥当性は一つの統一概念であると広く認識されるようになり、メシック（Messick, S.）は妥当性を検証する際の側面として、先行研究を総括して次の6点を強調した。[12]

①内容的側面：測定すべき領域が明確に定義され、心理検査の内容がそれを十分に代表しているか、文章表現や問題形式が適切か。

②実質的側面：反応プロセスを心理学的に説明でき、想定された反応プロセスが受検者の反応プロセスに見られるか。

③構造的側面：得点尺度の内的構造が構成概念の構造に合致しているか。

④一般化可能性的側面：得点の平均値や標準偏差などの統計的性質が特定の母集団、実施状況、課題などを越えて一般化できるか。従来からの信頼性はこの側面の証拠に含まれる。

⑤外的側面：収束的妥当性（理論的に相関関係が高いとされる測定値との相関が高い）と弁別的妥当性（理論的に相関関係が低いとされる測定値との相関が低い）が見られるか。

⑥結果的側面：心理検査を使用した結果で生じた事態、具体的には波及効果や分配の公正性などに問題が生じていないか。

〔服部　環〕

[12] Messick, S. 1989. Validity. In R. L. Linn (Ed.), *The American Council on Education/Macmillan series on higher education, Educational measurement* (pp.13-103). Macmillan Publishing Co, Inc; American Council on Education. 平井洋子 2006「測定の妥当性からみた尺度構成：得点の解釈を保証できますか」吉田寿夫（編著）『心理学研究法の新しいかたち』（pp.21-49）誠信書房

# おわりに

「子供の命を全力で 大人が守ること それが自由という名の誇りさ」

桑田佳祐「時代遅れのRock'n'Roll Band」[1]

■社会と心理検査の関係

本書の狙いや成り立ちについては既に「はじめに」や「序章」で十分触れられている。いわば心理検査の光の部分については十分に説明されたと言える。そこでこの「おわりに」では心理検査の影の部分について触れておきたい。

「旧優生保護法に基づく優生手術等を受けた者に対する一時金の支給等に関する法律」(平成31年)の前文には「昭和23年制定の旧優生保護法に基づき、あるいは旧優生保護法の存在を背景として、多くの方々が、特定の疾病や障害を有すること等を理由に、平成8年に旧優生保護法に定められていた優生手術に関する規定が削除されるまでの間において生殖を不能にする手術又は放射線の照射を受けることを強いられ、心身に多大な苦痛を受けてきた。」という記述がある。ここにおける障害に知的障害

[1] JASRAC出 2206493-201

が含まれていること、その知的障害の認定に心理検査の一つである知能検査が使用されていたことについては想像に難くない。

たとえば、NHK福祉情報サイト ハートネット「強制不妊手術の真実54年目の証言」[2]には次のような記載がある。

飯塚さんは14歳の時、民生委員に連れられて児童相談所で知能検査を受けます。判定は、軽度の知的障害。その後、障害者施設に入所しました。

飯塚さんが、住み込みで家事手伝いをしていた16歳の時(1963年)のこと。職親(知的障害者の生活・職業指導を引き受ける人)によって県の診療所に連れて行かれ、卵管をしばって妊娠できなくする手術を受けさせられました。

旧優生保護法にまつわるこうした問題に知能検査が関係していると想像しえた心理学関係者がどれだけいただろうか? もしいたら良心の呵責に苛まれたことだろう。知能検査を行った人の責任をここでは問わない。[3] とはいえ、旧優生保護法に基づく処置には知能検査が重要な役割を果たしたことを認識すること、それを教訓に心理検査のあり方をどうすればいいのかを考えていく必要については共有されるべきである。

[2] https://www.nhk.or.jp/heart-net/article/16/

[3] もし、知能検査をやった人は単にやっただけで責任はない、と言うのであれば、いわゆる「アイヒマンの責任回避」の隘路に陥ることになることに注意が必要である。

## ■21世紀における心理検査

21世紀に生きる私たちは、つい最近まで、パンデミック、他の主権国家への一方的武力侵攻、政治家の暗殺などが身近に起きるなどとは思ってもいなかった。20世紀のスペイン風邪のようなこと、ドイツ帝国によるポーランド侵攻のようなこと、銃撃による元総理の白昼暗殺のようなことが起きるとは思っていなかったのではないか。

20世紀に起きたことは、形を変えて起こりうる……、となれば、もう既に終わった話であると思っている、優生学（Eugenics：筆者の言葉では優生劣廃学）がシン・優生学として復活しそこに知能検査が関与することも十分考えられるシナリオだ。

心理検査は目の前にいる子どもの状態を可能な限り客観的に捉える目的でビネとシモンによって提案された知能尺度がその原型である。そして、変質を経験し優生劣廃学に取り込まれた苦い過去がある。[4] このことを21世紀の今、思い返すべきであろう。本書の読者諸賢におかれては心理検査の内容を理解して実施するだけではなく、その結果がどのような文脈で用いられるのかについても留意していただきたい。社会のためになると思って行ったことが、そうではない帰結を見ることもある。社会のためという時の「社会」そのものが問題を抱えているとしたら、「社会のため」に行う心理検査の帰結は決してバラ色ではない。

心理検査が何のために存在するのか、社会との関係をどのように紡ぐのか、目の前の個人にどのように貢献するのか、そうしたことを考えることが求められる時代が再

［4］知能検査が優生劣廃学とどのように関連していたのかについては、サトウタツヤ・高砂美樹 2022『流れを読む心理学史：世界と日本の心理学（補訂版）』（有斐閣）第5章を参照されたい。

び訪れたのかもしれない。対象を知ることが、その対象の尊厳を貶めたり自由を制約することになってはならない。今こそ、ビネとシモンの知能尺度の精神を再び理解した上で心理検査の全貌を捉える必要がある。

## ■二次元マッピング法の活用を

本書は『ワードマップ 質的研究法マッピング』（新曜社、2019年）に続いて二次元マッピング法を用いて心理検査を整理して解説を行ったものである。筆頭編者に——振り返れば長い付き合いとなった——鈴木朋子さんを迎えることができ、想像以上の本に仕上がった。そして、当該項目を解説するのに最もふさわしい方に執筆していただくことができ、充実した内容となった。軸の設定や命名については、各項目の著者からもご意見をいただき、最終的な形を作り上げることができた。二次元で整理することの最も優れた点は一覧性を有することである。二次元マッピングとその成果たるマップによってさまざまな心理検査の関係性を俯瞰的・相互的に捉えようとすることの利点は大きい。読者諸賢におかれては、本書により様々な心理検査の真正な使用について考えを進めていってほしい。[5]

編者を代表して　サトウタツヤ

[5] 念校の段階で、事前検閲したいというにも等しい申し入れが出版社にあったとのことで、驚愕した（詳細は記さないが…）。この件に対応していただいた新曜社の方々、一部の著者の方々に感謝します。この出来事は、一歩ひいて考えれば、「モノとしての心理検査」（本書「はじめに」参照）について今後考えていくきっかけにできるのかもしれない（ポジティブ思考）。

ワードマップ
心理検査マッピング
全体像をつかみ、臨床に活かす

初版第1刷発行　2022年9月20日

編　者　鈴木朋子・サトウタツヤ
発行者　塩浦　暲
発行所　株式会社　新曜社
101-0051　東京都千代田区神田神保町3－9
電話（03）3264-4973（代）・FAX（03）3239-2958
e-mail : info@shin-yo-sha.co.jp
URL : https://www.shin-yo-sha.co.jp

組版所　Katzen House
印　刷　星野精版印刷
製　本　積信堂


ISBN978-4-7885-1785-1 C1011

# 編 者 ・ 執 筆 者 一 覧


**編者**

**鈴木朋子**（すずき ともこ）横浜国立大学教育学部 教授［1–4・2–4・5–7］
専門は臨床心理学（心理検査、精神分析）、心理学史。博士（学術）。著書に『心理学と心理的支援』（分担執筆、全国社会福祉協議会、2020年）、『青年期精神療法入門』（分担執筆、日本評論社、2017年）、『心理学史』（共編、学文社、2012年）、『スクールカウンセリングの基礎と経験』（分担執筆、日本評論社、2008年）など。

**サトウタツヤ**（佐藤達哉）立命館大学総合心理学部 教授／学部長［序章・3–6］
専門は文化心理学、質的探究、心理学史。博士（文学）。単著に『臨床心理学小史』（ちくま新書、2022年）、『臨床心理学史』（東京大学出版会、2021年）、『質的心理学の展望』（新曜社、2013年）、共編著に『ワードマップ 質的研究法マッピング』（新曜社、2019年）、『文化心理学』（ちとせプレス、2019年）、『質的心理学辞典』（新曜社、2018年）、“*Making of the future: The Trajectory Equifinality Approach in cultural psychology*”（Information Age Publishing, 2016）など。

**執筆者**（執筆順、［ ］内は担当項目）

**サトウタツヤ**［序章］編者（前掲）

**渡邊芳之**（わたなべ よしゆき）［1–1］
帯広畜産大学人間科学研究部門（人文社会・言語科学分野）教授。専門はパーソナリティ心理学。

**伊藤隆一**（いとう りゅういち）［1–2］
法政大学理工学部創生科学科 教授。専門はパーソナリティ心理学・産業心理学・臨床心理学。

**関山　徹**（せきやま とおる）［1–3］
鹿児島大学大学院教育学研究科 准教授。専門は臨床心理学。

**鈴木朋子**［1–4］編者（前掲）

**高橋依子**（たかはし よりこ）［1–5］
大阪樟蔭女子大学 名誉教授。専門は臨床心理学。

**秦　一士**（はた かずひこ）［1–6］
甲南女子大学 名誉教授。専門は臨床心理学。

**中村淳子**（なかむら じゅんこ）［1–7］
松蔭大学コミュニケーション文化学部子ども学科 教授。専門は生涯発達心理学。

**松原由枝**（まつばら ゆえ）［1–8］
川村学園女子大学 名誉教授。専門は臨床心理学、深層心理学。

**坂野雄二**（さかの ゆうじ）[1–9]
医療法人社団五稜会病院札幌 CBT & EAP センター長／心理室顧問。専門は認知行動療法。

**本間啓二**（ほんま けいじ）[1–10]
日本体育大学 名誉教授。専門はキャリア教育、職業適性検査。

**清水和秋**（しみず かずあき）[2–1]
関西大学 名誉教授。専門は心理測定論。

**吉内一浩**（よしうち かずひろ）[2–2]
東京大学大学院医学系研究科・ストレス防御・心身医学分野 准教授。専門は心身医学。

**滝浦孝之**（たきうら たかゆき）[2–3]
元 医療創生大学人文学部心理学科 非常勤講師。専門は認知心理学。

**鈴木朋子** [2–4] 編者（前掲）

**有木永子**（ありき ながこ）[2–5]
日本大学国際関係学部国際教養学科 教授。専門は臨床心理学。

**伊藤　満**（いとう みつる）[2–6]
国立病院機構久里浜医療センター 心理療法士。専門は臨床心理学。

**樋口　進**（ひぐち すすむ）[2–6]
国立病院機構久里浜医療センター 名誉院長・顧問。専門は臨床精神医学。

**若林明雄**（わかばやし あきお）[2–7]
千葉大学 名誉教授。専門は個人差心理学、社会的認知神経科学。

**外島　裕**（としま ゆたか）[2–8]
日本大学 名誉教授。専門は産業・組織心理学、臨床組織心理学、人的資源管理論。

**柊　未聖**（ひいらぎ みき）[2–9]
東邦大学医療センター大森病院心療内科 医師。専門は心療内科。

**端詰勝敬**（はしづめ まさひろ）[2–9]
東邦大学医療センター大森病院心療内科 教授。専門は心療内科。

**大坊郁夫**（だいぼう いくお）[2–10]
北星学園大学・北星学園大学短期大学部 学長。専門は対人社会心理学。

**浦川加代子**（うらかわ かよこ）[2–11]
公益財団法人パブリックヘルスリサーチセンターストレス科学研究所 客員研究員。
専門は精神看護学。

**横山和仁**（よこやま かずひと）[2–11]
国際医療福祉大学大学院医学研究科公衆衛生学専攻 教授。専門は衛生学、公衆衛生学。

**権藤恭之**（ごんどう やすゆき）[2–12]
大阪大学大学院人間科学研究科 教授。専門は教育心理学、加齢発達。

**大川一郎**（おおかわ いちろう）[3–1]
埼玉学園大学人間学部 教授／学部長・同大学院心理学研究科 研究科長。
専門は生涯発達臨床心理学。

**大六一志**（だいろく ひとし）[3–2]
元 筑波大学人間系 教授。専門は臨床発達心理学。

**小林重雄**（こばやし しげお）[3–3]
小牧発達相談研究所 所長。専門は発達臨床心理学（自閉スペクトラム症など）。

**石隈利紀**（いしくま としのり）[3–4]
東京成徳大学大学院心理学研究科 教授／研究科長。専門は学校心理学、多文化間心理学。

**黒田美保**（くろだ みほ）[3–5]
帝京大学文学部心理学科 教授。専門は臨床発達心理学。

**サトウタツヤ** [3–6] 編者（前掲）

**友定啓子**（ともさだ けいこ）[3–7]
山口大学 名誉教授。専門は保育学。

**中瀬　惇**（なかせ あつし）[3–8]
京都ノートルダム女子大学 名誉教授。専門は発達心理学。

**上田礼子**（うえだ れいこ）[3–9]
沖縄県立看護大学 名誉教授。専門は生涯人間発達、プレ・アセスメントと支援。

**松岡恵子**（まつおか けいこ）[4–1]
蒲田寺子屋、明星大学心理学部心理学科 非常勤講師。専門は福祉心理学。

**金　吉晴**（きん よしはる）[4–1]
国立精神・神経医療研究センター精神保健研究所 所長。専門は精神医学。

**杉下守弘**（すぎした もりひろ）[4–2]
王子こころのクリニック 顧問。専門は神経心理学。

**鹿島晴雄**（かしま はるお）[4–3]
慶應義塾大学医学部 客員教授、木野崎病院 名誉院長。
専門は臨床精神医学、神経心理学、精神病理学。

**小野寺良枝**（おのでら よしえ）[4–4]
川越少年刑務所 調査専門官。専門は非行臨床。

**小海宏之**（こうみ ひろゆき）[4–5]
花園大学社会福祉学部臨床心理学科 教授。専門は神経心理学、臨床心理学。

**杉下守弘** [4–6]（前掲）

**内田桃人**（うちだ ももと）[4–7]
株式会社日本・精神技術研究所 代表取締役。

**岡﨑哲也**（おかざき てつや）[4-8]
博愛会病院 副院長・リハビリテーション科。専門はリハビリテーション医学、高次脳機能障害。

**阿部晶子**（あべ まさこ）[4-9]
国際医療福祉大学保健医療学部言語聴覚学科 教授。専門は神経心理学。

**渡辺めぐみ**（わたなべ めぐみ）[4-10]
常盤大学人間科学部心理学科 准教授。専門は認知臨床心理学。

**明翫光宜**（みょうがん みつのり）[5-1]
中京大学心理学部心理学科 教授。専門は発達臨床心理学、心理アセスメント。

**吉野真紀**（よしの まき）[5-2]
日本福祉大学教育・心理学部心理学科 准教授。専門は臨床心理学。

**竹内健児**（たけうち けんじ）[5-3]
立命館大学大学院人間科学研究科 教授。専門は臨床心理学。

**津川律子**（つがわ りつこ）[5-4]
日本大学文理学部心理学科 教授。専門は臨床心理学、精神保健学。

**村上宣寛**（むらかみ よしひろ）[5-5]
富山大学 名誉教授。専門は心理学全般、測定法。

**村上千恵子**（むらかみ ちえこ）[5-6]
元 信州大学大学院教育学研究科臨床心理学専修 教授。専門は臨床心理学。

**鈴木朋子** [5-7] 編者（前掲）

**服部　環**（はっとり たまき）[5-8]
法政大学現代福祉学部 教授。専門は教育心理測定学。

# 人名索引

■た行



■な行



■は行

■ま行



■や行



■ら行

# 事項索引

## ■数字



## ■アルファベット

## ■あ行

## ■か行



## ■さ行

■た行

## ■な行



## ■は行

■ま行



■や行



■ら行